中等职业教育国家规划教材
全国中等职业教育教材审定委员会审定

药品销售技术

（中 药 专 业）

主　　编　孙师家（广东省新兴中药学校）
编　　委　（按姓氏笔画排序）
马翠兰（河南南阳中医药学校）
王银龙（江西珍视明药业有限公司）
陈　文（广东省新兴中药学校）
徐传庚（山东省中医药学校）
责任主审　钟　森（中国药科大学）
审　　稿　冯国忠（中国药科大学）
邱家学（中国药科大学）

中国中医药出版社
·北　京·

图书在版编目（CTP）数据

药品销售技术/孙师家主编.—北京：中国中医药出版社，2003.2（2022.1 重印）

中等职业教育国家规划教材

ISBN 978-7-80156-403-0

Ⅰ.药…　Ⅱ.孙…　Ⅲ.药品－销售－专业学术－教材　Ⅳ.F724.73

中国版本图书馆 CTP 数据核字（2002）第 099865 号

中国中医药出版社出版

发行者：中国中医药出版社

（北京经济技术开发区科创十三街 31 号院二区 8 号楼）电话：64405721 邮编：100176

（邮购联系电话：010-89535836）

印刷者：廊坊市祥丰印刷有限公司

经销者：各地新华书店经销

开　本：787×1092 毫米　16 开

字　数：299 千字

印　张：12.75

版　次：2003 年 2 月第 1 版

印　次：2022 年 1 月第 13 次印刷

书　号：ISBN 978-7-80156-403-0

定　价：32.00 元

如有质量问题，请与出版社出版部调换。（010 64405510）

HTTP：//WWW.CPTCM.COM

中等职业教育国家规划教材

出版说明

为了贯彻《中共中央国务院关于深化教育改革全面推进素质教育的决定》精神，落实《面向21世纪教育振兴行动计划》中提出的职业教育课程改革和教材建设规划，根据教育部关于《中等职业教育国家规划教材申报、立项及管理意见》（教职成［2001］1号）的精神，我们组织力量对实现中等职业教育培养目标和保证基本教学规格起保障作用的德育课程、文化基础课程、专业技术基础课程和80个重点建设专业主干课程的教材进行了规划和编写，从2001年秋季开学起，国家规划教材将陆续提供给各类中等职业学校选用。

国家规划教材是根据教育部最新颁布的德育课程、文化基础课程、专业技术基础课程和80个重点建设专业主干课程的教学大纲（课程教学基本要求）编写，并经全国中等职业教育教材审定委员会审定。新教材全面贯彻素质教育思想，从社会发展对高素质劳动者和中初级专门人才需要的实际出发，注重对学生的创新精神和实践能力的培养。新教材在理论体系、组织结构和阐述方法等方面均作了一些新的尝试。新教材实行一纲多本，努力为教材选用提供比较和选择，满足不同学制、不同专业和不同办学条件的教学需要。

希望各地、各部门积极推广和选用国家规划教材，并在使用过程中，注意总结经验，及时提出修改和建议，使之不断完善和提高。

教育部职业教育与成人教育司

二〇〇二年十月

中等中医药教材建设指导委员会

主任委员　李振吉
副主任委员　贺兴东　吴恒亚　胡国臣
委　　员　（以姓氏笔画排序）

于明江　马金生　王书林　王立坤　王学明
王宝富　王明来　王辅民　公茂有　方家选
吉传旺　曲晓波　朱铁宝　刘化侠　江世平
江震声　杜兆雄　杨万英　杨静化　苏保松
李　立　李广才　李玉柯　李光耀　李聪民
余甘霖　张为佳　张邦帅　张志峰　陈中熊
陈代启　邵湘宁　林康球　尚志云　周晓明
郑兴泽　郑建华　宝　音　赵文鼎　赵伟光
秦国东　涂金香　郭鲁义　黄吉庆　阎健民
盖长清　傅淑清　鲁昌贵　曾庆琦　谢华民
濮传文

中药类专业编审委员会

主任委员　周晓明
副主任委员　陈骏骐
委　　员　（以姓氏笔画排序）

王满恩　冯秀银　刘茵华　刘德军　孙师家
杨桂明　吴　虹　宋桂荣　宋德勋　张　虹
张钦德　陈骏骐　彭建福　路振山　樊天林

前 言

《药品销售技术》根据教育部职业教育与成人教育司、职业技术教育中心研究所2001年颁发的“面向21世纪教育振兴行动计划，中等职业学校重点建设专业教学指导方案67——《中药专业教学指导方案》”的要求，由全国中等职业学校中药专业主干课教材建设委员会组织编写。经审定，可作为中等医药学校教材，也可作为医药职工培训、自学教材和药品营业员、推销员的参考书。

本书由广东省新兴中药学校孙师家主编。参加编写的有孙师家（第一、五、七、八章；第六章第一节），河南南阳中医药学校马翠兰（第三章），江西珍视明药业有限公司王银龙（第九章），广东省新兴中药学校陈文（第二、四章；第六章第二节），山东省中医药学校徐传庚（第十章），各编者还完成相关实训内容。

本书编写过程中，参阅和吸收了国内外许多相关专著和网站的观点，各参编单位亦给予大力支持，在此谨致以由衷的感谢。

本书的编写力图使体系及内容适应中等医药学校教学对象的实际需要，强调简明、实用，突出以能力培养为本位。编写本书是一项新的尝试，需要在认真听取意见的基础上不断加以改进和完善，由于写作时间较紧及编者水平有限，书中难免有欠妥之处，敬请广大读者和师生批评指正，以便进一步研究、修改和完善。

编　者

2002年9月

目 录

下篇　实训教程

概 述

一、科学与技术活动

科学活动是一种精神活动，目的是认识自然，探索自然奥秘，反映客观事物和自然规律，重要成果是“发现”。

技术活动是一种生产性、实践性活动，目的是改造自然，创造更适合人类生存的环境，重要成果是“发明”。

科学技术活动在人类社会的发展中起着重要作用。马克思说过“科学是一种生产力”；邓小平结合国内外实践经验提出“科学技术是第一生产力”，深化了马克思的论断；江泽民结合党八十年来各方面实践经验又指出“科学技术是先进生产力的集中体现和主要标志”，这是对马克思、邓小平生产力理论的进一步深化，具有重大的现实指导意义。

可见，技术活动与科学活动一样，在推动生产力发展、推动社会进步方面有着重要的作用。

二、药品销售技术

马克思主义哲学认为，技术既包括知识与能力形态的技术知识、构思、技能、方法，又包括物质形态的手段、工具、机器等。因此，药品销售技术就是以阐述药品销售领域内的技术知识、构思、技能、方法及销售手段、工具等为主要内容的一门学科。具体来说，其主要内容包括药房（店）工作技术和药品推销技术。

（一）药房（店）工作技术

药房（店）工作技术指药房（店）工作人员在整个营业过程中应具备的业务技能和服务技能。它是营业员的基本技能，主要包括柜台业务技术、柜台接待服务技术和售药（配方）操作技术。

1. 柜台业务技术　主要指药房（店）营业员在药品流通环节中的全部业务技能，即药品从购进、贮存到销售各环节上的业务技能。其基本要求是熟练、及时、准确、完整。

2. 柜台接待服务技术　营业员的工作是直接同顾客打交道的过程，因此，要满足顾客的需要、完成销售任务，必须熟练掌握接待服务技术，严格按照营业程序、服务规范做好工作。要主动、热情、耐心、周到地为顾客服务，并贯穿在接待顾客的每一次药品交易业务中，贯穿在每一次交易的每一个过程中，这样才能使顾客满意。

3. 售药（配方）技术　指营业员在售药（配方）过程中应具备的规范动作及技术要求，这是营业员做好销售工作的基本功。其内容很多，一般可以归纳为药品陈列、审方、计价、调配、复核、包装捆扎、发药、问病给药等。要求轻捷、熟练、准确。营业员的售药（配方）技术有很多操作技巧，看起来简单，要做好不容易，掌握这些技术不能只停留在书本理论上，必须重视实际操作，按要求从难从严去做，才能真正达到一定的操作技术标准。

（二）药品推销技术

药品推销技术指药品推销员在推销接近、洽谈、障碍处理、成交、售后服务整个推销过程中应具备的业务技能和服务技能。

总之，药品营业员、推销员的销售技术是随着销售实践逐步发展和完善起来的。由简单的一买一卖发展到文明经商，又由复杂的文明经商发展到高超的销售技术。简单的一买一卖要求营业员、推销员具有收款付货的技能；复杂的文明经商要求营业员具有热情、礼貌和公平交易的技能；高超的销售技术则要求营业员、推销员能按照市场需求的变化进行购销业务活动，并具有针对顾客、客户的心理进行服务的技能。

三、学习目的和教学建议

根据《中药工人技术等级标准》中对中级工的要求，学习本课程要求学生掌握中药调剂、柜台销售的程序与操作要点；理解药房（店）管理和销售的基本知识；熟练掌握中药调剂操作技术；掌握中药饮片、中成药、西药柜台销售操作；能进行推销接近、推销洽谈，处理客户异议和成交。并具有自学本课程相关知识的基本能力。

课堂教学要充分结合行业实际，把药品质量第一的思想和良好的职业道德培养放在重要的位置，尽力搞好实践性教学，最大程度地提高学生的操作技能。注意改革考核手段与方法，评分标准向实践学习效果方面倾斜，对学习和应用上有创新的学生应特别给予鼓励。

上篇　理论教程

第一章　药房（店）工作要求

第一节　药房工作基本要求及人员职责

一、药房的地位和任务

（一）药房的概念

药房（医院药房）是在院长领导下，贯彻药品法及其他药政法规，组织实施医院药剂工作，监督、管理、指导各医疗科室合理用药的医院管理有关药学事业的重要技术科室。在不同国家和地区，对医院药房的称谓不一，如日本称药局或药学部，美国称医院药房，欧洲许多国家称药房，我国多称为药剂科（部或处），有的医院也称为药械科。

（二）药房的地位

我国早在宋代（1076年）就开始设立“太医局卖药所”，这是世界上最早的药房，它分为两个机构，一个是和剂局，专门管理制作药物制剂，一个是惠民局，主要是给老百姓发放治疗用药。虽然在元、明、清时期及解放前官办药房（局）、民间药铺工作有了一定的发展，但医院药房工作得到较大发展是在新中国成立后，特别是近几年随着医院药学的建立，医院药房与医务部、护理已部成为医院药、医、护三位一体的平行机构，逐渐改变了以往“重医轻药”的现象，医院药房的地位受到重视，管理趋于规范，药学队伍不断扩大，医院制剂、临床药学也逐步得到发展。

（三）药房的任务

一般医院药房总的任务是负责医院药品、药械的采购、供应和保管；为临床需要及时准确地调配处方和制备各种制剂，供应质量合格的药物；积极开展药学科研工作和对药学人员进行培养。按卫生部颁布的《医院药剂管理办法》规定医院药剂科（部或处）的具体任务如下。

1. 根据本院医疗和科研的需要，按照《基本用药目录》采购药品，搞好供应。

2. 及时准确地调配处方，按临床需要制备制剂及加工炮制中药材。

3. 加强药品质量管理，建立健全药品监督和检验制度，以保证临床用药安全有效。

4. 做好用药咨询，结合临床搞好合理用药、新药试验和药品疗效评价工作，收集药品不良反应，及时向卫生行政部门汇报并提出有关需要改进和淘汰品种的意见。

5. 根据临床需要积极研究中、西药品的新制剂，运用新技术创制新剂型。

6. 承担医药院校学生实习、药学人员进修任务。

需要指出的是：①医院采购药品不只是按照《基本用药目录》（详见第五章）；②根据《药品不良反应监测管理办法（试行）》，收集到的药品不良反应应详细记录、调查并填好专用表格，按规定向国家药品不良反应监测中心报告。

根据医院规模和任务不同，可将医院药房分为管理型、技术型和科研教学型三类。一般等级医院中的一级医院药房属管理型，主要任务仅是药品的采购、供应、保管和进行与药品有关的一般事务性管理工作，所需人员业务水平、学历要求均较低；一般等级医院中的二级医院药房属技术型，主要任务除药品的采购、供应和保管外还应创造条件开展临床药学工作，提供用药咨询，进行药物检测，开展制剂、微机管理等工作，对工作人员技术水平要求较高，应有包括副主任药师在内的高、中、初级技术业务梯队；一般等级医院中的三级医院和医学院校的附属医院药房属科研教学型，除达到技术型药房的要求外，还有较先进的仪器设备，能开展科研工作，同时还承担医药院校学生的教学任务，融药事管理、生产、科研、教学为一体。

在社会主义制度下，我国医院药房性质既有经营性、技术服务性的一面，又有福利性，即社会效益性的一面，不能完全以盈利为目的，要提倡“保本微利”，充分体现为人民健康、保健服务的宗旨。

二、药房组织及工作基本要求

（一）药房组织

医院药房根据医院规模设中、西药调剂，中西药制剂，中、西药库，药品检验，药学研究，临床药学，情报资料等专业室（科），并设室（科）主任。

（二）调剂室工作基本要求

1. 收方后进行“三查七对”，即查处方，对科别、对患者姓名、对年龄；查药品，对含量、对用法、对瓶签；查禁忌，对用量。

2. 配方时有关处方事项应遵照处方制度的规定执行。

3. 遇有药品用量用法不妥或有禁忌处方等错误时，由配方人员与医师联系更正后再行调配。

4. 配方时应细心谨慎，遵守调配技术常规和药剂科（部或处）规定的操作规程，称量准确，不得估计取药。调配西药处方时不得用手直接接触药物。

5. 散剂及胶囊剂的重量差异限度及检查方法按照有关规定办理。

6. 含毒药、限、剧药及麻醉药的处方调配按“毒、限、剧药管理制度”及国家有关麻醉药的管理规定办理。

7. 配方时必须使用符合药用规格的原料及辅料，遇有发生变质现象或标签模糊的药品，需询问清楚或鉴定合格后方可调配。

8. 中药方剂中需先煎、后下、冲服等特殊煎煮法的药物，必须单包注明；对需临时炮制的中药材，应切实按照医疗要求进行加工，以保证中药汤剂的质量。

9. 处方调配应经严格核对后方可发出，调剂室有两人以上工作时，处方配好后应经另一人核对，或由发药人核对，对剂型、色、嗅味等进行检查，在可能的情况下，做快速分析。处方调配人及核对检查人均须在处方上签字。

10. 投药瓶的容量要准确，瓶及瓶塞要干净，包装要结实、清洁、美观。

11. 发出的药品，应将服法详细写在瓶签或药袋上。凡乳剂、混悬剂及产生沉淀的液体方剂，必须注明“服前摇匀”。外用药应注明“用前摇匀”及“不可内服”等字样。

12. 发药时应耐心向患者说明服用方法及注意事项，不得随意向患者介绍药品性质及用途，以免给患者增加不必要的顾虑。

13. 急诊处方必须随到随配，其余按先后次序配发。

14. 调配室内储药瓶补充药品时，必须细心核对。

15. 调剂用具及储药瓶等应保持清洁并按固定地点放置，用具使用后立即洗刷干净，放回原处。

16. 其他人员非公不得进入调剂室。

（三）药品供应保管工作基本要求

1. 计划预算

（1）药品的供应计划应根据本院的业务性质、工作范围、各科室请购计划、不同季节发病率、历史资料、储备定额等情况，由药剂人员编定初稿，并经药剂科（部或处）主任或副主任审核后，报请院长或主管业务的副院长批准。

（2）计划预算批准后，复写两份，一份送医药公司或招标采购中心，一份存药剂科备查。

2. 验收入库

（1）购入、调入或退库的药品，应由采购经手人根据原始单据填入库单，如药剂人员兼任采购人员，则由药剂科（部或处）指定适当药剂人员负责验收。

（2）验收时如发现实物与原始单据所载数量、规格、质量等不符，应查明情况，更正或退换。

（3）验收人员负责检查药品规格及质量性能，必要时进行分析化验或检验。

（4）购回药品应及时办理验收入库手续，最多不得超过3个月。

3. 药品保管

（1）药库应按照药品性质分类保管，注意温度、湿度、通风、光线等条件，防止药品过期失效、虫蛀、霉坏变质。

(2) 按性质分类的药品应分别保管，编号管理，并设立库存卡随时登记，保证账物相符。

(3) 各种收支凭证应分类按月保存备查。

(4) 药库门窗应注意关锁，设消防设备，严禁吸烟，防止火灾。

(5) 有关毒、限、剧药的管理，按“毒、限、剧药管理制度”执行。

4. 领发

(1) 各科室向药库领取药品，除特殊情况外，一般应定期领取。

(2) 各单位要填写正式领物单方能领取，必须指定有经验的护理人员负责管理医院各病房的备用药品，药剂科（部或处）要在业务上加以指导，并经常检查药品质量和使用、保管等情况。

(3) 领发药品时，如存量不足，先要与使用单位联系酌量减发，添购后补发。

(4) 领发时应详细点交，如有不符及时提出解决，否则由经手人负责。

(5) 领物单应填一式两份，一份作药库登记凭单，一份由领取单位存查。

(6) 发出药品应及时登录账卡。

(7) 有关毒药的领发，应严格按照“毒药管理制度”的规定执行。

5. 统计报销

(1) 药品统计报表应做到正确、及时、按期报送，报表中有关金额核算应由财会部门负责协助。

(2) 药剂科（部或处）直接或间接掌握的麻醉药品、毒药及贵重药品，应每月进行一次盘存，以处方实际消耗量为该月消耗量。对于药品增损报销办法，可由各地方自行规定。每月盘存可采用固定储药瓶的办法，瓶签上注明去盖的瓶重，以节省盘存时间。

(3) 毒药的统计报销，按照“毒药管理制度”的有关规定执行。

(4) 有关麻醉药品的统计报销，应按国家有关麻醉药品的管理规定执行。

(5) 负有物资保管责任的工作人员调动工作时必须办理交接手续。

（四）病房小药柜工作基本要求

1. 病房小药柜所有药品，只能供应住院病员并按医嘱使用，其他人员不得私自取用。

2. 病房小药柜应指定专人管理，负责领药和保管工作。

3. 定期清点、检查，防止积压、变质，如发现有沉淀变色、过期、标签模糊等药品时，停止使用并报药剂科处理，

4. 毒、麻药品应设专用抽屉存放，严格加锁，并按需要保持一定的基数，动用后，由医师开专用处方向药房领回。每日交接班时，必须交点清楚。

5. 药剂科（部或处）对病房小药柜要定期检查，核对药品种类、数量，有无过期变质现象，毒、麻药品管理是否符合规定。

（五）差错事故登记报告处理基本要求

1. 要建立健全差错事故登记制度，对所发生的差错事故应定期讨论，以总结经验，吸

取教训。

2. 发生严重差错或医疗事故后应立即组织抢救，并报告医务科和院领导，做好善后工作。

3. 对已发生的事故按“三不放过原则”处理，即事故原因不清不放过、事故责任人和群众没有受到教育不放过、没有防范措施不放过。

三、药房各级技术人员主要职责

（一）主任药师（主任中药师）

1. 在科主任的领导下，指导本科室各项业务工作。

2. 指导复杂的药剂调配和制剂，保证配发的药品质量合格、安全有效。

3. 督促检查毒、麻、限、剧、贵重药品使用管理以及药品检验鉴定工作。

4. 经常深入临床科室，了解用药情况，征求用药意见，介绍新药，必要时参加院内疑难病例大会诊及病例讨论。

5. 开展科学研究，配合临床开展新剂型、新技术研究。

6. 担负教学工作，指导进修生、实习生学习。做好科内各级人员业务培训，提高工作效率。

（二）副主任药师（副主任中药师）

协助主任药师（主任中药师）工作，在无主任药师（主任中药师）的情况下，执行主任药师（主任中药师）职责。

（三）主管药师（主管中药师）

1. 在科主任和主任药师（主任中药师）领导下进行工作。

2. 负责指导本科室技术人员对药品调配、制剂和加工炮制工作。

3. 负责药品检验、鉴定，保证药品质量符合药典规定。

4. 组织参加科学研究和技术革新，配合临床研究制作新药及进行中药提纯，了解使用效果，征求意见，以改进剂型、提高疗效。

5. 检查毒、麻、限、剧、贵重药品和其他药品的使用管理情况，发现问题及时处理。

6. 担任教学和对进修、实习人员的培训工作，组织本科室技术人员进行业务学习。

（四）药师（中药师）

1. 在科主任领导和主管药师指导下工作。

2. 指导和参加药品调配、制剂工作。认真执行各项规章制度和技术操作规程，严防差错事故发生。

3. 负责药品检验鉴定和药检仪器的使用保管，保证药品质量符合规定。

4. 参加技术革新，配合临床研究制作新药及进行中药提纯，了解使用效果，征求意见，改进剂型，并经常向各科室介绍新药知识。

5. 检查毒、麻、限、剧、贵重药品和其他药品的使用、管理情况，发现问题及时研究处理，并向上级报告。

6. 担任教学和对进修、实习人员的培训工作，指导药剂士（中药药剂士）、调剂员的业务学习和工作。

（五）药剂士（中药药剂士）

1. 在科主任和其他高级职称药师的领导、指导下进行工作。

2. 按照分工，负责药品的预算、请领、分发、保管、采购、报销、回收、下送、登记、统计和药品制剂、处方调配等工作。

3. 主动深入临床各科室，征求意见，不断改进药品供应工作，检查药品的使用、管理情况，发现问题及时研究处理，并向上级报告。

4. 担负药剂员的业务学习和技术指导。

5. 认真执行各项规章制度和技术操作规程，严格管理毒、麻、限、剧、贵重药品，严防差错事故发生。

6. 经常检查和校正天平、冰箱、干热灭菌器及注射液过滤装置等设备，保持性能良好。

（六）药剂员（中药药剂员）

1. 在药剂师（士）指导下工作。

2. 负责处方调配和一般制剂工作。

3. 协助药剂师（士）进行灭菌制剂的配制和消毒。

4. 协助药剂士进行药品的出纳、分发、保管、消耗、回收、下送、登记、统计工作。

5. 负责所在工作室的清洁卫生工作。

6. 根据实际情况，经主任批准可参加药剂科（部或处）值班。

第二节　药店工作基本要求及人员职责

一、药品的特殊性及对药店管理的特殊性

（一）药品的概念

按照《药品管理法》的规定，药品是指用于预防、治疗、诊断人的疾病，有目的地调节人的生理机能并规定有适应症或功能主治、用法和用量的物质，包括中药材、中药饮片、中成药、化学原料药及其制剂、抗生素、生化药品、放射性药品、血清、疫苗、血液制品和诊断药品等。

（二）药品作为商品的特殊性

1. 质量重要性

（1）药品直接作用于人体，关系到人的生命安全。

（2）药品只有合格品与不合格品之分，不合格品必须报废。

2. 经营特殊性

（1）从事药品经营除要符合一般商品流通需要的管理规范外，经营部门还必须有较高文化和业务技术的专业人员，有符合国家对药品规定的仓储运输和营业设施，有检测药品质量的手段和技术等条件。

（2）普通患者对药品既无识别真假的能力又无选择的权力，多数是凭医师处方、药师指导或药品说明书购买，故处方药、甲类非处方药必须专店专营；普通商业企业按规定程序取得乙类非处方药销售资格后，也应设立专门货架或专柜，按规定摆放药品、进行销售。

（3）药品消费弹性系数小，不能靠价格杠杆来调节。

3. 药品的限时性

只有药等病，不能病等药。有些药品虽然需用量少，有效期短，但宁可到期报废，也要有所储备。有些药品即便无利可图，也必须保证生产、供应。

4. 管理严格性

药品关系到人民生命安全，管理必须严格，特别有些药品（如毒、麻、限、剧等药品）使用不当对人体易产生毒害作用，国家有专门法规进行管理。

（三）药店的概念

医药商店是指从事医疗药品和医疗器械零售供应工作的医药商业基层单位，从事中药材饮片的配方供应及零售中、西成药的商业零售企业称为“药材商店”、“药店”或“药铺”。

（四）对药店管理的特殊性

1. 必须符合《药品管理法》《零售药店设置暂行规定》《药品经营质量管理规范（GSP）》等有关法律法规的要求，按程序申领《药品经营许可证》和《营业执照》。

2. 有较强的专业性、专营性和政策性。

3. 每年应组织直接接触药品的人员进行健康检查，并建立健康档案。发现患有精神病、传染病和其他可能污染药品疾病的人员，应及时调离工作岗位。

二、药店的地位和任务

（一）药店的地位

1. 方便患者购药并与医疗部门沟通用药情况，为病人及医务工作服务。

2. 满足群众对药品特别是非处方药品、保健品的需求，将消费者的意见反馈到批发部门、生产厂家，促进药品质量的提高。

3. 上缴利税，为社会和医药事业积累资金。

（二）药店的任务

1. 保证当地群众防病治病所需药品的正常供应。
2. 在出现疫情、流行病的情况下，及时承担供应防疫治病药品市场的责任。
3. 做好与医疗部门、生产厂家、批发部门的药品情况沟通工作，更好地为病者服务。
4. 认真贯彻《药品管理法》，加强药品质量管理，确保人民用药安全。
5. 开展优质服务，组织更多群众需要而疗效确切的药品供应，繁荣市场。
6. 执行物价、税收政策，为社会和医药事业积累资金。

三、药店组织及工作基本要求

（一）药店组织

在药店主任（经理）的领导下，药店的职务岗位大致有营业售货、业务采购、贮存保管、质量管理、财务统计、物价、服务与卫生工作等。连锁经营的药店职务岗位分工更细。

（二）药店工作基本要求

1. 进货

（1）按照可以保证药品质量的进货质量管理程序进行。此程序主要包括确定供货单位的法定资格及质量信誉；审核所购药品的合法性和质量可靠性；签订有明确质量条款的购货合同；对首营品种要经企业质量管理机构和主管领导的审核批准。

（2）建立完整的购进记录，该记录保存至超过药品有效期1年，且不得少于2年。

（3）购进特殊管理药品，应严格按有关管理规定进行。

（4）药品零售连锁门店不得独立购进药品。

2. 验收

（1）药品验收应做好记录，该记录保存至超过药品有效期1年，且不得少于3年。

（2）对有特殊管理要求的药品应实行双人验收制度。

（3）药品零售连锁门店在接收企业配送中心药品配送时，可简化验收程序，但验收人员应按送货凭证对照实物，进行品名、规格、批号、生产厂商以及数量的核对，并在凭证上签字。送货凭证应按购进记录的要求保存。

（4）购入首营品种如无质量检验能力，应向生产企业索要该批号药品的质量检验报告书或送县以上药检所检验。

3. 贮存

（1）药品应按剂型或用途以及贮存要求分类贮存。药品贮存时，药品与非药品、内服药与外用药应分开存放，易串味的药品与一般药品应分开存放。应有效期标志。对近效期药品，应按月填报效期报表。

（2）药品堆垛应留有一定距离。药品与墙、屋顶（房梁）的间距不小于30cm，与库房散热器或供暖管道的间距不小于30cm，与地面的间距不小于10cm。

(3) 药品贮存应实行色标管理。其统一标准是待验药品库（区）、退货药品库（区）为黄色；合格药品库（区）、零货称取库（区）、待发药品库（区）为绿色；不合格药品库（区）为红色。

(4) 不合格药品应存放在不合格药品库（区），并有明显标志。不合格药品的确认、报告、报损、销毁应有完善的手续和记录。

(5) 应做好库房温、湿度的监测和管理。每日上、下午应各一次定时对库房温、湿度进行记录。如库房温、湿度超出规定范围，应及时采取调控措施，并予以记录。

(6) 对贮存中发现的有质量疑问的药品，不得摆上柜台销售，应及时通知质量管理机构或质量管理人员进行处理。

(7) 特殊药品和危险品的存放应按国家有关规定。

4. 陈列

(1) 药品应按剂型或用途以及贮存要求分类陈列。

(2) 处方药与非处方药应分柜摆放。

(3) 危险品不应陈列。如确实需要，只能陈列代用品或空包装。

(4) 拆零药品应集中存放于拆零专柜，并保留原包装的标签。

(5) 中药饮片斗前应写正名正字。

(6) 陈列药品的货柜及橱窗应保持清洁卫生，防止人为污染药品。

(7) 陈列药品应按品种、规格、剂型或用途分类摆放整齐，类别标签应放置准确、字迹清晰。

(8) 对陈列的药品应按月进行检查，发现质量问题要及时处理。

5. 销售与服务

(1) 营业时间内，应有执业药师或药师在岗，并佩戴标明其姓名、执业药师或技术职称等内容的胸卡。

(2) 销售药品时，执业药师或药师必须对医师处方进行审核、签字后依据处方正确调配、销售药品。对处方所列药品不得擅自更改或者代用。对有调配禁忌或者超剂量的处方，应当拒绝调配、销售；必要时，经处方医师更正或者重新签字，方可调配、销售。零售药店的处方必须留存2年以上备查。

(3) 处方药不得采用开架自选的销售方式。

(4) 非处方药可不凭处方出售。但如顾客要求，执业药师或药师应负责对药品的购买和使用进行指导。

(5) 药品销售不得采用有奖销售、附赠药品或礼品销售等方式。

(6) 销售的中药饮片应符合炮制规范，并做到计量准确。

(7) 应做好药品不良反应报告工作。

(8) 在营业店堂内进行的广告宣传，应符合国家有关规定。

(9) 应在营业店堂明示服务公约，公布监督电话和设置顾客意见簿。对顾客反映的药品质量问题，应认真对待、详细记录、及时处理。

四、药店各级技术人员主要职责

（一）药店主任（经理）

1. 贯彻党的各项方针政策，执行国家有关政策法令，在上级主管公司的领导下办好企业。

2. 制定销售费用、上缴利润计划，上报主管公司，衔接落实药店的年度计划任务。

3. 采取相应措施，调配好劳动力和合理安排各工作岗位人员，以保证各项计划任务的完成。

4. 制定店规、岗位责任制、文明经商条款、服务项目等，并督促全体职工执行。

5. 根据有关规定，确定职工的奖金分配方案。

6. 批准费用开支和权限范围内的药品报损，审查药品采购计划。

7. 负责处理在经营、服务、管理上出现的特殊问题。如发生事故，负责及时向上级及有关部门请示汇报。

8. 做好公众联系工作，改进经营作风，提高服务质量。

9. 关心职工工作生活，组织职工开展政治学习、钻研业务技术。

（二）药店副主任

协助主任工作。

（三）营业（售货）员

1. 做好中药处方配剂工作，严格执行审方、划价、计算、收款、配药、复点、包扎、发药一整套处方配制工作规程。在审方过程中，要特别注意群众自开的“白头方”（容易错抄错写）和外地医生处方（地方习惯药名称谓不一）。

2. 热情接待，诚实介绍，掌握包扎和货款计算技术。

3. 认真掌握好所经营药品的药名、用途、生产厂家、规格、价格等信息，切实做到不错售药品。

4. 做好营业售货的内务管理工作。

（1）每天开门前做好检柜补货工作。开列补货品种单到仓库领货，遇仓库无货或补货后已基本无库存的药品，须在购货登记牌上写上需购药名，这项工作习称为“出牌”，业务采购员根据出牌品种及时进行采购。

（2）补货加入药斗时，必须先将斗内药物取出，清扫到底，然后放入新补药品，再将原存药品加在表层，做到先进先出。

（3）交接班时结算好销售账目，清点销售款项并签名。

（4）记账单位的记账处方、配销毒品的证明等要分类妥善保管。

（5）保健品与药品要分柜存放，不得混放。

（四）业务采购员

1. 根据市场需要、季节特点、病疫情况并结合库存余缺，编写药品进货计划。平时采购则根据仓库及营业场“出牌”购货登记品种作临时补充。

2. 加强药品采购的计划性，消灭人为脱销，防止盲目购进。

3. 经常与医疗部门及挂钩记账单位医生等联系，了解用药情况，主动将药品货源情况向他们提供，做到医知药情，药知病况。

4. 多方听取群众对药品的需求意见，多方打听药品、保健品的新产品、价格等信息，满足群众需要，繁荣市场。

5. 对购进药品，若验收时发现质量或数量不符，负责向原进货单位提出退货及索赔业务联系。

6. 负责购进药品的提运。

（五）质量管理员

1. 负责对进入药店的药品进行质量验收和把关。

2. 负责督促和指导营业（售货）员对处方中需要临时炮制的品种进行加工。

3. 在验收药品时发现的可疑品种，经本人或与店内其他质管员研究仍不能确定其真伪时，负责将其送上级主管部门鉴定。

4. 对鉴定为伪药或劣药的品种，负责执行停止出售，听候上级主管部门处理。对已经售出的伪劣药品，负责采取措施及时追回。

5. 在执行药品质量管理工作中受到阻挠干扰时，有权并且有责任越级向上级主管部门申诉。

（六）贮存保管员

1. 经验收后入库的药品，对超水分或有变异苗头的品种，要先处理好再入库。对入库药品要负责做好分类堆码工作。

（1）垛堆法　利用药品包装外形进行直接堆码。

（2）散堆法　散装药品或无包装药品常用的堆码方法。

（3）货架堆码法　利用货架的结构进行堆码。

（4）托盘堆码法　以托盘为堆货基本单位，用叉车作业的堆码方法。

2. 全面掌握在库药品的质量情况，特别注意对易发霉、虫蛀、泛油、散失气味等易变质的品种要做到重点检查、经常检查和定期检查。

3. 学习先进的保管技术，一旦发现变异，立即处理。

4. 遇到药品变异性质严重或数量较大时，应及时上报药店主任。

5. 负责发放营业场领货工作，按照规定，做到药品进入、调出等账务登记。

6. 对毒、麻、限、剧、贵重药品要严格按规定管理。

7. 对验收中发现质量或数量不符的代管药品，应另堆存放并挂上代管标签，未经解决前，一律不得调销或乱作处理。

8. 对被确定为伪劣药的在库药品，一律不准调出销售，要妥善保管，待上级主管部门作出处理意见后，遵照执行。

9. 按规定期限组织人员进行药品盘点工作。

第三节 药店连锁经营及网上药品信息服务

一、连锁经营

我国药品连锁经营兴起于20世纪90年代后期，借鉴了其他商品的连锁经营模式，根据连锁内部各组成成员之间的联合紧密程度，可分为正规连锁、任意连锁、合同连锁三种类型。正规连锁指各组成成员失去独立性，使用同一个商号（总部商号），实行统一核算、统一经营，在总部的集中管理下从事药品经营活动。任意连锁指各成员保持独立核算，有退出联合的自由，总部只负责进货、保管、发送和进行广告宣传等工作，总部费用由各组成成员分担。合同连锁也称特约连锁，总部一般是生产厂家或批发部门，以合同形式规定总部和各分店的权利和义务，总部负责各分店的药品供应、人员训练、业务指导，并授予各分店在该地区销售某种药品的特权；分店则要遵从总部的销售方针开展业务活动，并根据合同的要求向总部交付加盟费或按销售额计算的手续费。

我国加入WTO后将在2003年开放医药零售业市场，为了增强我国药品零售业的竞争能力，合理布局，从根本上保证药品质量，国家药品监督管理局2000年4月23日下发了《关于印发药品零售连锁企业有关规定的通知》，规范零售药店连锁经营。同年8月21日发布了《关于公布第一批药品零售跨省连锁试点企业名单的通知》，公布了41家药品零售跨省连锁试点企业。

（一）药品零售连锁企业的概念

药品零售连锁企业是指经营同类药品、使用统一商号的若干门店，在同一总部的管理下，采取统一采购配送、统一质量标准、采购同销售分离、规模化经营管理的组织形式，是企业法人。

（二）药品零售连锁企业的组织结构及职能

1. 总部　是经营管理的核心，应具备采购配送、财务管理、质量管理、教育培训等职能，质量管理人员及机构设置须符合同规模药品批发企业的标准。跨地域开设的可设分部。

2. 配送中心　应具备进货、验收、贮存、养护、出库复核、运输、送货等职能。质量管理人员、机构及设施设备条件应符合药品批发同规模企业标准。配送中心不得对本企业外部进行批发、零售。

3. 门店　按照总部的制度、规范要求，承担日常药品零售业务。门店质量管理人员应符合同规模药店质量管理人员标准。不得自行采购药品。

二、网上药品信息服务

随着互联网的普及，利用网络提供商品信息、进行商品交易已经越来越常见。但药品是特殊商品，国家规定不论处方药还是非处方药暂不允许采用网上销售方式，对在网上发布药品服务信息也有明确的规定。

（一）网上药品信息服务的分类

根据网上药品信息服务目的不同分经营性和非经营性两种。前者是指通过互联网向上网用户发布药品广告、有偿提供药品信息等带来经济收益的服务；后者指通过互联网向上网用户无偿提供公开性、共享性药品信息的服务。

（二）开展网上药品信息服务的条件

1. 符合《互联网信息服务管理办法》的规定。

2. 有两名以上了解药品管理法律、法规和药品知识，并经所在地的省、自治区、直辖市药品监督管理局考核认可的专业人员。

3. 有保证药品信息来源合法、真实、安全的管理措施。

4. 按国家药品监督管理局《互联网药品信息服务管理暂行规定》向所在地的省、自治区、直辖市药品监督管理局提出申请，所在地药品监督管理局同意后还要经国家药品监督管理局审核同意才能合法开展网上药品信息服务。

第四节　盈亏分析与药价管理

一、盈亏分析

盈亏分析指在既定的固定成本、单位变动成本和价格条件下，对企业收支的分析。如图1－1所示，图中E为盈亏分界点，Q为保本销售量。

（一）保本销售量的计算

收入＝价格×销量

成本＝固定成本＋单位变动成本×销量

$$\text{保本销量（Q点的销量）}=\frac{\text{固定成本}}{\text{价格}-\text{单位变动成本}}$$

（二）保本价格的计算

$$\text{保本价格}=\frac{\text{固定成本}}{\text{保本销量}}+\text{单位变动成本}$$

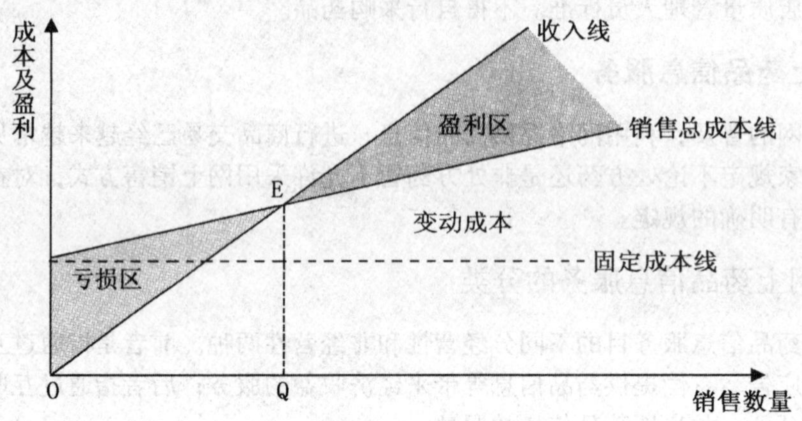

图 1-1 盈亏平衡图

二、药价管理

药品价格是药品价值的货币表现形式，药品价格制定分政府定价和市场调节价两种定价方式。药品销售实行明码标价。

（一）政府定价、政府指导价

被列入国家基本医疗保险目录的药品及其他生产经营具有垄断性的少数特殊药品（包括国家计划生产供应的麻醉、精神、预防免疫、计划生育等药品）实行政府定价、政府指导价。但政府定价不定出厂价和批发价，只制定零售价，药品零售单位在不突破最高零售价的前提下，制定实际销售价。

（二）市场调节价

政府定价以外的药品实行市场调节价。在不超过生产企业制定的零售价格前提下，药品零售单位按照公平合理、诚实信用、质价相符原则制定药品实际销售价格，不得虚列成本、虚定高价，也不得低价倾销药品。

（三）药品调价

药品调价是指在符合规定的前提下提高或降低药品原定销售价格。药品调价是一项政策性和技巧性都很强的工作，库房保管员、药房司药人员或药店营业员在接到调价通知后应认真做好准备工作，一般在执行新价前一天终止该药品的销售，与财务部门人员共同对照调价单上药名、规格等项目盘点实货、核实数量，计算出调价前与调价后的金额，填好药品价格调整单（表 1-1）。

表 1－1　　　　　　　　　　　　**药品价格调整表**

单位：　　　　　　　　　　　　　　　　　　　　　　　　　　№00

货号	药名	规格	单位	库存	零售价调价差额			批发价调价差额			通知日期
				数量	原售价	新售价	（＋－）差额	原批发价	新批发价	（＋－）差额	及文号

经理或主任　　　　会计　　　　物价　　　　制表

第五节　药品包装与标签

一、各类药品包装、标签内容

（一）化学药品与生物制品、制剂

1. 内包装标签内容　包括【药品名称】、【规格】、【适应症】、【用法用量】、【贮藏】、【生产日期】、【生产批号】、【有效期】及【生产企业】。由于包装尺寸的原因而无法全部标明上述内容的，可适当减少，但至少须标注【药品名称】、【规格】、【生产批号】三项，如安瓿、滴眼剂瓶、注射剂瓶等。

2. 直接接触内包装的外包装标签内容　包括【药品名称】、【成分】、【规格】、【适应症】、【用法用量】、【贮藏】、【不良反应】、【禁忌症】、【注意事项】、【包装】、【生产日期】、【生产批号】、【有效期】、【批准文号】及【生产企业】。由于包装尺寸的原因而不能注明不良反应、禁忌症、注意事项的，均应注明“详见说明书”字样。

对预防性生物制品，上述【适应症】项应列为【接种对象】。

3. 大包装标签内容　包括【药品名称】、【规格】、【生产批号】、【生产日期】、【有效期】、【贮藏】、【包装】、【批准文号】、【生产企业】及运输注意事项或其他标记。

（二）原料药

原料药标签内容　包括【药品名称】、【包装规格】、【生产批号】、【生产日期】、【有效期】、【贮藏】、【批准文号】、【生产企业】及运输注意事项或其他标记。

（三）中药制剂

1. 内包装标签内容　包括【药品名称】、【规格】、【功能与主治】、【用法用量】、【贮藏】、【生产日期】、【生产批号】、【有效期】及【生产企业】。因标签尺寸限制无法全部注明上述内容的，可适当减少，但至少须标注【药品名称】、【规格】、【生产批号】三项，如安瓿、注射剂瓶等。中药蜜丸蜡壳至少须标注【药品名称】。

2. 直接接触内包装的外包装标签内容　包括【药品名称】、【成分】、【规格】、【功能与主治】、【用法用量】、【贮藏】、【不良反应】、【禁忌症】、【注意事项】、【包装】、【生产日期】、【生产批号】、【有效期】、【批准文号】及【生产企业】。由于包装尺寸的原因而不能注明不良反应、禁忌症、注意事项的，均应注明“详见说明书”字样。

3. 大包装标签内容　包括【药品名称】、【规格】、【生产批号】、【生产日期】、【有效期】、【贮藏】、【包装】、【批准文号】、【生产企业】及运输注意事项或其他标记。

二、批准文号

（一）药品批准文号概念

药品批准文号是药品生产合法性的标志。《药品管理法》规定，生产药品“须经国务院药品监督管理部门批准，并发给药品批准文号”。由于历史的原因，目前已上市的药品批准文号格式不尽相同，这种情况不利于进行统一管理和监督。为加强药品批准文号管理，国家药品监督管理局规范了新的药品批准文号格式。

（二）药品批准文号格式

1. 药品批准文号格式为国药准字 + 1 位字母 + 8 位数字；试生产药品批准文号格式为国药试字 + 1 位字母 + 8 位数字。化学药品使用字母“H”，中药使用字母“Z”，通过国家药品监督管理局整顿的保健药品使用字母“B”（2004 年 1 月 1 日起，“健”字号药品将不得在市场上流通），生物制品使用字母“S”，体外化学诊断试剂使用字母“T”，药用辅料使用字母“F”，进口分装药品使用字母“J”。数字第 1、2 位为原批准文号的来源代码，其中“10”代表原卫生部批准的药品，“19”、“20”代表 2002 年 1 月 1 日以前国家药品监督管理局批准的药品，其他使用各省行政区划代码（表 1 – 2）前两位数字的，为原各省级卫生行政部门批准的药品；数字第 3、4 位为换发批准文号之年公元年号的后两位数字，但来源于卫生部和国家药品监督管理局的批准文号仍使用原文号年号的后两位数字；数字第 5 至 8 位为顺序号。

2. 每种药品的每一规格发给一个批准文号。除经国家药品监督管理局批准的药品委托生产和异地加工外，同一药品不同生产企业发给不同的药品批准文号。

表 1－2　　药品批准文号采用的中华人民共和国行政区划代码

代　码	省（自治区、直辖市）	代　码	省（自治区、直辖市）
110000	北京市	420000	湖北省
120000	天津市	430000	湖南省
130000	河北省	440000	广东省
140000	山西省	450000	广西壮族自治区
150000	内蒙古自治区	460000	海南省
210000	辽宁省	500000	重庆市
220000	吉林省	510000	四川省
230000	黑龙江省	520000	贵州省
310000	上海市	530000	云南省
320000	江苏省	540000	西藏自治区
330000	浙江省	610000	陕西省
340000	安徽省	620000	甘肃省
350000	福建省	630000	青海省
360000	江西省	640000	宁夏回族自治区
370000	山东省	650000	新疆维吾尔自治区
410000	河南省		

例如“国药准字 H11020001”，字母和数字含义依次是：“H”为化学药品，“11”为北京市的行政区划代码前两位，“02”为换发之年 2002 年的后两位数字，“0001”为新的顺序号。

三、生产批号

生产批号（简称批号）是标识药品生产日期的文号，一般标在药品标签或包装上，目前其格式和写法有两种规定，卫生部规定批号内容包括日号和分号，标准日号在前，分号在后，中间以短横线相连，日号一律规定为 6 位数字。如 2002 年 5 月 17 日的生产批号为 020517，同天生产多批时，以分号表示，如 020517－3，表示 2002 年 5 月 17 日生产的第三批。中国医药工业公司与中国化学制药工业协会发布的《药品生产管理规范实施指南》（下简称《指南》）1992 年版中规定：正常批号为年－月－流水号，如 020517 即 2002 年 5 月生产的第 17 批，返工批号为年－月－流水号（代号），返工后批号不变，只在原批号后加一代号以示区别，代号由各厂自定，混合批号为年－月－流水号（代号），如 020517/17－28，表示 2002 年 5 月生产的，混合批号为第 17－28 批。显然，《指南》的批号格式不能反映出生产日期。以上两种批号编制法目前国内药厂均有采用。

四、有效期

（一）概念

有效期指药品的有效日期，卫生部《关于执行中华人民共和国药典 1995 年版有关事宜通知》中指出：药品有效期计算是从药品生产日期（以生产批号为准）算起，药品标签应列出有效期的终止日期。但目前很多教材、手册、杂志所载药品有效期的算法仍按生产批号或生产日期的下一个月第一日算起，甚至有些药厂的有效期也如此计算，应引起注意。

（二）效期药品的识别方法

1. 国产药品有效期识别

（1）直接标明有效期为某年某月，如有效期2002年12月，表示可用到2002年12月31日为止。此表示方法简单明了，国内生产的药品多数都采用这种表示法。

（2）直接标明失效期为某年某月，如失效期2000年8月，表示可用到2000年7月31日为止。

（3）直接标明有效期或失效期为某年某月某日，此法也易辨认，其识别原则同上两种表示法，如失效期1999年11月30日，系指可使用到1997年11月29日；有效期1997年11月30日，则指可使用到1997年11月30日。

（4）只标明有效期几年，此种表示方法需根据批号推算，如批号为981130，有效期3年，系指可用到2001年11月底，12月1日开始失效，不能再用。

2. 进口药品有效期的识别

进口药品失效期的写法与我国不同，应了解各国不同的写法，并注意识别，避免造成差错。

（1）不同国家对年月日的表示法

①欧洲国家多按日/月/年排列　如10/4/2004即2004年4月10日，20th.Oct.2004即2004年10月20日。

②美国产品多按月/日/年排列　如Aug.10th.2005即2005年8月10日。

③日本产品按年－月－日排列　如05－10－1即2005年10月1日。少数产品用日本国年号标明药品的失效期，如“最终有效年月8～5”，即日本平成八年五月，平成年号加88等于公元年号的后两位数字，因此平成八年五月即公元1996年5月。

（2）有关失效期表示法

①失效期的表示法

英：expiration date = expiring = EXP. date = use before = expiry date

②制造期表示法

英：manufacture date = date of manufacture = man.（Mfd.；Manuf.）date

③月份表示法

1～12月份用英语表示分别为Jan.；Feb.；Mar.；Apr.；May.；June.；July.；Aug.；Sep.；Oct.；Nov.；Dec.。

④其他（英文）

批号：batch number（Bat.No.）；lot number（Lot.No.）

贮存期限：storage life

稳定期：stability

有效期：validity（duration）

避光：protect from light；away from light

防潮：prevent moisture

密封：stopper tightly；tightly sealed

置阴凉干燥处：in a cool and dry place

冷冻贮存：refrigerated storage

为防止药品过期失效，确保用药安全，调剂部门应注意药品的效期，近效期药品先用，加强管理，定期检查，发现异常，停止使用。

五、商标

世界知识产权组织（WIPO）对商标所下的定义是："商标是用来区别某一工业和商业企业或这种企业集团的商品标记。"对于商标，我国现行的《商标法》没有明确其含义，但《商标法》第四条规定："企业、事业单位和个体工商业者，对其生产、制造、加工、拣选或者经销的商品，需要取得商标专用权的，应当向商标局申请商品商标注册。企业、事业单位和个体工商业者，对其提供的服务项目，需要取得商标专用权的，应当向商标局申请服务商标注册。"此规定实际上已经暗含了"商标是区别不同商品或服务的标记"这一基本含义。

可见，商标是一个法律名词，是经过注册登记受到法律保护的品牌或品牌的一部分。也就是说，品牌或品牌的一部分一经注册就成为受到法律保护的商标，商标拥有者享有专用权，任何其他企业和个人都不能仿制或假冒。

要指出的是外国企业在我国注册的药品（包括农药、杀虫剂等）商标约有几万个，因此不要把外国药品商标当作药品名称使用。例如"乙酰唑胺（醋氮酰胺）"药品就不可使用"diamox"字样，因为"diamox"是外国药厂作为商标而注册的，受到我国法律的保护。如果未经授权擅自使用别人的商标，即构成侵权行为。

六、药品说明书

药品说明书是药品情报的重要来源之一，也是医师、药师、护师和病人治疗用药时的科学依据。同时药品说明书也是药品生产、供应部门向医药卫生人员和人民群众宣传介绍药品特性、指导合理用药和普及医药知识的主要媒介。药品说明书是药品报请审批时的必备资料之一。生产厂家不仅要对药品质量负责，对于产品的说明书内容是否符合要求和真实性也要负责。

药品说明书的记载项目，过去有的药厂介绍得太简单，有时只谈药物的优点，不谈或少谈其缺点，夸大宣传，危害甚大。由于药物不良反应及中毒事故屡有发生，世界各国对药品说明书的内容要求很严。特别在美国、日本等国，药政法规已明确规定，它是医疗的重要文件，是医师、药师开方配方的依据，含有科学上、医学上及法律上的意义。我国《新药审批办法》中对药品说明书规定包括"新药品名、结构式及分子式（制剂应当附主要成分）、作用与用途、用法与用量（毒剧药品应有极量）、毒副作用、禁忌症、注意事项、包装（规格、含量）、贮藏、有效期等项内容"。近年来国外新药说明书内容项目增多，特别是对使用注意事项和不良反应尤为重视。因为如果发生药物中毒和其他有损于病人健康的情况，药厂是要负赔偿责任的。目前各国均有其规定的内容，但基本上大同小异。国外药品说明书的主要内容包括名称、性状、临床药理、适应症和应用禁忌症、注意事项、不良反应、剂量和用法、包装等，亦可附参考文献，在治疗和调配时供阅读参考。

复习思考题

1. 说出药品、药房、药店、药品零售连锁企业、商标的概念。
2. 药房（店）的任务是什么？
3. 药房调剂室有哪些工作要求？
4. 差错登记报告处理要求是什么？
5. 为什么说药品是一种特殊的商品？
6. 开展网上药品信息服务的条件是什么？
7. 药品有哪两种定价方式？
8. 如何识别药品有效期？
9. 批准文号、生产批号的格式有哪些规定？
10. 中药制剂的包装、标签一般包括哪些内容？
11. 国内外药品说明书记载的项目有哪些？

附：

计算机技术在药房（店）管理方面的应用

计算机作为一种现代化的管理工具，以其高速运算、大量存贮和逻辑推理三大功能显示了强大的信息加工能力。计算机的推广应用，极大地冲击着各种陈旧落后的管理观念和管理方法，取而代之的高效率、高质量、高效益的现代化科学管理将充分涉及到社会的各个方面。计算机在药房（店）的应用对提高药房（店）管理水平、提高工作效益、加速药房（店）现代化建设具有重要意义。

目前市场上可供选用的药房（店）管理系统软件有多种，应用较广的有北京军区总医院研制的《医院药学管理系列软件》、天津艺嘉新技术产业有限公司的《GOG医院药品管理系统》、大通高新技术研究所上海软件部的药学软件等，它们各有特色，为我国药房（店）计算机管理的发展做出了贡献。

第二章　药房（店）柜台销售基础

第一节　处方基本知识

一、处方的定义

处方是医疗和药剂配制的重要书面文件。广义的处方是指制备任何一种药剂的书面文件。狭义的处方是指执业医师为某一特定患者进行医疗、预防或因其他需要而开写的药方，是医疗和配药之间的重要书面文件，也是医师与药师之间信息传递的方式，它把医师对患者的用药信息传递给药师，以便药师按医师的意图为患者调配药品以及指导合理用药等。

二、处方的组成及格式

由于处方的上述意义重大，故处方的内容及格式都有较严格的规定。卫生部 1982 年颁布的《全国医院工作条例》第二十条专门规定了处方制度十一条，包括处方权限、处方内容、处方书写以及处方保存等具体要求。

（一）处方的组成

处方作为一种特殊文件，具有一定的组成及格式，已被国际公认。各医院根据要求都印有自己的处方笺。处方的组成可分下列三部分。

1. 处方前记　各医院的专用处方均在其处方抬头处印有医院名称、姓名、性别、年龄（婴幼儿要写体重）、科别、病历号（门诊处方为门诊号，住院处方为住院号）、日期等，以上项目均为处方前记的必备部分，也称为自然项目。认真填写处方前记，有利于药师审查处方及在调配药物时作为参考。

2. 处方正文　处方正文是医师为患者或其他需要用药者开写的用药依据，汤剂的处方正文包括饮片名称、剂量、剂数、一般用法用量及脚注。中成药处方和西药处方的正文主要包括药品名称、剂型、规格、数量及用法用量。正文部分是处方的核心部分，药品名称可以开药典名、通用名或商品名，本院制剂可以开协定的药名，药品的剂量单位均应按法定要求书写。

3. 签名　医师签名、药师签名（包括计价、调配、复核及发药四栏）、药价及现金收讫印戳。

有些中医处方通常在正文的左侧还要求记录脉案，包括病因、症状、脉象、舌苔及治法。

（二）处方格式

处方笺只要内容达到处方制度要求即可，其大小可由各医院自定，横的或竖的长方形均可。中药处方、西药处方和麻醉药品处方示例分别见图 2－1、图 2－2、图 2－3。麻醉药品处方笺要求增加诊断一项，如为住院处方还要有领药人签字处，以便查对。

××××× 医院
处方笺

科别：　　门诊号：　　住院号：
姓名：　　性　别：　　年　龄：　　年　月　日
R_X.

水牛角（先煎）30g	生地黄 15g	丹皮 10g
赤芍 10g	侧柏叶 10g	三七粉（冲服）3g
大蓟 10g	小蓟 10g	

三剂
每日一剂，水煎服

医师：　　配方人：　　核对人：　　人民币：　　元　　角　　分

图 2－1　中药处方

××××× 医院
处方笺

科别：　　门诊号：　　住院号：
姓名：　　性　别：　　年　龄：　　年　月　日

R_P.　①头孢噻肟钠注射剂　1.0g ×6
Sig.1.0g　Q.12.h，im
②维生素 C 片　100mg×30
Sig.100mg　T.i.d

医师：　　配方人：　　核对人：　　共计￥：　　元

图 2－2　西药处方

×××××医院

处方笺

现金　药价记账

科别：　门诊号：　住院号：

姓名：　性　别：　年　龄：　年　月　日

诊断：

Rp.　①磷酸可待因片　12片/1片　必要时服用

②美可　60ml×4/10ml　3次/日

医师：　配方人：　核对人：　划价人：　领药人：

图2-3　麻醉药品处方

三、处方的种类

（一）法定处方

指《中华人民共和国药曲》（以下简称《中国药典》），卫生部部颁标准和各省、自治区、直辖市药品标准所收载的处方。一般用于配制制剂，具有法律约束力。

（二）协定处方

指医院临床药师与临床医师根据经常的医疗需要互相协商所制定的处方。使用协定处方可以加快处方的调配速度，减少患者等候取药的时间，并且可以预先大量配制与储备药剂以提高效率。但是协定处方只适应于本单位或本地区最为常用的药剂和通常惯用的剂量。协定处方药剂的制备必须经上级主管部门批准。

（三）古方、经方和时方

古方泛指古医籍中所记载的方剂。经方是指经典医籍中所记载的处方，如《黄帝内经》《伤寒杂病论》《金匮要略》等经典著作记载的方剂。时方是指从清代到现在出现的处方。

（四）单方、验方（偏方）和秘方

单方是指比较简单的处方，往往只有一两味药。验方是指民间积累的经验处方，简单有效。秘方是指有一定疗效，但秘而不传的单方和验方。确有特殊疗效的单方和验方我们要努力发掘、整理和提高。

（五）医师处方

是指医师对病人治病用药的书面文件。有关医药法律法规规定，医师处方在取药后应保存一定时间备查。为了方便病人和特殊处方管理，医师处方还可分为急诊处方、医疗保险处方、毒麻药处方、贵重药处方等，有些处方有特殊的颜色规定，如毒麻药处方一般为红色，并有专门的管理规定。

四、处方的特点

（一）中药处方

中药处方除包括一般内容以外，尚有如下的特点。

1. 处方正文内所拟用的中药以“君（主药）、臣（辅药）、佐（次要的辅药）、使（引经药）”等药味按顺序书写。

2. 饮片、中成药、西药三类药品分别开写处方，不在同一方上书写。

3. 饮片处方药名用正名或惯用名，若用惯用名或“并开”药须书写清楚，不得含糊以免引起误解，有特殊炮制要求或用炮制品须注明炮制类别（如炙、酒制、醋制、煅等），有特殊煎法的也须注明（如先煎、后下、包煎、冲服、烊化、另煎等）。饮片剂量单位用 g。饮片处方一般以单剂量书写（指一日用量），同时注明总剂数。

4. 中成药处方书写法同西药处方。

（二）西药处方

西药处方除包括一般内容外还包括以下特点。

1. 处方头　紧接处方前记为处方头，即“取下列药品”(Recipe)，缩写为 Rp. 或 Rx.。

2. 处方中的各种药物　一般以其作用性质依次排列。

(1) 主药　起主要治疗作用的药物。

(2) 辅药　增强主药疗效或纠正主药副作用的药物。

(3) 矫味药　改善主药或辅药不适口味和气味的药物。

(4) 赋形剂　为了便于应用而赋予药物适宜形态和体积的物质。

目前临床医师处方绝大多数应用药物制剂。其剂量书写方法常用的有两种：①单剂量法，即写出一次用量，并写出一日次数及总日数；②总剂量法，即写出总剂量，并写出一次用量及一日次数。

3. 服用方法　通常以 Sig.（拉丁文 Signare 的缩写）为标志。西药处方中的药物剂型、规格、用法用量等常使用拉丁文缩写，以节省时间。处方中常用拉丁术语缩写见表 2－1。

表 2-1　　处方中常用拉丁术语缩写

分类	拉丁缩写	中文	拉丁缩写	中文	拉丁缩写	中文
药物剂型	Amp	安瓿剂	Inf	浸剂	Pil	丸剂
	Caps	胶囊剂	Lot	洗剂	Syr	糖浆剂
	Dec	煎剂	Lin	搽剂	Sol	溶液剂
	Emul	乳剂	Muc	胶浆剂	Sp.,Spt	醑剂
	Empl	硬膏剂	Mist(Mixt)	合剂	Supp	栓剂
	Ext	浸膏剂	Ol	油剂	Tab	片剂
	Garg	含漱剂	Ocul	眼膏剂	Tinc,Tr	酊剂
	G t	滴剂	Past	糊剂	Ung	软膏剂
	Inj	注射剂	Pulv	散剂	Vin.	酒剂
剂量单位	Kg	千克，公斤	gtt	滴	mci	毫居里
	g	克	ml	毫升	μci	微居里
	mg	毫克	L	升	ad lib	随意、任意量
	μg	微克	IU	国际单位	qs	适量
	ng	毫微克	U	单位	ss., SS.	一半，半量
	ppg	微微克	MEq	毫当量	ppm	百万分之几
给药途径	Applic	敷用	iv,v	静脉注射	Pr.urethr	尿道用
	adus.ext	[为]外用	Pro.o	眼用	Pr.narcosi	麻醉用
	Consp	撒布	Pro.anr	耳用	SC, B	皮下注射
	Claus.loc	局部封闭用	Pro.nar	鼻用	po	口服
	im, m	肌肉注射	pr.vagin	阴道用	PR	灌肠
	i.v.gtt,v.gtt	静脉滴注	pr.rect	肛门用	Pr.semibaln	坐浴
给药次数	s.i.d	每天1次	quing.i.d	每天5次	q3d	每3天1次
	b.i.d	每天2次	sex.i.d	每天6次	p.d	一次服用
	t.i.d	每天3次	q.o.a	隔天1次		(一次量)
	q.i.d	每天4次	q2d	每2天1次		
给药时间	a.c	饭前	d.i.d.	每日	q.h	每小时
	a.coen	晚餐前	h.	小时	q.4h	每4小时
	a.d	睡前	hs	临睡前	q.m,o.m	每晨
	a.j	早餐前	hd	睡觉时	q.n,o.n	每晚
	a.m	午前	i.c	食间	S.O.S	需要时(只用一次)
	alv.adstr	便秘时	p.c	饭后	St, stat	立即
	c.m	明晨	p.m.	下午	s.i.m	一同，同时
	cito!	急速地	p.r.n	必要时(可重复数次)	t.u	咳嗽急剧时
	d.	日	q.d	每天	ventr.jej	空腹时
其他	aa	每、各	ft	做	Pr.inf	婴儿用
	ad.,add.	加，加至	M.D.S	混合、投予、用法	pr.sen	老人用
	aq.	水	NS	生理盐水	p.p.a	先将瓶振荡
	co,comp	复合的	No	数目，号	q.s	适量
	dil.	稀释的，淡的	O.D.	右眼	qs.ad	加足量
	div.	分成，分开	O.L.,O.S.	左眼	Rp	取，请给
	d.t.d	如量服	O.U.	双眼	s.,sig	标记、用法
	et	和	p.a	于患处	ut.dict	如医师所嘱

五、处方的意义

（一）法律上的意义

若因开写处方或调配处方的差错而造成医疗事故，医师和调剂人员有法律上的责任，所以要求医师和调剂人员在处方上签名或盖章以示负责。

（二）技术上的意义

处方写明了医师用药的名称、数量、剂型、规格及用法用量等，保证药剂规格、剂量和使用安全有效，是药师配发药品和指导患者用药的依据。

（三）经济上的意义

可按照处方来检查和统计药品的消耗量，尤其是贵重药品、毒性药品及麻醉药品可供作报销及预算采购的依据，并作为药房向患者收取药费的依据。

六、处方制度

（一）处方权限

凡在职医生符合任职条件，经院领导批准后拥有处方权，具有处方权的医生所开的处方才有效；实习医生不得单独行使处方权，必须同时有带教医生签字后，处方才能生效；进修医生及临床研究生经院领导审批同意后方可独立开写处方；其他人员均无处方权。药剂科应保留有处方权医生的签字或印章样以便核查。现医师法规定只有执业医师才有处方权而助理执业医师无处方权，药师审方时须加以注意。

（二）处方内容

一般应包括医院全称、门诊或住院号、处方编号、年、月、日、科别、病人姓名、性别、年龄、药品名称、剂型、规格及数量、用药方法、医师签字、配方人签字、检查发药人签字、药价。

（三）处方书写

处方一般用钢笔或毛笔书写，字迹要清楚，不得涂改。若有涂改医师必须在涂改处签字。一般用拉丁文或中文书写。急诊处方应在左上角盖“急”字图章。除处方医师外，其他人员不得擅自修改处方，如遇缺药或其他特殊情况需要修改处方时，要交处方医师修改，并在修改处签字后才能调配。

（四）剂量要求

药品名称和使用剂量应以现行《中国药典》及各级卫生行政部门颁发的药品标准为准，

必须超剂量使用时，医师应在剂量旁重新签字以示负责。一般门诊和急诊患者每张处方为3日用药量，慢性病为1周用药量，癫痫、结核、高血压等慢性病为2周用药量。处方上药品数量一律用阿拉伯数字书写。药品用量单位以克（g）、毫克（mg）、毫升（ml）等国际单位（IU）计算；片剂、丸剂、胶囊剂以片、丸、粒为单位，注射剂以支、瓶为单位，并注明含量。

（五）有效日期

处方当日有效，有特殊情况当日不能取药的，不得超过3天，超过期限需经医师更改日期、重新签字后方可调配。

（五）保存日期

一般药品处方留存1年，含毒性中药处方留存2年，含麻醉中药处方留存3年备查。处方留存期满后登记，由单位负责人批准销毁。

（六）其他有关要求

急诊处方应有明显标志。贵重中药处方应每天按不同品种分类登记统计销量，以便掌握库存。有关毒、麻、限剧药处方，遵照“毒、麻、限剧药管理制度”的规定及国家有关麻醉药品的管理规定办理。医师不得为其本人或家属开具处方。

第二节　处方调剂程序

医疗单位调剂依服务区域不同分为门诊调剂和住院调剂。门诊调剂主要是门诊调剂室对门诊就诊病人所需药品的调配与发放，以配发医师临时处方为主。住院调剂是为满足住院部住院病人用药所需而设置的药品供给系统，它包括住院部中心药房、病区小药房及病房小药柜的药品领取、发放和科学管理等等。门诊调剂和住院调剂的调剂程序略有不同（图2-4、图2-5），但保证调剂工作效率和调配质量的关键工序是一致的，即审方、计价、调配、核对、发药。药品零售企业（包括医疗保险定点零售药店）调配处方的程序与门诊调剂基本相同。

门诊调剂一般采取分组操作、窗口发药的作业方式，即将调剂的全部过程分为四个作业小组：处方审查划价组、备药组、调配组和核对发药组。各组视具体情况由一人或多人组成。四个岗位，日常业务各负其责，专心完成本岗位的工作，一定时间内各岗位相对固定，一般每周或每月轮换一次，这样既有组间的分工，又有组内的合作，更利于业务操作技术的熟练。经调配核对合格的药品均经窗口直接交发给病人或其家属。

住院调剂的作业方式各家医院灵活多样，常见的方式有护士到药房领药，病区小药房、病房小药柜与中心药房相结合等。

合理正确的调剂工作程序是确保调剂快速、准确、保质、保量的重要因素。

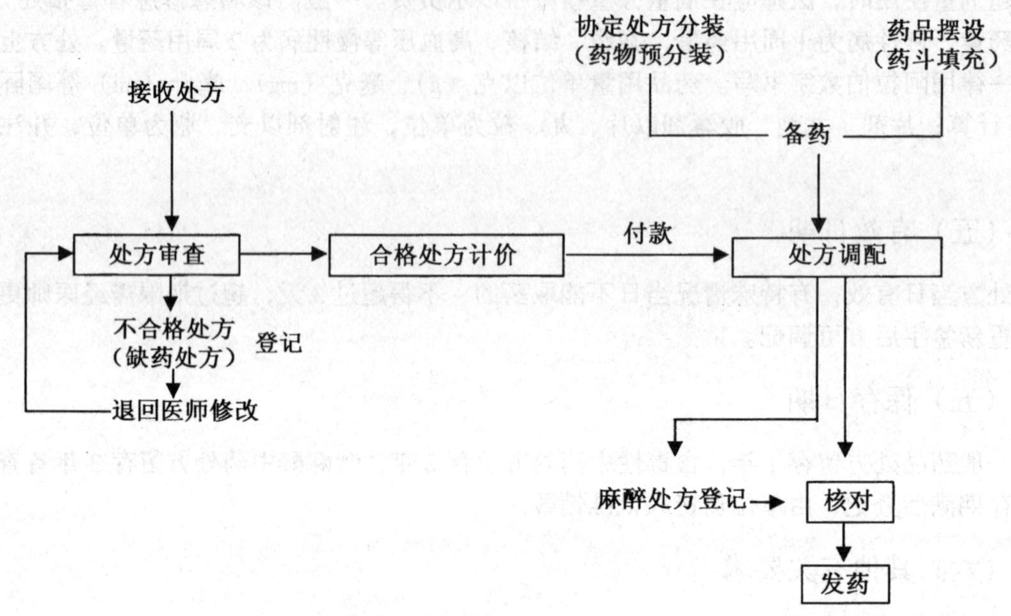

图 2-4 门诊调剂的一般程序

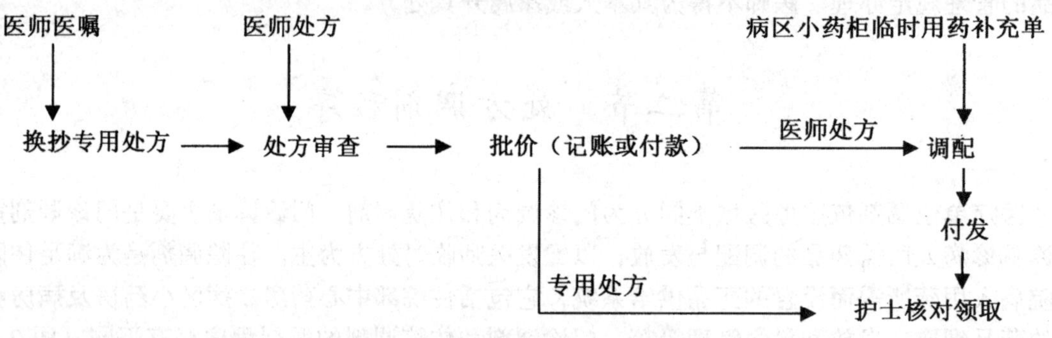

图 2-5 住院调剂的一般程序

一、处方的审查

审查处方是确保用药安全有效、防止医疗用药差错事故的有效方法，是调剂工作的第一环节，要求审查人员具有良好的业务素质和一丝不苟的工作态度。处方审查的内容与方法如下。

（一）处方前记的审查

处方前记包括医院全称、门诊或住院号、处方编号、科别、病人姓名、性别、年龄及日期。审查处方前记是了解处方来源、处方开出时间、病人基本情况（病情、年龄、性别、体质等）的关键步骤，不了解处方前记，就无法判断其处方来源是否正确（本院处方还是外来处方，新开处方还是过时处方）、药品选用配伍是否对症合理、用法用量是否符合要求等等。因此，处方前记的审查是处方审查的前提。审查时要注意各规定项目填写是否完整，有无日期、姓名、年龄的涂改变更等。如有不符合者，应及时交医师更正后，再进行其他项目的审查。

（二）处方概貌的审查

一般重点审查以下三方面。

1. 处方字迹是否清晰，有无涂改不清或其他不符合处方规则的情况。

2. 处方正文有无缺项或笔误等现象。主要是药品名称、剂型、规格、数量、剂量单位及用法必须完整齐全。

3. 处方药名书写是否规范，有无药名书写不合理的情况。

（三）药品规格的审查

同一药品往往有几种规格，审查时，要注意医师处方书写的药品规格与调剂室现有药品的规格是否一致。

（四）药物剂量的审查

剂量与药物的作用强度有着密切的关系，对疗效有着直接的影响。药量太小，效力不够可能延误病情；药物过量则可能造成机体损害，甚至酿成严重不良后果。

根据药物的用量大小或作用的性质，药物剂量可分为无效量（不能产生治疗作用的药物用量）、最小有效量（能产生治疗作用的最小用量）、常用量（即治疗量，能产生药物疗效的用量）、极量（即最大有效量、最大治疗量，是治疗量与中毒量的分界点，很少应用）、中毒量（已超过极量，即导致中毒的剂量）、致死量（已超过中毒量，即引起死亡的最小用量）；一日常用量（一日内所用药物的常用总量）、一日极量（一日内不能超过的最大治疗总量）、疗程总量（一个疗程中所用的药物总量）、突击量（为使药物在体内迅速达到有效浓度、及时缓解病情而用的较大剂量）、维持量（用完突击量后，再按时应用较小的剂量以维持有效的血药浓度）等多种。审查药物的剂量，就是要以药品三级标准（药典、部颁标准、地方标准）为依据，将药物的使用量控制在安全范围（最小有效量到极量之间的用量范围）之内，防止剂量过大或过小。

在处方审查中，可从以下三方面来考察药物的剂量。

1. 根据药物性质考察其剂量　药物的性质包括有效性和毒性等方面，它对药物的使用剂量有着直接的关系。在使用剧毒药物时，用量宜小，并以少量开始，视病情变化再行增减，以防产生严重的毒副作用。

2. 根据药物的剂型、配伍考察其剂量　一般情况下，同样的药物，剂型不同则吸收利用程度不同，用药量也有所不同。此外，配伍对药物用量也有一定的关系，如同一药物，单用的用量一般要大于复方中的用量。

3. 根据患者年龄、体质、病情考察其剂量　同一药物，成人及体质强壮的病人，用量可适当大些；儿童、体弱患者及老年患者，剂量宜酌减。病情轻，不宜用重剂量；病情较重，剂量可适当增加。

（五）药物配伍禁忌及其他不合理用药的审查

1. 药物配伍禁忌的审查　药物的配伍禁忌是指在一定条件下产生的不利于调剂、应用和治疗而又不能纠正的不合理配伍变化。中药（中成药）主要审查“十八反”、“十九畏”的配伍禁忌。西药主要审查药理性、物理性和化学性的配伍禁忌。中、西药配伍时，除中药（中成药）部分审查“十八反”与“十九畏”，西药部分审查药理性、物理性和化学性的配伍禁忌之外，还要审查中、西药之间的药理性配伍禁忌和理化性配伍禁忌。

2. 其他不合理用药的审查　有些处方虽无药物配伍禁忌，但由于某些因素仍能对人体产生不良的影响，甚至导致严重的后果。主要审查：①药物与妊娠；②药物与哺乳；③药物与疾病（禁忌症）等。

3. 医师签字的审查　医师签字处必须有处方医师的亲笔签字或印章，其签字或印章应与药剂科的留样一致。

（六）不合格处方的处理

1. 发现前记、概貌、剂量等不合格的处方，应退回医师修改纠正。

2. 发现配伍禁忌或有疑问时，首先应与开处方的医师取得联系，了解其用药意图，明确用药对象的具体情况，如患者年龄、性别、健康情况、疾病严重程度和有无并发症等，共同商讨选择最佳的药物（制剂）和给药方案（如药物剂型、给药途径、给药次序、给药时间等），以达到合理配伍用药的目的，杜绝用药差错事故的发生。

调剂室应设差错处方登记本，详细记录经审查出的医师差错处方，内容包括处方号、日期、医师姓名、差错内容、联系处理结果等，并要定期上报医务科处理。

二、合格处方的计价

（一）人工记忆、珠算计价、计算器计价

要做到计价快速准确，一靠牢记药品单价，二靠计算技巧。

1. 中药汤剂的计价方法

处方药价 = 药价/剂 × 剂数 = ∑（药价/味） × 剂数 = ∑（用药剂量/味 × 单价） × 剂数（∑为相加求和符号）

并开药名中的单味药剂量应按总量的平均值计算。药味如有不同规格或贵重药品，应在药名顶部注明单价，以免调配时错付规格。

2. 西药、中成药的计价方法

处方药价 = ∑（药品单价 × 数量）

为了提高记忆效果，可采用快速记忆法。如将药品单价、协定处方或经常出现于处方的药品累计价编成顺口溜，或将相同药价的药品编成歌诀记忆等。

（二）电脑计价

电脑计价不需死背药价，速度显著加快，全天药品消耗情况及金额等可快速查询，有药价变动时，只需在程序中作数据调整即可。

（三）计价的基本要求

1. 一张处方算出总价后，分以下尾数按四舍五入原则。
2. 自费药品经患者同意后，处方上注明“自费”字样。
3. 保证药价准确，不得任意估价和改价，每张处方计价误差不多于 0.05 元。
4. 仔细认真，杜绝处方漏费。

三、处方调配注意事项

由于各类药品处方调剂程序基本相同，而调配操作技术不一，中药处方调配、中成药处方调配、西药处方调配等调配技术分别详见相关章节，这里不再重复。调配处方时的注意事项如下。

（一）工作态度

调配处方时应有高度责任感，树立全心全意为人民服务的思想，精神集中，操作细心，使配成的药剂能发挥预期的药效。

（二）调配一般处方

1. 取用配方药品时要反复核对，即取药前、配药时以及将药品容器放回原处时，先后三次核对药品标签，防止差错。
2. 切不可凭印象取药。
3. 对处方所列药品，如系暂缺者，应由医师决定改用他药或删去，不得擅自删改。
4. 配好的药剂应立即装入清洁干燥的容器中，防止污染。
5. 一个处方未配完时决不应接受第二个处方，以免混淆。

（三）调配特殊处方

要求同调配一般处方，还应注意以下两点。

1. 急诊处方应优先调配发出。
2. 调配麻醉药品、精神药品及毒性药品时，必须仔细核对并按麻醉药品、精神药品及毒性药品的管理办法进行操作。麻醉药品处方配方后须单独保存备查。

四、处方药品核对

处方药品的核对就是由另一人对调配的处方作一次全面的检查复核，检查有无调配差错。核对的主要内容有以下几点。

（一）名称核对

核对所配药品名称与处方药品名称是否一致。

（二）规格、剂量、数量核对

不同规格大小的药品，取相同的数量，其总量可能相差数倍乃至数十倍。所以，必须了解各药品的具体规格，特别是当调剂室出现一种药品多种规格的情况下，调配时应详细查对，防止出现错取。

除了要核对药品的数量（剂数）及其计量单位与处方开写是否相符，还要核对处方剂量和总剂量是否超出有关规定。特别是毒、麻、精神药品类，应加倍注意。

（三）用法、用量、有关注意事项书写核对

处方中各药品的用法、用量及有关注意事项，必须在投药包装上注明，尤其是门诊病人的用药，务必书写正确，简明易懂。核对人员应对处方中每一品种逐个检查，防止发生漏写、错写、字迹潦草不清或用词不明确等。

五、处方药品的付发

处方药品的付发，又称发药。一般由药剂人员直接付发，而住院调剂大多是通过护士付发。为此，承担付发药品的护理人员应进行必要的岗前培训。

药品付发应注意认真核对患者姓名与处方姓名是否一致，严防错取错用事故；明确交待用法、用量及用药注意事项；正确交待病人用药期间的饮食控制情况；发放“用药须知卡”，促进患者合理用药。

第三节 非处方药

一、非处方药的定义

处方药是指需凭医师处方才能到药房或药店购买的，用于专属性强、病情严重而又需要在医药人员监督指导下使用的药品。非处方药是指不需医师处方可直接从药房或药店甚至超市购买的，用于由消费者自我认识和辨别的症状，并且能够自己治疗，或借助于阅读药品标识物、咨询药师后可恰当使用的安全有效的药品。在美国称之为“可在柜台上买到的药物”（Over The Counter drugs），简称“OTC”。这一称谓已约定俗成，为世界各国所认同。

二、非处方药的管理

处方药与非处方药实行分类管理，其基本出发点是确保人民用药安全、有效、经济、方便。

根据对非处方药的安全评价，将其分为甲类非处方药和乙类非处方药。经营甲类非处方药的零售药店必须具有《药品经营许可证》，必须配有驻店执业药师或药师以上药学专业技术人员。乙类非处方药还可以在商业企业中零售（必须先经其所属地方药品监督管理部门批准）。甲类非处方药和乙类非处方药可不凭医师处方销售、购买和使用，但患者可以要求在执业药师的指导下进行购买和使用，执业药师应对患者的自我药疗提供科学、合理、客观、可靠的用药指导。对不适合自我药疗的病人，执业药师应建议其寻求医师治疗。

非处方药是经卫生部组织医学、药学专家，按照“安全有效、慎重从严、结合国情、中西药并重”的指导思想和“应用安全、疗效确切、质量稳定、使用方便”的原则，进行遴选、审评，并征得国务院有关部门和部分省级药品监督管理局意见后确定的。第一批国家非处方药于1999年颁发，包括西药23类165种，中成药160种，共325个品种；其中西药包括活性成分121个、限复方制剂活性成分25个、复方制剂19个。之后，又从中遴选出化学药品制剂188个，中成药制剂106个作为乙类非处方药（国药监安〔2001〕253号）。第二批国家非处方药（国药监安〔2001〕254号）包括1557个药品制剂，其中化学药品制剂205个（甲类非处方药136个、乙类非处方药69个），中成药制剂1352个（甲类非处方药991个、乙类非处方药361个）。第三批国家非处方药目录一（国药监安〔2002〕316号）包括207个药品制剂，其中化学药品制剂50个（甲类非处方药36个、乙类非处方药14个），中成药制剂157个（甲类非处方药116个、乙类非处方药41个）。第三批国家非处方药目录二（国药监安〔2002〕404号）包括408个药品制剂，其中化学药品制剂47个（甲类非处方药31个、乙类非处方药16个），中成药制剂361个（甲类非处方药280个、乙类非处方药81个）。

根据非处方药遴选原则，医疗用毒性药品、麻醉药品以及精神药品原则上不能作为非处方药，但根据国际惯例和治疗的需要，个别麻醉药品与少数精神药品可作为“限复方制剂活性成分”使用，如第一批目录中就有3种精神药品：苯巴比妥、盐酸苯丙醇胺、咖啡因。

遴选药物的名称，西药名称采用通用名，个别品种在通用名后注有常用名。药品剂型的遴选以消费者使用安全、有效、方便为原则，故以口服和外用的常用剂型为主。

目录中，注解项下的“受限”是根据《中国药典》、国家药品监督管理局颁布的药品标准等规定的范围，对该药适应症、剂量及疗程进行了调整和限制。由于非处方药不需执业医师处方，消费者可按药品说明书自行判断、购买和使用，为此部分品种规定了使用的时间、疗程，突出强调“如症状未缓解或消失应向医师咨询”。

三、消费者使用非处方药的注意事项

（一）正确自我判断

消费者对自己的症状应作正确的自我判断，无法判断的应请教医生或药师等专业人员。

（二）正确选用药品

查看有关非处方药品的适应症介绍或咨询医师、药师，正确选药；查看外包装，包装盒上的药名、适应症、批准文号、注册商标、生产厂家等，不要购买和使用“三无”产品。

（三）正确使用药品

详细阅读药品说明书，严格按照药品说明书用药；不可过量或过久服用；若有说明书所列禁忌症，不可贸然用药，应先向医师或药师咨询；进行自我药疗一段时间（一般 3 天）后，若未见症状缓解，须及时到医院诊治，以免贻误病情。

（四）妥善保管药品

切勿混放；注意防霉、防虫、防潮；避免儿童误服。

第四节 问病给药常识

一、问病给药的含义

问病给药是药店为广大群众提供药学服务的重要方式之一，系指不需医师处方而根据患者所求，由具有一定医药理论水平和实践经验的药学技术人员，凭患者主述病症和问望后售给对症的成药，并指导患者合理用药。

问病给药所针对的通常都是一些轻微病症，如呼吸系统的感冒、咳嗽、痰症、支气管哮喘；消化系统的烧心、嗳气、消化不良、腹泻、便秘、轻症的胃痛；神经系统的头痛、偏头痛、牙痛；皮肤的一般炎症；妇科的月经痛、阴道炎；儿科的消化不良、咳嗽；五官科的鼻炎、咽喉炎、眼部轻微感染；计划生育的避孕等等。由于相当一部分患者缺乏一定的自我诊断和治疗经验，需要药店药学技术人员提供购药用药指导。

二、问病内容和技术

（一）问病内容

1. 问病症　病人感受最明显最严重的症状及其发病时间、部位、性质、持续时间，伴随症状。症状是持续性还是间歇性；是进行性加重还是逐渐减轻或持续未变；是规律性或周期性发作，还是时愈时发；哪些症状减轻或消失，哪些新症状出现。

2. 问病前　患者是否进行过检查和治疗，结果怎样。若已进行过治疗，则应问明使用过的药物名称、剂量和疗效。过去健康状况如何，患过何种疾病，预防接种情况以及手术、外伤、中毒和过敏史等。

3. 问病后　饮食、睡眠、体重、体力、大小便及精神状态有无改变等。

4. 必要时需了解的一般内容　社会经历、职业及工作条件、起居与卫生习惯、饮食规律与质量、烟酒嗜好与摄取量，个人性格及有无精神创伤；婚否、对方健康状况、性生活情况、夫妻关系等；双亲、兄弟姐妹及子女的健康与疾病状况，特别应询问是否有与患者同样的疾病，有无与遗传有关的疾病等。

5. 必要时需了解的女性病人情况　月经初潮年龄、月经周期和经期天数、经血的量和色、经期症状、有无白带、末次月经日期、闭经日期、绝经年龄。妊娠与生育次数和年龄、人工或自然流产的次数、有无死胎、手术产、产褥热及计划生育情况等。

通过问病，初步判断疾病的原因（如外伤、中毒、感染）、诱因（如气候变化、环境改变、饮食起居失调）以及起病急缓等情况。

祖国医学把询问病情和病史的重点归纳为十条，并编成歌诀："一问寒热二问汗，三问头身四问便，五问饮食六问胸，七聋八渴须当辨，九问旧病十问因，更兼服药参机变，妇人尤必问经期，迟速闭崩皆可见（迟，指月经期推迟；速，指月经期缩短、提前；闭，指闭经；崩，指崩漏），再添片语告儿科，天花麻疹全占验"。十问内容分别是问寒热（恶寒发热、但寒不热、但热不寒、寒热往来）、问汗（自汗、盗汗、大汗、战汗、局部出汗）、问头身（头痛、头晕、肢体痛、身重）、问疼痛（胸痛、胁痛、脘痛、腹痛）、问耳目（耳鸣、耳聋、目眩）、问饮食与口味（口渴与饮水、饮食与食量）、问睡眠（失眠、嗜睡）、问二便（大、小便）、问月经和带下、问小儿（小儿出生前后情况、喂养情况、生长发育情况及预防接种情况等）。

如遇无法叙述清楚病情的情况，如代人购药、小儿患者等，则应视具体情况推荐其选购安全性大的药品。

（二）问病技术

1. 态度　语言通俗，亲切和蔼，热情耐心，让病人感到值得信赖。

2. 用语技巧　一般先问感受最明显、容易回答的问题，如"你感到哪里不舒服?"，其次询问需要经过思考才能回答的问题，如"你的疼痛在什么情况下会减轻或加重?"问病时应避免套问和揭示性诱问，如不应问"你上腹痛时向左肩放射吗?"而应问"你腹痛时对别的部位有什么影响吗?"又如"你伴有夜间盗汗吗?"这样的提问往往会使病人在不甚解其意的情况下随声附和，为判断疾病和针对性给药造成困难。

3. 边问边听边思考　在问病的过程中，要边听患者的叙述，边观察病人，并随时分析病人所陈述的各种症状间的内在联系，分清主次，辨明因果，抓住重点，深入询问。在倾听病人陈述病情的时候，要根据所述事实，联想到有哪些可能的疾病。以此为指导详细询问，并逐步将一些疾病排除，将某些疾病保留。对诊断和鉴别诊断有意义的部分，要询问清楚无误。

三、给药的基本原则

问病给药要求药学技术人员正确诊断、合理选药，并向购药病人提供科学、合理、客观、可靠的用药指导和咨询等服务。对不适合自我药疗的病人、不能确切肯定向病人推荐的药品或病人拟购买的药品是否对症时，应向病人提出到医院诊治或向医院临床药师寻求合理用药意见。

正确给药的基本准则是保障用药的安全性、有效性、经济性、适当性，维护人民身体健康。

（一）正确理解安全性、有效性、经济性的含义

1. 安全性　安全性是合理用药的首要条件，直接体现了药学技术人员对病人和公众切身利益的保护。安全性不是药物的毒副作用最小，或者无不良反应这类绝对的概念，而是强调让用药者承受最小的治疗风险获得最大的治疗效果，即风险/效益尽可能小。

2. 有效性　人们使用药物，就是想通过药物的作用达到预定的治疗目的。医学目的用药所要求的有效性在程度上也有很大的差别，如根除致病原，治愈疾病；延缓疾病进程；缓解临床症状；预防疾病发生；避免某种不良反应的发生；调节人体的生理功能等。非医学目的用药所要求的有效性如避孕、减肥、美容、强壮肌肉等，其程度差别更大。总之，有效性的程度受到现阶段药疗和药物发展水平的限制。

3. 经济性　经济性并不是指尽量少用药或使用廉价药品，其正确含义是获得单位用药效果所投入的成本（成本/效果）应尽可能低，获得尽可能满意的治疗效果。经济地使用药物，强调以尽可能低的治疗成本取得较高的治疗效果，合理用药，减轻病人及社会的经济负担。

（二）把握"给药"的适当性

适当性是指选择适当的药物、适当的剂型，以适当的剂量，在适当的时间，经适当的途径，给适当的病人，使用适当的疗程，达到适当的治疗目标。

1. 适当的药物　根据疾病与患者机体条件，多方面权衡利弊，选择最为适当的药物满足治疗的需要，需要多种药物联合使用的时候，还必须注意适当的联合用药。

2. 适当的剂型　综合考虑药物性质、治疗目的与给药途径的要求，以及便于应用、携带和保管，选择适当的剂型。

3. 适当的剂量　强调因人而异的个体化给药原则，以药品说明书或医药典籍推荐的给药剂量为基础，按照病人的体重或体表面积以及病情轻重，确定适宜的用药剂量。

4. 适当的时间　依据药物在体内作用的规律，设计给药的时间和间隔，以确保血药浓度的坪值上限不高于出现毒性的浓度水平、下限不低于有效浓度水平。

5. 适当的途径　综合考虑用药目的、药物性质、病人身体状况以及安全、经济、简便等因素，选择适当的给药途径。

6. 适当的病人　充分考虑用药对象的生理状况和疾病情况，遵循对症用药的原则，区别对待。对于不需要药物治疗或者可以采用其他更经济的替代疗法的病人，则应当避免安慰用药或保险用药。对老人、儿童、妊娠期和哺乳期妇女、肝肾功能不良者、过敏体质者和遗传缺陷者等特殊病人应强调其用药禁忌。即使一般病人，对同一药物的反应也存在很大的个体差异，不宜实施同一种药物治疗方案。

7. 适当的疗程　按照治疗学原则，确定合理的药物治疗周期。单纯为增加治疗保险系数而延长给药时间不仅浪费，而且容易产生蓄积中毒、药物依赖性等不良反应，或使病原体产生耐药性。而仅仅为了节省药费开支，症状一得到控制就停药，往往不能彻底治愈疾病，反而为疾病复发和耗费更多的医药资源留下隐患。

8. 适当的治疗目标　病人受到病痛困扰，往往希望药到病除，彻底根治疾病，或者不切实际地要求使用没有毒副作用的药物。药物治疗的目标受到现阶段药疗和药物发展水平的限制，需要在实施者和接受者之间达成共识。药物治疗对有些疾病能够治愈，有的则只能减轻症状或者延缓病情发展。因此，双方都应采取积极、客观和科学的态度，确定双方都可以接受的、现实条件下可以达到的治疗目标。

四、给药技术

（一）对症选药

中、西成药均有其特定的功效，但有时并非作为固定治疗某种疾病或症状的特效药，而应辨病辨证选药，因病因证制宜。例如呕吐，使用中成药治疗，因食积内停所致者，宜用保和丸；因脾胃虚弱引起者，宜用香砂六君子丸；因夏季着凉而致者，宜用藿香正气丸。使用西药治疗，防治晕动病呕吐，宜用抗胆碱药和抗组胺药；化疗和放疗引起的呕吐，宜用5-羟色胺受体拮抗剂；胃肠道疾病所引起的呕吐，宜用胃动力药；除晕动病以外的各种呕吐，可用抗多巴胺药。患者的性别、年龄、体质以及病程长短不同，若使用相同的药物，可能会出现疗效的差异，故选用药物应因病、因时、因人制宜，辨证施药，以期收到良好的治疗效果。对患者应详细询问用药史，注意个体差异。用药后如有异常现象或3日不见好转或症状减轻，应立即停药，尽早给予相应处理或及时送至医院。另外，选用药物不能单凭药名主观臆断其功效，如误将“人参再造丸”（用于筋骨疼痛、四肢麻木）、“肥儿丸”（驱蛔虫消积）等中成药当作营养滋补品。

（二）配伍用药

恰当的配伍用药，不仅可兼治疾病，有时还可获得协同或相加的治疗作用，甚至可相互纠正不良反应以及延缓或避免耐药性的产生等。倘若配伍失当，如中成药之间有“十八反”与“十九畏”的配伍禁忌，西药之间有药理性、物理性和化学性的配伍禁忌，则适得其反。近年来中、西药物之间的配伍应用日趋广泛，配伍适当可以达到相辅相成治疗的目的，如中成药板蓝根冲剂与西药磺胺增效剂（TMP）合用，抗菌消炎作用明显增强，对扁桃体炎的疗效比单用板蓝根冲剂或磺胺增效剂好；又如异烟肼、利福平等抗结核西药与中成药灵芝冲剂合用，不仅可以提高抗结核药的疗效，还可使结核菌较不容易产生耐药性。若配伍失当亦可引起较为严重的不良反应，如含甘草的某些制剂与阿司匹林同用，可能导致或加剧胃、十二指肠溃疡。因此，中、西药物之间的配伍在未有充分理论依据或实践经验时，应持审慎态度。

（三）合理用药

合理用药是指以当代药物和疾病的系统知识理论为基础，安全、有效、经济、适当地使用药物。不仅要求选药对症，适当联合用药，用药剂量、疗程适宜，给药时间、间隔、途径适当；还要避免用药过多或重复给药、安慰性或保险性用药以及无必要地使用价格昂贵的药品等。

（四）按时给药

根据病情的轻重缓急，确定适宜的给药时间，充分发挥药物的疗效，减少不良反应。中、西成药由于组成、制备工艺不同，药物的释放及起效快慢也不同，给药时间方面也略有差别。

1. 中成药的一般给药时间　无特殊规定的口服药一般一日量分 2 ~ 3 次，于早、晚或早、中、晚饭后 0.5 ~ 1 小时各服一次；解表药应及时给予，以免病邪由表入里，发汗解表药若在病情许可的情况下可于中午以前阳分时间（约 11 时）给予，顺应阳气升浮，有助于祛病驱邪；镇静安眠药于睡前1 ~ 2小时给予；补益药一般宜饭前服，以利吸收；补阴药宜晚上一次性服；涩精止遗药早、晚各服一次；截疟药于发作前 3 ~ 5 小时给予；泻下药宜入夜睡前给予，病情严重者应随病情酌定给药时间；止泻药应及时给予，按时再服，泻止停服；润肠通便药应空腹或半空腹服，以利清除肠胃积滞；峻下逐水药于清晨空腹给予；驱虫药于清晨空腹或晚上睡前给予；生津润燥、清暑解热药不拘时顿服；咽喉疾病药不拘时多次顿服，缓缓咽下，使药液与病变部位充分接触，以利药效发挥；祛痰药宜饭前服；健胃药中的开胃药宜饭前服，消食导滞药宜饭后服；制酸药也宜饭前服；对胃有刺激的药物则宜饭后服；涌吐药宜清晨、午前服。外用中成药一般每日换药一次。

2. 西药的一般给药时间　驱虫药（四氯乙烯）、盐类泻药空腹（清晨）服；泻药、催眠药、驱虫药（山道年）睡前 15 ~ 30 分钟服；苦味药、收敛药、胃壁保护药、吸附药、抗酸药、胃肠解痉药、利胆药、肠道抗感染药、肠用丸剂、驱虫药（甲紫）饭前 30 ~ 60 分钟服；助消化药饭时服；刺激性药物、灰黄霉素饭后 15 ~ 30 分钟服。

（五）按“法”给药

清代名医徐灵胎说：“方虽中病，而服之不得其法，非特无功，反而有害。”由此可见，要使药物适时发挥最佳药效，给药方法不容忽视。常用中、西成药的给药方法简介如下。

1. 丸剂、冲剂、膏滋、酒剂、锭剂、丹剂等　多用水或药引送服。蜜丸、水丸为加快吸收，也可压碎调成糊状服。为预防服药后呕吐，可先饮生姜汁少许，然后服药。

2. 片剂、胶囊剂　送药水量不少于 100ml，咽药后保持站立最少 1.5 分钟（国内外均有因此类药物滞留消化道刺激粘膜导致溃疡的报道）；肠溶片剂必须整粒吞服，不得压碎。

3. 液体药剂　宜摇匀后服。止咳、润喉的药液服后不必用水送服，使其在咽喉、食管沾一薄层效果更好。

4. 散剂　内服散剂直接倒入口中用水送服容易呛入气管，量少可用水或药引送服；量大或者应用于小儿和不能吞咽的病人，一般宜用糖水、乳汁或温开水调成糊状后服用。耳内、咽喉或牙龈患处散剂用纸卷成直径约 2 ~ 3mm 的小管，一端撮取少许药粉，从另一端把药吹入。外用散剂可撒一薄层或用适当的液体（如茶水、白酒、黄酒、醋、香油等）调成糊状，于患处敷一厚层，再用纱布包扎。眼用散剂可用所附圆头小玻璃棒沾凉开水醮取散剂后点入眼大眦角处，如眼睑有赤烂溃疡者，宜用生理盐水或温热水将脓痂洗净后再用药。

5. 含化丸（片）　将药含于口腔中，使缓缓溶解，再慢慢咽下。

6. 外用膏剂　黑膏药微热烘软后贴患处；巴布膏剂、橡胶膏剂直接贴患处或规定部位。

7. 栓剂

(1) 肛门栓　病人左侧卧位，张口呼吸，松弛括约肌，给药者戴指套（施药对象为成人时戴食指，为婴儿时戴无名指），将栓剂轻轻推入约 2cm 深处，病人维持体位约 20 分钟方可起床。

(2) 阴道栓　病人仰卧，用食指或器械将栓剂送至阴道治疗部位，平卧至少 20 分钟，亦可临睡前放入。

8. 滴耳剂　药液宜先加温至与体温相近，患耳清洗后朝上，成人患者外耳拉向后上方(3 岁以下小儿拉向后下方)，滴药液于外耳道，维持体位数分钟，轻塞纱布或棉花于耳道以保持鼓室湿润。当填塞物不能再吸收药液或已污染时，应及时更换。

9. 眼用制剂

(1) 眼膏剂　掰开下睑，挤一小条眼膏于玻璃棒上涂搽于下睑内或者直接将眼膏挤在下睑内，药膏涂入后可轻轻按摩 2～3 分钟以增加疗效，眼膏宜晚上临睡前用，使患处与药膏有较长的接触时间。

(2) 滴眼剂　病人平卧或坐位时头后仰，先清洁眼睑、睫毛，将滴管靠近眼球（但不能触及眼睑、睫毛)，滴入眼睑内 1～2 滴，闭眼 1～2 分钟，并转动眼球使药液均匀。

复习思考题

1. 什么叫处方？处方分几种？处方在法律上、技术上、经济上有何意义？
2. 卫生部对处方制度有哪些明确规定？
3. 试述调剂基本工作程序。
4. 如何正确选用非处方药？
5. 如何把握给药时间？
6. 问病有哪些注意事项？
7. 试述中西药处方的异同点。
8. 调剂过程中遇到不合格处方应如何处理？
9. 调配处方时应注意什么？
10. 如何做到正确“给药”？

第三章 中药饮片调剂技术

第一节 中药处方常用术语

中药的使用历史悠久，中药处方名称是在长期的中医药实践中形成的。由于品种繁多，我国又幅原辽阔，各地使用习惯不同造成的地区差异以及历史文献记载的不同，使中药饮片名称十分繁杂，医药人员正确地理解和运用中药饮片名称，对准确应用和调配意义重大。

一、中药处方通用名称

（一）正名

《中国药典》、卫生部部颁药品标准及各省、自治区、直辖市颁布的地方标准中收载的中药名称为中药正名（表 3-1）。为了防止同名异物、同物异名现象，中药名称应尽量使用正名，尤其是加入 WTO 以后，为了大力发展中医药，使中医药走向世界，医务工作者要尽量使用正确的专业术语来书写和阅读处方。

（二）别名

除正名以外的中药名称为别名（表 3-1）。由于有些药物别名已经历代相沿成习，至今仍有医生喜欢应用，为了保证用药安全有效，调剂人员亦应熟记这些常用的药物别名，以保证调剂工作的顺利完成。如甘草别名国老。

（三）处方全名

在中药正名前加上说明语就构成了中药的处方全名。说明语大多表示医师对中药饮片的产地、基原、采收季节、性状特征、炮制、新陈程度等方面的要求，以确保疗效，如当归尾、云连、酒白芍、霜桑叶等。每种药物可以有一个或数个处方全名（表 3-1）。

表 3-1　常用中药的处方全名和别名

正　名	处 方 全 名	别　名
三七	田三七　参三七　旱三七	
大黄		川军　生军　锦纹
山豆根	广豆根　南豆根	
山药	怀山药　淮山药	
天冬	天门冬	

续表

正　名	处方全名	别　名
天花粉		栝楼根
丹参	紫丹参	
升麻	绿升麻	
牛膝	怀牛膝　淮牛膝	
乌药	台乌药	
北沙参	辽沙参　东沙参	
甘草	粉甘草　皮草	国老
白芍	杭白芍　白芍药　芍药	
白芷	杭白芷　香白芷	
延胡索	元胡　玄胡索	
当归	全当归　秦当归	
百部	百部草	
苍术	茅苍术	
广防己	木防己	
防己	粉防己　汉防己	
羌活	川羌活　西羌活	
麦冬	麦门冬　杭寸冬　杭麦冬	
附子	川附片　淡附片　炮附子	
郁金	黄郁金　黑郁金	
泽泻	建泽泻　福泽泻	
前胡	信前胡	
南沙参	泡沙参　空沙参	
干姜炭	炮姜炭　姜炭	
独活	川独活　香独活	
茜草	红茜草　茜草根	
党参	潞党参　台党参	
香附	香附子	莎草根
重楼		七叶一枝花　蚤休
柴胡	北柴胡　南柴胡　软柴胡	
桔梗	苦桔梗　甜桔梗	
浙贝母	象贝母	
秦艽	左秦艽	
黄芩	条黄芩　枯黄芩　子黄芩	
黄连	川黄连　雅连　云连	
拳参		草河车
续断	川续断	
葛根	粉葛根　甘葛根	
藜芦		山葱
大血藤	红藤	
牡丹皮	粉丹皮	

续表

正　名	处方全名	别　名
西河柳	柽柳　山川柳	
肉桂	紫油肉桂	
竹茹	淡竹茹　细竹茹　青竹茹	
杜仲	川杜仲	
忍冬藤	金银藤　银花藤	
松节	油松节	
青皮	均青皮	
厚朴	川厚朴　紫油厚朴	
香加皮	北五加	
首乌藤		
桂枝	桂枝尖　嫩桂枝	
通草	通脱木	
桑白皮	桑皮　桑根白皮	
椿皮	椿根皮　臭椿皮	
丁香	公丁香	
功劳叶	十大功劳	
艾叶	祁艾　蕲艾	
西红花	藏红花　番红花	
红花	草红花　红兰花	
辛夷	木笔花	
金银花		忍冬花　双花　二花
桑叶	霜桑叶　冬桑叶	
淫羊藿		仙灵脾
橘叶	南橘叶　青橘叶	
肉苁蓉		淡大芸
佩兰	佩兰叶	醒头草
细辛	北细辛　辽细辛	
青蒿	嫩青蒿	
茵陈	棉茵陈	
浮萍	紫背浮萍　浮萍草	
益母草		坤草
山茱萸	山萸肉　杭山萸	
千金子		续随子
马钱子		番木鳖
五味子	辽五味子　北五味子	
木瓜	宣木瓜	
木蝴蝶	玉蝴蝶	千张纸
王不留行		王不留
牛蒡子	鼠粘子	大力子　牛子

续表

正　名	处方全名	别　名
龙眼肉		桂圆肉
瓜蒌		栝楼
白果		银杏
赤小豆	红小豆	
佛手	川佛手　广佛手　佛手柑	
诃子	诃子肉	诃黎勒
补骨脂		破故纸
沙苑子	沙苑蒺藜　潼蒺藜	
青果	干青果	
枸杞子	甘枸杞	
栀子	山栀子	
牵牛子		黑丑　白丑　二丑
砂仁	缩砂仁	
草决明	决明子　马蹄决明	
茺蔚子		益母草子　坤草子
莱菔子		萝卜子
娑罗子		梭罗子
蒺藜	白蒺藜　刺蒺藜	
槟榔	花槟榔	大腹子　海南子
罂粟壳		米壳　御米壳
土鳖虫	地鳖虫	䗪虫
牡蛎	左牡蛎	
珍珠		真珠
穿山甲	山甲珠　炮山甲	
海螵蛸		乌贼骨
蛇蜕		龙衣
蝉蜕		蝉衣
僵蚕	白僵蚕	
蛤壳	海蛤壳	
芒硝		皮硝　朴硝
朱砂		丹砂　辰砂
磁石	灵磁石　活磁石	
赭石		代赭石
儿茶		孩儿茶
血余炭	血余炭　发炭	
血竭	麒麟竭	
红粉	红升丹　升药	

（四）并开药名

将2~3种疗效基本相似或具有协同作用的饮片缩写在一起就构成了并开药名，如青陈皮、苍白术、焦三仙等。调配处方时应正确理解医生用药意图，划清并开药物的品种规格和剂量。见表3-2。

表3-2 处方常用并开药名

并开药名	处方应付	并开药名	处方应付
二冬	天冬　麦冬	红白豆蔻	红豆蔻　白豆蔻
二门冬	天门冬　麦门冬	生熟麦芽	生麦芽　炒麦芽
二术	白术　苍术	生熟谷芽	生谷芽　炒谷芽
苍白术	苍术　白术	生熟稻芽	生稻芽　炒稻芽
二母	知母　浙贝母	谷麦芽	炒谷芽　炒麦芽
知贝母	知母　浙贝母	生熟谷麦芽	生炒谷芽　生炒麦芽
二蒺藜	白蒺藜　沙苑子	生熟谷稻芽	生炒谷芽　生炒稻芽
潼白蒺藜	白蒺藜　沙苑子	炒稻麦	炒稻芽　炒麦芽
知柏	知母　黄柏	炒曲麦	炒神曲　炒麦芽
盐知柏	盐知母　盐黄柏	焦曲麦	焦神曲　焦麦芽
炒知柏	盐炒知母　盐炒黄柏	生熟枣仁	生枣仁　炒枣仁
酒知柏	酒知母　酒黄柏	干良姜	干姜　高良姜
砂蔻仁	砂仁　蔻仁	腹皮子	大腹皮　生槟榔
砂蔻皮	砂仁壳　紫蔻壳	二乌	制川乌　制草乌
二地	生地黄　熟地黄	川草乌	川乌　草乌
生熟地	生地黄　熟地黄	桃杏仁	桃仁　杏仁
二活	羌活　独活	二甲	龟板　鳖甲
羌独活	羌活　独活	全荆芥	荆芥　荆芥穗
二风藤	青风藤　海风藤	桑枝叶	桑枝　桑叶
青海风藤	青风藤　海风藤	冬瓜皮子	冬瓜皮　冬瓜子
二芍	赤芍　白芍	生熟薏米	生薏米　炒薏米
杭赤芍	赤芍　白芍	生熟大黄	生大黄　熟大黄
二丑	黑丑　白丑	生龙牡	生龙骨　生牡蛎
二公丁	蒲公英　紫花地丁	煅龙牡	煅龙骨　煅牡蛎
二决明	石决明　草决明	猪茯苓	猪苓　茯苓
忍冬花藤	金银花　忍冬藤	赤猪苓	赤茯苓　猪苓
二花藤	金银花　忍冬藤	青陈皮	青皮　陈皮
南北沙参	南沙参　北沙参	棱术	三棱　莪术
荆防	荆芥　防风	全藿香	藿香　藿香叶　藿香梗
全紫苏	苏叶　苏梗　苏子	乳没	炙乳香　炙没药
苏子梗	苏子　苏梗	炒三仙	炒神曲　炒麦芽　炒山楂
苏子叶	苏子　苏叶	焦三仙	焦神曲　焦麦芽　焦山楂
龙齿骨	龙齿　龙骨	焦四仙	焦神曲　焦麦芽　焦山楂　焦槟榔
芦茅根	芦根　茅根		

二、中药处方应付常规

中药处方应付常规是指各地区根据历史用药习惯和多年积累的丰富经验形成的一整套处方给药规律，使调剂人员和医师对处方名称和给付不同炮制品达成共识，在处方时不需要注明炮制规格，调剂人员亦可按医师处方用药意图给药。下面就中药的常用品种来说明中药处方的应付常规（表3-3）。

表3-3　中药处方应付常规

处　方	应　付	例　如
单写药名或注有"炒"	清炒品	谷芽　麦芽　稻芽　莱菔子　苍耳子　牛蒡子　苏子　黑丑　白丑　山楂　槐花　草果　决明子　白芥子　酸枣仁　王不留行
单写药名或注有"炒"、"麸炒"	麸炒品	枳壳　白术　僵蚕　薏苡仁　冬瓜子　椿根皮　芡实　三棱　半夏曲　六神曲
单写药名或注有"炒"、"烫"	烫制品	龟板　鳖甲　鱼鳔　穿山甲　刺猬皮　象皮
单写药名或注明"炙"、"炒"	蜜炙品	紫菀　款冬花　枇杷叶　马兜铃　桑白皮　槐角
单写药名或注明"炙"	酒炙品	何首乌　女贞子　肉苁蓉　山茱萸　大黄　黄精　乌梢蛇　蕲蛇
单写药名或注明"炒"、"炙"	醋炙品	乳香　没药　元胡　香附　莪术　青皮　大戟　甘遂　芫花　商陆　五味子　五灵脂
单写药名或注明"炒"、"炙"	盐炙品	小茴香　蒺藜　车前子　橘核　胡芦巴　益智仁　补骨脂
单写药名	炙品	虎骨　吴茱萸　川乌　天南星　白附子　远志　藤黄　厚朴　淫羊藿　半夏　巴戟天　巴豆　马钱子
单写药名	煅制品	龙骨　龙齿　瓦楞子　自然铜　钟乳石　花蕊石　牡蛎　磁石　礞石　寒水石　白石英　紫石英　禹余粮　蛤壳　海浮石

三、中药处方的脚注

中药处方的脚注是指医师在开写处方时常在某味药的旁边（通常在其右上角或左下角）做简明的注解。脚注的作用是医师根据辨证施治的需要对某些药物提出特别的要求，同时也简明地指示调剂人员对该饮片应采取不同的处理方法。因此，调剂人员应熟悉和掌握这些脚注，严格按脚注的要求，认真进行调配，提高调剂质量，保证用药质量。中国药典对需特殊处理的品种都有明确规定。脚注的内容一般包括炮制法、煎法、服法等。常用的脚注有以下11种。

（一）先煎

1. 质地坚硬，有效成分不易煎出的常见中药。如矿石类的生石膏、生磁石、生紫石英、生寒水石、自然铜等；贝壳类的生龙齿、生瓦楞子、生石决明、生牡蛎、生蛤壳、生珍珠母等；动物角甲类的龟板、鳖甲、鹿角霜等。

2. 某些毒性饮片要先煎1~2小时，以达到降低或消除毒性的目的。如乌头、巴豆、附子、南星、半夏、商陆、斑蝥、马钱子等。

（二）后下

1. 气味芳香、含挥发油的饮片煎煮时间不宜太长，防止有效成分散失。如感冒类的汤药大都含有挥发油成分，煎煮时间一般在10分钟左右。常见的后下饮片有薄荷、砂仁、鱼腥草、沉香、豆蔻、菊花、藿香、细辛等。

2. 久煎后有效成分易被破坏的饮片亦需后下，一般在群药煎好前10～15分钟放入。如钩藤、苦杏仁、徐长卿、大黄等。

（三）包煎

1. 含粘液质比较多的饮片煎煮时易粘糊锅底，需要包煎。如车前子、葶苈子等。

2. 富含绒毛的饮片如果混入煎液容易刺激喉咙，引起咳嗽，需要包煎。如旋覆花、金樱子、石韦等。

3. 花粉和简单散剂因总面积大、疏水性强，容易漂浮在汤剂上面影响有效成分的煎出，需要包煎。如蒲黄、海金沙、蛤粉、雷丸、六一散、三皮散、三黄散、益元散、黛蛤散等。

（四）另煎

对某些贵重中药饮片，为了防止有效成分散失和使有效成分充分煎出，需要单独煎煮取汁后，药渣再并入群药中合煎取汁，最后合并两次的汁液，混匀，服用。如西洋参、人参、藏红花、羚羊角、水牛角等。

（五）冲服

有些用量少的贵重中药需要碾成细粉用药汁冲服，防止因量少被药渣吸附而造成损失。如三七、鹿茸、紫河车、蕲蛇、金钱白花蛇、琥珀、雷丸、沉香、牛黄等。

（六）烊化

有些胶类、蜜膏类中药如果放入群药中煎煮，容易使煎液粘稠，不利其他有效成分的煎出，并且容易使锅底粘糊，需要烊化后和其他煎汁一起服用。这类中药可用煎好的药液稍加热溶化后一起服用，亦可隔水利用蒸汽溶化后，和其他煎汁一起服用。如阿胶、鹿角胶、龟鹿二仙胶、龟胶、饴糖、蜂蜜等。

（七）兑服

有些处方需要的鲜药要绞汁兑服，以保证用药质量。如生姜汁、鲜竹沥等。

（八）打碎

通常果实类的中药、动物骨甲贝壳类、矿石类和某些根与根茎类药物，在调剂时需要打碎以利于有效成分的煎出和方便调配。各种药材打碎的程度不一，要按照具体情况分别对待。医师常在脚注上注以打、捣、碎、研、杵、劈、捣为泥、细末等。当大家形成默契后，也可无须注解，但要按照常规处理该饮片，这就要求调剂人员与医师沟通，充分了解医师的用药意图以节省时间和精力。如果实类的莲子、薏米、白扁豆、酸枣仁、砂仁、豆蔻、牛蒡子、栀子、莱菔子、川楝子等要捣碎；矿石类的石决明、珍珠母、牡蛎、龙骨、瓦楞子、蛤壳、磁石、赭石等要研成粉末；苏木、降香、檀香、沉香等要劈碎。

（九）除去非药用部位

主要目的是洁净药材，常见的有去毛、去心、去刺、去核、去芦等。如大枣、山茱萸、乌梅、诃子要去核；人参、党参、黄芪要去芦；苍耳子、金缨子、刺蒺藜要去刺；枇杷叶、石韦要去毛等。

（十）临时炮制

某些临床用量比较少又需要特殊处理的中药，药房不便预先制备，需要在调配时按照医师的处方脚注临时加工炮制，调剂人员要熟练掌握有关的临时炮制技术。如蒲黄炒阿胶、蜜炙升麻、麸炒升麻、姜汁炒竹茹、白糖炒石膏、金银花炒炭；朱砂拌茯苓、灯心、麦冬、连翘心等；砂仁拌生地、熟地；青黛拌灯心、通草、连翘等。

（十一）质量和规格

中药品种繁多，生长环境复杂，采收加工各地不同，因此中药的质量也不相同。地道药材因生长环境适应其生长，所含有效成分充足，质量上乘而受中医的青睐，在应用时就会脚注说明，以保证疗效。如河南的四大怀药——怀山药、怀地黄、怀牛膝、怀菊花，东北的人参、关黄柏、辽细辛，四川的川黄连、川贝母、川附子，浙江的浙贝母、杭白芷、杭菊花等；另外采收季节对药物的质量也有影响，如三月茵陈、霜桑叶等。

四、中药处方的药引

中药处方中药引的使用，是在中医理论指导下，中医临床治疗疾病、组方用药的特点之一。用作药引的中药大都是平常易得的，如生姜、大枣、葱白、鲜藕、粳米、芦根、桑枝、竹叶、米汤、食盐、醋、黄酒、蜂蜜、冰糖、红糖、饴糖、甘蔗等，这些药引往往鲜用。

药引在处方中的使用目的一是引经，如黄酒有升发走窜的特性，引药直达病所，常作为通经活络、散肿止痛、活血化瘀处方的药引。其次为了增强疗效，如清暑处方中常用鲜芦根来增强清热解暑的作用。再次为了解除处方中某些药物的毒性和副作用，如十枣汤中大戟、甘遂、芫花三个逐水药一起使用，药性峻猛，用红枣为引，就缓解了药剂的毒性。最后的目的是矫味，如用红糖、冰糖、甘蔗汁等矫正汤药的苦涩味，以利服用。现将常用的药引及其功效、用途、用法简介如下。

1. 生姜　有解表止咳、和胃止呕、温中散寒的功效，适用于外感风寒、胃寒呕吐及风寒束肺咳嗽等。一般用 3～5 片，水煎取汤送服。

2. 大枣　有补中益气、养血宁神的功效，适用于脾胃虚弱、中气不足等证。一般用 5～

10枚。

3. 葱白　有发汗解表、散寒通阳、解毒散结的功效，适用于外感风寒以及阴寒内盛、格阳于外的寒凝证。一般用2~3根，切碎煎汤送服。

4. 大枣加生姜　常常用于虚寒病人，可补益脾胃、增加食欲、促进药物吸收，从而提高临床疗效。

5. 藕汁、藕节　藕汁有清热、凉血、止血的功效。用中成药治疗血热出血时常用藕汁为药引以增强疗效。用生藕捣汁或藕节5~10个煎水均可。

6. 芦根　有清热、生津、止渴、止呕的功效，适用于外感风热、口渴咽干及小儿麻疹初起等。一般用量10~30g。

7. 黄酒、白酒　酒性辛热，有温通经络、发散风寒的功效，适用于风寒湿痹、跌打损伤及妇人血寒闭经等。一般用黄酒15~50ml，白酒酌减，根据性别、年龄、体质、耐酒量等因素而定，注意勿致人醉。黄酒宜温服。

8. 米汤　有顾护胃气的功效，可防苦寒药伤胃。可用大米或小米煮汤汁送服。如用当归龙荟丸清泻肝胆实火，为防龙胆、芦荟伤胃气，宜用米汤送服。

9. 竹叶、灯心草　二药均有清心火、利小便、除下焦湿热之功效，适用于热淋以及心火移热小肠所致的小便淋沥涩痛等。一般用3~5g煎水送服。

10. 红糖　有补血散寒、祛瘀之功效，常用于妇科血虚、血寒、产后恶露未净、乳汁稀少等。一般用15~30g，冲开水送服。

11. 盐　味咸，能引药入肾经，适用于肾阴亏损之证。一般用1~2g，加水溶化即可。

12. 蜂蜜　有补中缓急、润肺止咳、润肠通便的功效，适用于肺燥咳嗽、阴虚久咳、习惯性便秘等。可用适量冲水送服。

13. 醋　有散瘀止痛、解毒杀虫的功效。如取适量加温开水送服失笑散，可增强散瘀止痛的作用。

14. 其他　中药药引为数甚多，除上述外，尚有薄荷、荷叶、荆芥、苏叶、西瓜、梨等，不胜枚举。

临床选用药引，可根据中成药的功能、主治、病情、病位、患病时间、季节、地区等不同情况酌定，选用一种或几种药引。

第二节　中药汤剂的煎煮方法和服用注意事项

中医以其中药汤剂能适应医生的辨证施治、随证加减，疗效宽、吸收好、副作用小而见长，能否充分发挥疗效除与组方用药有关外，还与煎服法有关，所以要掌握有关中药汤剂的煎煮方法和服用注意事项，保证汤药的质量和疗效，为临床用药服务。

一、煎药的工作制度

煎药是制备中药汤剂的一项专业技术操作过程。汤剂的质量不仅与煎药器具、煎药热源、饮片规格、加水量、煎煮次数、煎药时间等有直接关系，也与煎药人员的责任心和专业水平有关。汤剂的质量对药物的疗效有很重要的影响。为了保证汤剂的质量，必须建立完善的煎药规程及工作制度。

1. 煎药人员必须身体健康，无传染病、精神病、皮肤病，每年必须体检一次并建立健康档案。

2. 煎药人员应具备一定的中药专业知识，熟悉煎药技能和煎药操作常规，经培训后在药师指导下上岗工作。

3. 煎药人员在操作时应穿工作服、戴工作帽。所用煎药器具应随时刷洗干净，保持清洁。注意保持煎药室内外环境卫生整洁。

4. 煎药人员必须严格遵守煎药操作规程，认真执行核对、记录及交接手续，避免差错事故的发生。

5. 煎药宜选择化学性质稳定、传热均匀、较牢固的器皿。家庭煎药可选择砂锅，医疗单位或经营企业宜选用较牢固的搪瓷器皿或不锈钢器皿。煎药应避免直接接触铁、铝和塑料制品，避免发生化学反应影响疗效或污染药液。煎液瓶必须洁净，不得使用回收的旧瓶。

二、中药煎药操作常规

（一）煎前查对

煎药人员收到待煎药后，应与处方药味、剂数、重量核对，查看是否有需特殊煎煮的饮片，核对瓶签所记科别、患者姓名、日期、取药号或病床号等是否与处方内容相符，发现疑问应及时与医师或调剂人员联系，确认无误后方可加水煎煮。

（二）煎中留意

群药按一般煎药法煎煮，需特殊煎煮的饮片按特殊煎煮法处理。注意经常搅动并随时观察煎液量，使饮片充分煎煮，避免出现煎干煎糊现象。如果不慎出现煎干煎糊现象应另行调配，重新煎煮。

（三）煎后处理

每剂药煎好后应趁热及时滤出煎液，以免温度降低后影响煎液滤出及有效成分的含量。核对药瓶标签上科别、患者姓名及取药号或病床号，准确无误方可发出。

三、汤剂煎煮方法和服用注意事项

（一）一般煎药法

1. 加水量　使用符合国家标准的饮用水煎药，不宜用热水浸泡饮片，以免药材组织细胞内的蛋白质遇热凝固不利于有效成分的溶出。加水量的多少受饮片的重量、体积、吸水能力及煎煮时间等因素制约，一般以浸泡后水面高出饮片 2～3cm 或每次所得煎煮液 100～

200ml 为宜，煎煮滋补药或解表药等应酌情加减水量。儿童用的汤剂可适当减少水量以利服用。

2. 浸泡时间　根据药材的性质、大小厚薄加水后浸泡 20 ~ 30 分钟或 1 个小时，使水分子充分进入药材组织，以利于煎出有效成分。

3. 煎煮火候、时间和煎液量　一般先用武火（大火）煎煮后，改用文火（小火）煎煮，保持微沸状态；煎两次（质重的饮片或不易煎煮的饮片也可煎三次）；一般药第一煎煮沸后用文火煎煮 20 ~ 30 分钟，第二煎煮沸后再用文火煎煮 15 ~ 20 分钟，解表药、攻下药煎煮时间应短些，第一煎沸后约 15 分钟，第二煎沸后约 10 分钟；滋补药煎煮时间宜长些，每次滤取药液 100 ~ 200ml，第二次过滤后应挤榨药渣，避免煎液损失。合并两次煎液并混匀后分两次服用。

4. 煎药的质量要求

（1）残渣无硬心、没有焦糊，挤出的残液量不超过残渣重量的 20%。

（2）煎液有原中药的特征气味、无焦糊及其他霉烂异味，煎液量约 100 ~ 200ml。

（二）特殊煎煮法

1. 先煎　需先煎的饮片经武火煮沸后，改文火煎煮 10 ~ 15 分钟后与煮沸的群药合并，再按一般煎药法煎煮。如矿石类药。

2. 后下　在其他群药文火煎煮 15 ~ 20 分钟后再放入需后下的饮片煎煮 5 ~ 10 分钟即可。如钩藤等。

3. 包煎　将需包煎的饮片装入纱布袋内，扎紧袋口与群药同煎。如车前子等。

4. 另煎　将需另煎的饮片单独煎煮 30 ~ 40 分钟后，药渣并入群药煎煮，滤取的药液兑入群药的煎液同服。如人参等。

5. 烊化　将需烊化的饮片置锅内加水适量，加热溶化或隔水炖化后，再兑入群药煎液中同服。如阿胶等。

6. 冲服　将药物细粉用群药的煎液冲服。如羚羊角等。

7. 兑服　将液体药汁兑入群药煎液中同服。如生姜汁等。

（三）煎液的服法

1. 服药的时间　一般宜在饭后 30 ~ 60 分钟时服药；滋补药以早晚空腹服为宜，利于吸收；润肠或泻下药宜空腹服，有助于发挥润肠荡涤作用；消食药宜饭后服，以助消化；镇静安神药宜睡前服；驱虫药早晨空腹服驱虫效果最好。

2. 服药方法　一般药宜温服；忌过热过冷；解表药宜热服，服药后应避风寒；祛寒药宜热服，有助于温通；清热解毒药以凉服为宜；止吐药如果为寒吐者宜热服，热吐者宜凉服，并应少量多次服用。

3. 服药禁忌　服药时宜少食豆类、肉类、生冷及其他不易消化的食物；热性疾病禁用或少食酒类等刺激性食物；解表透疹的疾病服药时少食生冷、酸味食物；滋补类的药物在服用时少饮茶。

第三节　中药处方调剂

中药饮片调剂系指根据医师处方将饮片调配成方剂供应用的操作过程，是祖国医药学的重要组成部分。

调剂饮片仍应遵从前述的调剂工作制度，严格按照审方、计价、调配、复核和发药程序进行。中药饮片调剂一般程序及操作方式详见第二章第二节。

一、中药处方的审查

（一）处方前记的审查

详见第二章第二节。

（二）处方概貌的审查

处方字迹和处方正文内容的书写要求及审查详见第二章第二节。

饮片处方药名书写，有以下常见的错别字或自造简化字，应注意审查，如（括号内为不规范书写）：黄芩（黄苓）、田基黄（田基王）、木贼草（木节草）、秦艽（秦九、秦芃）、钩藤（勾屯）、荜茇（毕拔）、羌活（恙活、姜活）、牛膝（牛夕、牛七）、巴戟天（巴吉天）、马兜铃（马斗铃、马斗令、马斗苓）、斑蝥（班蝥、班毛）、地肤子（地夫子）、罂粟壳（樱栗壳、婴栗壳）、鹿衔草（鹿含草）、苁蓉（丛容）、女贞子（女真子）、川朴（川扑）、香橼（香元）、大腹皮（大伏皮）、红豆蔻（红豆叩、红豆扣）、莱菔子（来服子）、土槿皮（土井皮）、地榆（地于）、半边莲（半边连）、藿香（霍香）、山栀（山支）、赭石（者石）、密蒙花（宓蒙花）、蒲公英（卜公英）、败酱草（败将草）、薄荷（卜荷）、蔓荆子（万荆子）、郁金（玉今）、半夏（半下）、桑枝（双支）、小茴香（小回香）、信石（仪石）等等。凡有类似上述不规范书写的处方，都应退回医师修改纠正。

（三）药物剂量的审查

药物剂量的审查内容和方法详见第二章第二节。

根据药物的性质，临床中药处方的剂量可归纳为以下几种情况。

1. 药性较峻烈的中药　如胆矾、朱砂、樟脑、明矾等用量为0.3～1.5g；藜芦、瓜蒂、大戟、芫花、全蝎、蜈蚣、水蛭、干漆、硫黄、儿茶、血竭等用量为1.5～3g。

2. 稀有的、作用强的中药　如牛黄、冰片、苏合香、琥珀、珍珠粉等用量为0.3～2.5g；羚羊角、鹿茸、沉香、檀香、肉桂粉等用量为0.9～4.5g；

3. 质轻的或芳香、辛燥、苦寒的中药　如吴茱萸、蜀椒、干姜、丁香、胡椒、荜茇的用量为0.9～3g；细辛、麻黄、薄荷、蝉衣、马勃的用量为1.5～4.5g；黄连、芦荟、龙胆草等的用量为1.5～6g；

4. 无毒性的滋补药　可根据病情放宽用量，用3~30g或更多，如党参、黄芪、熟地等。

5. 矿石及贝壳介类等质重中药　用量一般在15~30g，如石膏、磁石、龙骨、牡蛎、龟板、石决明、赤石脂、禹余粮、伏龙肝、代赭石。

6. 毒性中药的用量　详见本章“毒性中药品种及调配注意事项”，毒性中药超量使用时，必须由处方医师加签。

7. 一般常用的性味平和的药物　用量掌握在3~10g。

（四）配伍禁忌及其他不合理用药的审查

1. “十八反”与“十九畏”的审查　汤剂配伍或者与药引配伍时，均应注意审查是否有“十八反”、“十九畏”的配伍，发现禁忌要及时查明，若属有意识地使用“十八反”、“十九畏”配伍的，要请处方医师加签，以防误用而发生事故。十八反是指甘草反甘遂、大戟、海藻、芫花；藜芦反人参、沙参、丹参、玄参、苦参、细辛、芍药；乌头反半夏、瓜蒌、贝母、白蔹、白及。十九畏是指硫黄畏朴硝、水银畏砒霜，狼毒畏密陀僧，巴豆畏牵牛，丁香畏郁金，牙硝畏三棱，川乌草乌畏犀角，人参畏五灵脂，肉桂畏石脂。

2. 中药与西药配伍禁忌审查

(1) 理化性配伍禁忌

①形成难溶性物质，影响疗效　如石膏、海螵蛸、龙骨、牡蛎、蛤壳、明矾、自然铜、磁石、代赭石、赤石脂等中药同西药四环素族抗生素生成难溶性络合物，降低西药的疗效。又如桑叶、侧柏叶、槐花、旋覆花、柴胡、山楂等中药与硫酸亚铁、碳酸铋、碳酸钙、硫酸镁、氢氧化铝等合用形成螯合物而降低疗效。

②改变药物成分，影响疗效　如酸性的山茱萸、山楂同碳酸氢钠等碱性西药合用，两者疗效均下降。煅牡蛎、煅龙骨等碱性较强的中药也会与阿司匹林等酸性西药发生反应而降低疗效。

(2) 药理性配伍禁忌

①生物效应的拮抗　如鹿茸、甘草等中药，与甲苯磺丁脲（D_{860}）等降糖西药合用，将抵消降血糖药的部分降糖作用；同时也不宜同阿司匹林合用，因可能诱发或加重胃、十二指肠溃疡。

②因酶促作用增加毒副反应　麻黄与西药苯乙肼等单胺氧化酶抑制剂合用，严重时可导致高血压危象和脑出血。

3. 其他不合理用药的审查

(1) 妊娠用药禁忌的审查　禁用药大多数是毒性较强或药性较烈的药物，《中国药典》2000年版一部属妊娠禁忌药的有三棱、土鳖虫、千金子、川牛膝、马钱子、天仙子、巴豆、水蛭、甘遂、玄明粉、芒硝、阿魏、芫花、附子、京大戟、闹羊花、牵牛子、轻粉、莪术、益母草、猪牙皂、商陆、斑蝥、雄黄、瞿麦、麝香等。慎用药大多是烈性或有小毒的药物，《中国药典》2000年版一部属妊娠慎用药的有干漆、大黄、川乌、天南星、王不留行、五灵脂、牛膝、片姜黄、白附子、西红花、肉桂、华山参、冰片、关木通、红花、苏木、郁李仁、虎杖、卷柏、草乌叶、禹余粮、急性子、穿山甲、桃仁、凌霄花、常山、硫黄、番泻叶、蓖麻油、蒲黄、赭石、蟾酥等。

(2) 药物与慎用疾病的审查 使用中药应坚持对证用药的基本原则，否则不仅不能收到理想的医疗效果，甚至反而加重病情，因此要注意药物与慎用疾病的审查。如肉桂、水蛭、桂枝、地鳖虫等慎用于尿中红血球多的肾病病人；木通、泽漆等慎用于尿中蛋白量多的肾病病人；五味子等慎用于热重的急性肝炎转氨酶高的病人；垂盆草慎用于肝阳虚的肝炎病人；黄药子慎用于慢性肝炎病人；马兜铃、竹沥慎用于肺寒咳嗽的肺病病人；白芥子、白附子慎用于肺热痰多的肺病病人；蟾酥、夹竹桃慎用于心脏病病人等等。

4. 医师签字的审查 详见第二章第二节。

二、中药处方计价

详见第二章第二节。

三、中药处方调配

（一）对戥

每天工作前应首先检查定盘星的平衡度是否准确，以确保调剂量的准确性。

（二）称取饮片

工作前应先将调剂台打扫干净。处方调配时应将处方放在调剂台上，在它的左侧压一个重物，防止处方移动。称药前，先看准称取的克数，左手持戥杆，用左拇指将砣弦固定于要称取克数的戥星上，右手取药放入戥盘内，用右手拇指与食指提起戥毫，举至齐眉，左手放下，以检视戥星克数与所称饮片是否平衡。如果有差异，增减饮片至平衡为准。

（三）分剂量

对一方多剂的处方应按“等量递减”、“逐级复戥”的原则将称取的饮片倒在包装纸上。配方称量应该力求准确，一般要求实际称量总和与处方总量的误差不得超过5%。毒、剧药及贵重药称量误差不得超过1%。

（四）调配注意事项

1. 注意处方药名与实际应付品种的正确性

(1) 处方书写药名，调配时应付给相应的炮制品，如“南星”应付“制南星”等。详见本章“中药应付常规”。

(2) 处方书写药名，调配时应付生品，如党参、麦冬、三七、栀子（传统虽有炒制要求，但经现代科学证明没有必要）等，以及大多数全草、叶、花类中药，均应付生品。

(3) 处方书写药名，调配时应付给相应生品或炮制品，某些中药在临床医疗中既有生用又有多种炮制品，必须在处方药名前注明“×制”方法，如大黄有生用、炒制、蒸制、酒制、醋制、制炭等，制法不同其功能主治各异。

2. 注意药物的别名与并开　详见本章“常用中药的处方全名和别名”与“处方常用并开药名”。

3. 注意称量准确无误。

4. 注意称量顺序和摆放要求　称取药物要求按处方所列药味顺序进行，并且要求间隔平放，以利于复核人员复核。体积大的药物，应先称取倒在包装纸中心，如淫羊藿、茵陈、蒲公英等，防止盖住其他药，不利于复核；粘度大的饮片，在称量后应放在其他饮片之上，如瓜蒌、熟地等，以免沾染包装纸；易抛散滚动的颗粒性药物应最后称取，倒在其他药中间，以免撒散损耗，如菟丝子、莲子等。

5. 注意特殊处理要求　在调配过程中遇到特殊处理的药物要特别对待，如遇见需捣碎的药物，应称取后放入专用的铜缸内捣碎后分剂量；遇到有需要临时加工的饮片应称取后交专人依法炮制；遇到需特殊处理的饮片，如先煎、后下、包煎、另煎、冲服和烊化等应分剂量后单包并注明用法再放入群药包内。最后还要注意配方时应看懂脚注，照注进行。处方调配完毕经检查无误后，调配人员签字，再交他人复核。

四、中药处方药物的核对与付发

中药处方药物的核对与付发由一个岗位负责，主要内容如下。

（一）中药处方药物的核对

1. 核对所配药品与处方药名是否一致　处方核对人员应该熟悉各种中药及饮片的形、色、气、味、断面、质地等性状特征，并根据它们的特征核对所配药物与处方所开药物是否一致，有无药味的增减、性状不符或药名与应付品不一致的情况。

2. 核对所配药物剂数是否与处方相同　调配人员不可随意增减药物剂数，核对人员应清点核对。

3. 核对药物的临时处理要求　检查需作处理者是否已作临时处理，所做的临时处理是否符合该处方要求，如需研末者不能用捣碎品代替。

4. 核对药物的另包情况　药物的另包是根据药物的煎熬或服用特殊要求而定的，调配时应另行放置、另行包装，核对人员应熟悉哪些药物需另包，并检查是否按要求另行称量、另行包装，包装上是否注明其另包的目的，如烊化、冲服、后下、先煎等等。

（二）中药处方药物的付发

1. 核对处方前记　询问清楚患者姓名、年龄、住院床号（或门诊号），并与处方核对。防止错取错用，核对无误后，才能将药物付出给病人或其家属。

2. 明确交待煎煮方法和服用注意事项　详见本章第二节。

3. 正确交待病人用药期间的饮食“忌口”

（1）治疗热症而服用清热、凉血类药如石膏、银花、连翘、山栀、生地、丹皮等，以及滋阴药物石斛、沙参、麦冬、知母、玄参等最好不要食用辣椒，因为辣椒会减低清热凉血类药物的作用。

(2) 治疗属于“寒证”的胃病而服用温中的药物如干姜、附子等时，最好不要吃“生冷”食物。治疗属于“热证”的胃病而服用清热的药物，如柴胡、金银花、蒲公英时，要忌食辛辣食物，否则会降低清热药的作用。

(3) 浓茶中含有鞣质，能与中药中的某些物质发生反应，在服药期间以不饮茶为好。

(4) 服用人参的病人忌食萝卜。

第四节　毒性中药处方调配

一、毒性中药的定义和有关规定

为了加强医疗用毒性药品的管理，保证患者用药的安全有效，防止中毒和死亡事故的发生，根据《药品管理法》的有关规定，国务院于 1988 年 12 月 27 日发布了《医疗用毒性药品管理办法》。规定毒性药品的法定定义是指毒性剧烈，治疗剂量与中毒剂量相近，使用不当会致人中毒或死亡的药品。

《办法》规定了毒性药品的管理品种，其中毒性中药 28 种，具体品种见表 3 - 4。

二、毒性中药的调配

1. 调配毒性中药应凭医师签名的正式处方。每次处方剂量不得超过 2 日极量。

2. 调配处方时必须认真负责，计量准确，按医嘱注明要求，并由配方人员及具有药师以上技术职称的复核人员签名盖章后方可发出。对处方未注明“生用”的毒性中药应付炮制品。如发现处方有疑问时，须经原处方医生重新审定后再行调配。处方一次有效，取药后处方保存 2 年备查。

3. 科研和教学单位所需的中药毒性药品，必须持本单位的证明信，经单位所在地县以上药品监督管理部门批准后方能调配。

4. 群众自配民间单、秘、验方需用毒性中药的，购买时要持有本单位或城市街道办事处、乡（镇）人民政府的证明信方可调配。每次购用量不得超过 2 日极量。

三、毒性中药调配时的注意事项和用法用量表

表 3 - 4　　毒性中药调配及注意事项

名称	用法用量	注意事项
砒石（红砒、白砒）	内服 0.03 ~ 0.075g，入丸散用；外用研末撒、调敷或入膏药中贴之	有大毒，用时宜慎；体虚及孕妇忌服

续表

名称	用法用量	注意事项
砒霜	内服0.009g，多入丸散；外用适量	不能久服，口服、外用均可引起中毒
雄黄	内服0.05～0.1g，入丸散用；外用适量	内服宜慎，不可久服；孕妇禁用
水银	外用适量	不可内服；孕妇忌用
红粉	外用适量，研极细粉单用或与其他药味配成散剂或制成药捻	不可内服，外用也不可久用
轻粉	内服0.1～0.2g/次，2次/日，多入丸散或入胶囊，服后漱口；外用适量，研末掺敷患处	内服慎用，不可过量；孕妇禁服
白降丹	外用适量	不可内服
红升丹	外用适量	不可内服
生马钱子	0.3～0.6g，炮制后入丸散用	不宜生用、多服、久服；孕妇禁用
生川乌	一般炮制后用	生品内服宜慎，不宜与贝母类、半夏、白及、白蔹、天花粉、瓜蒌同用
生草乌	一般炮制后用	一般不内服；余同生川乌
生附子	内服3～15g	孕妇禁用；余同生川乌
雪上一支蒿	内服研末，0.062～0.125g；或浸酒外用，酒磨敷	有剧毒，未经炮制不宜内服；服药期间忌食生冷、豆类及牛羊肉
生白附子	外用适量捣烂，熬膏或研末以酒调敷	生品内服宜慎；孕妇慎用
生半夏	内服3～9g；外用适量，磨汁涂或研末以酒调敷	不宜与乌头类药材同用
生天南星	外用适量，研末以酒或醋调敷	孕妇慎用
生巴豆	外用适量，研末涂或捣烂用纱布包敷	孕妇禁用；不可与牵牛子同用
生千金子	内服1～2g，去壳、去油用，多入丸散；外用适量，捣烂敷	孕妇及体弱便溏者忌服
生甘遂	内服0.5～1.5g，炮制后多入丸散用	孕妇禁用；不宜与甘草同用

续表

名称	用法用量	注意事项
生狼毒	熬膏外敷	不宜与密陀僧同用
生藤黄	内服 0.03～0.06g；外用适量	内服慎用
生天仙子	内服 0.06～0.6g	心脏病、心动过速、青光眼患者及孕妇忌服
洋金花	内服 0.3～0.6g，宜入丸散或卷烟燃吸（分次用，每天用量最多不超过 1.5 g)；外用适量	青光眼、外感及痰热喘咳、心动过速及高血压患者禁用
闹羊花	内服 0.6～1.5g，浸酒或入丸散；外用适量，煎水洗或鲜品捣敷	不宜多服、久服；体虚者及孕妇禁用
斑蝥	内服 0.03～0.06g，炮制后入丸散；外用适量，研末或浸酒醋，或制油膏涂敷，不宜大面积敷用	有大毒，内服慎用；孕妇禁用
青娘虫	内服 0.05～0.1g；外用适量	体虚及孕妇忌服
红娘虫	内服 0.05～0.1g；外用适量	体虚及孕妇忌服
蟾酥	内服 0.015～0.03g，多入丸散；外用适量	孕妇慎用

复习思考题

1. 中药处方有哪些通用名称？有何异同？
2. 列出中药的应付常规，并各举 5～10 例。
3. 什么叫脚注？常见的脚注有哪些？
4. 调配中药处方时应注意哪些问题？
5. 简述汤剂的服用注意事项。
6. 说出中药的煎煮方法和注意事项。
7. 中、西药合用主要应注意哪些问题？
8. 说出常用药引的作用及其用法、用量。
9. 试述十八反、十九畏及妊娠用药禁忌的药物。
10. 常用毒剧药有哪些？其常用量各是多少？

第四章 成药调剂技术

第一节 中成药调剂技术

中成药调剂技术系指按医师处方调配各种中成药的专业操作技术。一般程序及操作方式详见第二章第二节。

一、中成药处方的审查

（一）处方前记和医师签字的审查

详见第二章第二节。

（二）处方概貌的审查

1. 处方字迹和处方正文内容的书写要求及审查 详见第二章第二节。

2. 处方药名书写有以下常见的不规范书写情况（括号内为不规范书写）

（1）错别字或自造简化字 降糖丸（降粇丸）、九味羌活丸（九味姜活丸）、十三味榜嘎散（十三味旁戈散）、七宝美髯颗粒（七宝美须颗粒）、七味葡萄散（七味卜刀散）、越鞠丸（越菊丸）、橘红丸（桔红丸）、藿胆丸（霍胆丸）、黛蛤散（代蛤散）、鹭鸶咯丸（路丝咯丸）等。

（2）自编简省药名 万氏牛黄清心丸（万氏丸）、马应龙麝香痔疮膏（马氏膏）、少林风湿跌打膏（少林膏）、冯了性风湿跌打药酒（冯氏酒）等。

（3）中外文混杂药名 复方丹参滴丸（复方丹参 d 丸）、复方丹参片（CO 丹参片）、止喘灵注射液（止喘灵 Inj ）等。

凡类似上述不符合处方规范的，都应退回医师修改纠正。

（三）药物剂量的审查

中成药的剂量一般包括重量（克）、数量（粒、片）、容量（汤匙、毫升）等，是医师通过处方希望调剂室配付的药量。中药的用量对中医的疗效有着直接的影响。药量太小，效力不够会延误病情；药物过量则克伐人体的正气，造成不良后果。特别是含毒性成分的中成药应严格审查其剂量（有关剂量折算方法详见本章第二节“药物剂量的审查”），常见含毒剧药的中成药如下。

1. 含川乌、草乌、附子、关白附等 玉真散、小活络丸、祛风舒筋丸、附子理中丸等。

2. 含雄黄　牛黄解毒丸（每丸 3g，含雄黄 91.5mg）、局方至宝丸（每丸 2.7g，含雄黄 274mg）、安宫牛黄丸（每丸 3.3g，含雄黄 165mg）等。

3. 含汞、朱砂等　磁朱丸（每丸 6g，含朱砂 829mg）、局方至宝散（每包 2.25g，含朱砂 274mg）、蟾酥锭（每锭 3g，含朱砂 138.7mg）、牛黄解毒片（每片 0.6g，含朱砂 48mg）。白降丹（二氯化汞和氯化亚汞的混合结晶）和红升丹（粗制氧化汞）亦可视为中成药。

4. 含铅　黑锡丹（每包 3g，含铅粉 333mg）、四胜散（每包 15g，含铅粉、铅丹各 3000mg）、珍珠散（每包 1.5g，含铅粉 131mg）等。狗皮膏等外贴膏药虽含有大量的铅，但临床尚未有引起铅中毒的报道。

5. 含马钱子（番木鳖）　九分散、舒筋散等。

6. 含巴豆、巴豆霜　七珍丸、小儿脐风散。

7. 含蟾酥　六神丸、六应丸、喉症丸、蟾酥锭、蟾酥丸等。

（四）配伍禁忌及其他不合理用药的审查

1. “十八反”与“十九畏”的审查　当处方中有两种或两种以上的中成药同用，或者中成药与引药、汤剂配伍时，应注意审查是否有“十八反”、“十九畏”的配伍，发现禁忌要及时查明，请配用医师加签，以防误用而发生事故。

2. 中成药与西药配伍禁忌审查　在中西医基础理论指导下，将中医辨证和西医辨病相结合，各自取长补短，将中西药合理联用，往往能取得比单用西药或单用中成药更满意的效果。但如果盲目滥用中西药，则会引起不良后果。故应加强配伍禁忌审查。

(1) 理化性配伍禁忌

①形成难溶性物质，影响吸收，降低疗效　如铁、镁、钙、铅、铋等金属离子能同异烟肼及四环素、土霉素等四环素族抗生素生成难溶性络合物，而降低西药的疗效。含上述金属离子的中成药很多，如含钙的中成药有牛黄解毒丸（片）、黄连上清丸、利胆排石片、六一散、益元散、木香槟榔丸、橘红丸、二母宁嗽丸、蛤蚧定喘丸等，含铝、铁、钙、镁的中成药有追风丸、明目上清丸、牛黄上清丸、朱砂安神丸等。又如含槲皮素的中成药如逍遥丸、桑菊感冒片、舒肝丸、地榆槐角丸等与碳酸钙、维丁胶性钙、硫酸镁、硫酸亚铁、氢氧化铝、碳酸铋等西药合用，也会形成难溶性螯合物而降低疗效。

②产生有毒化合物　含朱砂（HgS）的中成药如朱砂安神丸、六神丸、六应丸、七珍丸、七厘散、梅花点舌丸、仁丹、紫雪散、苏合香丸、冠心苏合丸等，不宜与还原性西药如溴化钠、碘化钾、碘化钠、硫酸亚铁、亚硝酸盐等同服，否则会产生有毒汞盐沉淀，引起赤痢样大便，导致药源性肠炎。又如含雄黄（AsS）的中成药如六神丸、牛黄解毒丸、安宫牛黄丸、喉症丸等，若与含硫酸盐、硝酸盐的西药如硫酸镁、硫酸亚铁、硫酸胍生片合用，会使雄黄主要成分硫化砷氧化而增加毒性。

③酸碱中和，影响疗效　酸性的中成药如大山楂丸、脉安冲剂等，同碱性西药如氨茶碱、碳酸氢钠等合用，则两者疗效均下降。

(2) 药理性配伍禁忌

①生物效应的拮抗　如清宁丸、四消丸等含大黄用于泻下的中成药与新霉素、土霉素等

西药同服，则因肠道细菌被抗菌素抑制，影响大黄的致泻作用（需肠道菌参与）。又如鹿胎膏、鹿茸精、参茸片、甘草片等中成药，与胰岛素、优降糖、D_{860}、降糖灵等西药降糖药合用，由于鹿茸、甘草含糖皮质激素样物质，会使血糖上升，抵消降糖药的部分降糖作用；这些药物也不宜同阿司匹林合用，因阿司匹林刺激胃粘膜，而甘草、鹿茸含糖皮质激素，可使胃酸分泌增多、胃粘液分泌减少，降低胃肠抵抗力，从而诱发、加重胃、十二指肠溃疡病。

②因酶促作用降低药效　国公酒等药酒含乙醇，若同鲁米那、苯妥英钠、安乃近、胰岛素、D_{860}、降糖灵等西药同服，因乙醇是一种药酶诱导剂，能增强肝药酶活性，使上述西药在体内代谢加快，半衰期缩短，从而显著降低疗效。

③因酶促作用增加毒副反应　大活络丸、九分散、半夏露冲剂等含麻黄的中成药，若同痢特灵、优降宁、苯乙肼等单胺氧化酶抑制剂合用，因单胺氧化酶抑制剂口服后可抑制单胺氧化酶的活性，使去甲肾上腺素、多巴胺、5－羟色胺等单胺类神经肾上腺素大量释放，严重时可导致高血压危象和脑出血。

3. 其他不合理用药的审查

（1）妊娠用药禁忌审查　大凡毒性药、峻泻药、祛痰药、热性较强和芳香走窜的药物，因对胎元有损害而列为禁忌药，根据其程度不同，有禁用、慎用之别。《中国药典》2000年版收载的妊娠禁用、慎用中成药如下。

①妊娠禁用中成药　十香止痛丸、十香返生丸、三七伤药片、三两半药酒、大黄清胃丸、大黄蛰虫丸、山楂化滞丸、马钱子散、五味麝香丸、止痛紫金丸、少腹逐瘀丸、冯了性风湿跌打药酒、医痫丸、利胆排石丸、龟龄集、灵宝护心丸、国公酒、乳块消片、狗皮膏、祛风止痛片、疏风定痛丸、槟榔四消丸、心通口服液、乳疾灵颗粒、十滴水软胶囊、风湿骨痛胶囊、益母草口服液、益母草膏、牛黄解毒片（丸）、木瓜丸、小金丸、小活络丸、开胸顺气丸、木香槟榔丸、化癥回生片、玉真散、七厘散、九气拈痛散、九分散、再造丸、当归龙荟丸、红灵散、苏合香丸、阿魏化痞膏、纯阳正气丸、冠心苏合丸、紫雪、活血止痛散、跌打丸、跌打活血散、痛经丸、暖脐膏、暑症丸、痧药、梅花点舌丸、清宁丸、紫金锭、控涎丸、礞石滚痰丸等。

②妊娠慎用中成药　川芎茶调丸、木香顺气丸、少林风湿跌打膏、竹沥达痰丸、华山参片、抗感颗粒、乳癖消片、桂附理中丸、舒心口服液、桂枝茯苓丸、马应龙痔疮膏、复方川贝精片、复方丹参片、复方丹参滴丸、独一味胶囊、夏天无片、麝香祛痛搽剂、三黄片、黄连上清丸、祛风舒筋丸、三妙丸、万氏牛黄清心丸、万应锭、女金丸、天麻丸、五虎散、牛黄上清丸、分清五淋丸、龙胆泻肝丸、伤湿止痛膏、安宫牛黄丸（散）、防风通圣丸、妇科分清丸、沉香化气丸、鸡血藤膏、栀子金花丸、通关散、清肺抑火丸、清胃黄连丸、舒肝丸、舒筋活络酒、附子理中丸等。

凡属禁用的药物，原则上不能用。属慎用的药物，以不用为好，若确有必要，根据孕妇的具体病情，酌情使用。并应加强观察和护理，发现问题，及时处理。

（2）常见药性与病症慎用情况

含麻黄、葛根、川芎、防风、桂枝、附子等温阳升提药性组分的中成药，慎用于肝阳上亢、头晕目眩的病人；含麻黄、桂枝、苍术、厚朴、干姜、附子等辛温香燥劫阴药性组分的中成药，慎用于阴虚潮热病人；含熟地、阿胶、附子、补骨脂、鹿茸、党参、蛤蚧、紫河车等温热助阳药性组分的中成药，慎用于外感发热病人；含黄芪、升麻、柴胡、饴糖、龟板胶、阿胶、熟地等升阳补气、滋腻碍胃药性组分的中成药，慎用于气喘痰壅病人；含石决明、栀子、玄参、紫草、牛蒡子、知母、龙胆草、地骨皮、柏子仁、苁蓉、桑椹、天冬、杏仁等苦寒、降泄、滑润药性组分的中成药，慎用于脾虚泄泻病人；含肉桂、附子、川芎、桂枝、红花、水蛭、干漆、五灵脂等温热、活血破瘀药性组分的中成药，慎用于咳血、衄血、吐血、便血、崩漏等出血病人；含茯苓、车前子、薏仁、赤小豆、滑石、干姜、诃子、五倍子等燥湿利尿药性组分的中成药，慎用于习惯性便秘病人；含赤石脂、五倍子、诃子、禹余粮等收敛固涩药性组分的中成药，慎用于急性疫毒痢病人；含阳起石、鹿茸、海狗肾、淫羊藿、韭菜子、人参等兴阳药性组分的中成药，慎用于肾阴亏损、肾阳偏亢、阳事易动病人；含常山、胆矾、瓜蒂、龙胆草、穿心莲等酸苦药性组分的中成药，慎用于胃弱脾虚、呕吐病人；含桂枝、肉桂、附子、吴茱萸等温热药性组分的中成药，慎用于肝硬化（阴虚型）病人；含阳起石、淫羊藿等助阳温燥、兴阳道、耗阴精药性组分的中成药，慎用于肺痨病人；含蟾酥、万年青等组分的中成药慎用于胸闷心悸、心律不齐的病人。

(3) 重复用药的审查　中成药存在同物异名的现象，其品种虽为数不多，倘若不熟悉药名及其异名，则易造成重复用药，审方时应注意以下情况。

①差异较大的同物异名中成药　三七胶囊（血凝胶囊）；白毛夏枯草片（筋骨草片）；复脉定冲剂（复律定）；前列康片（普乐安）；健骨注射液（战骨茎注射液）；健脾益肾冲剂（扶正冲剂、脾肾方）；益肝灵片（水飞蓟素片）；宫泰冲剂（参茜固精冲剂）；桑椹膏（文武膏）；清热消炎片（蒲公英片）；清咽丸（清音丸）；金胆片（复方胆炎片）；纯阳正气丸（暑湿正气丸）；乌贝散（胃溃疡粉）；立马回疔丹（外用回疔丹）；华山参片（热参片）；庆康云芝糖肽胶囊（云芝糖肽胶囊）；安榆止血粉（血立停）；妇炎康复片（妇科七号片）；红粉（红升丹）；青娥丸（健腰丸）；藿胆丸（清肝保脑丸）；桂附地黄丸（金匮肾气丸、桂附八味丸）；金匮温经丸（十二温经丸）；复方钩密降压片（复方钩藤片）等。

②差异较小的同物异名中成药　分清五淋丸（分清丸）；南通蛇药片（季德胜蛇药片、蛇药片）；复方川贝片（复方川贝精片）；回生第一散（回生第一丹）；十香返生丸（十香返生丹）；片仔癀（八宝片仔癀）；小儿至宝丸（小儿至宝锭）；小金丸（小金丹）；板蓝根干糖浆（板蓝根冲剂）；复方天仙胶囊（天仙丸）；朝阳丸（朝阳丹）；愈风丸（愈风）；蜜炼川贝枇杷膏（潘高寿蜜炼川贝枇杷膏）；藿香正气水（藿香正气口服液）等。

4. 审查注意事项

审查中成药必须熟悉各种中成药的处方组成。中成药不仅有同物异名现象，还有同名异物现象。进行“十八反”与“十九畏”以及理化性、药理性配伍禁忌等不合理用药的审查时，应特别细致谨慎，尤其是同名异方的中成药，若不熟悉其处方组成，极易造成漏审。

据《全国医药产品大全》收录记载，同名异方的中成药达283个，如乌鸡白凤丸、二母宁嗽丸、川贝枇杷糖浆、补肾丸等有4个不同处方；木香顺气丸、风湿药酒、跌打药酒、白带丸、参茸卫生丸等有5个不同处方；羚翘解毒丸、银翘解毒丸、六味地黄丸等有6个不同处方，藿香正气丸则多达7个不同处方。更有甚者，据《全国中成药处方集》记载，六神丸有10个不同处方，黑锡丹有16个不同处方。

大多数同名异方的中成药，处方药味组成虽不完全相同，却大致相同，如二母宁嗽丸、六味地黄丸、银翘解毒丸、黄连上清丸等。但也有一些同名异方的中成药，其药味组成有较大的区别，如风湿药酒有5个不同处方，分别由9（2方）、24（2方）和33味药组成，其中有的含草乌、马钱子；有的含川乌、雪上一枝蒿；有的含丁公藤；有的含乌梢蛇，不仅药味组成区别大，且所含剧毒成分不同。又如前述的六神丸、黑锡丹的不同处方中其成人每次服用的含蟾酥量为0.0007～0.0078g，相差11倍；含铅量为0.1～1.3g，相差13倍。审查和调配此类处方时均需特别注意。

（五）医师签字的审查

详见第二章第二节。

二、中成药处方的计价

详见第二章第二节。

三、中成药处方的调配

（一）协定处方及大包装药品的预分装和临时处方剂型的调配

中成药处方调配的基本操作方法和操作规程与西药调配大体相同，具体可参考本章第二节以及实训部分。

（二）处方调配的注意事项

1. 慎读处方，谨防相似药品名称的混淆。中成药中不仅存在上述同方异名、同名异方现象，还存在名似方异的现象。由于疾病、药性、服用、贮存、运输等原因，同一处方往往制成不同剂型，而中成药的命名常有加剂型名的习惯，这就出现很多种仅剂型名不同而成药名很接近甚至相同的中成药，有的剂型相同，成药名很接近，极易混淆不清。实际上它们都是由不同处方制成的不同成药，有的可互相代用，有的则不能代用。例如骨刺丸和骨刺片，前者由川乌、草乌、天南星、秦艽等11味药组成，用于骨质增生偏于风寒湿痹者；后者由熟地、淫羊藿、枸杞子、威灵仙等15味药组成，用于治疗肾虚的骨质增生病人。类似的中成药还有银翘散、银翘冲剂、银翘合剂、银翘解毒丸、银翘解毒片、银翘解毒冲剂；牛黄解毒丸、牛黄解毒片；安宫牛黄丸、安宫牛黄散；越鞠丸、越鞠片；蛇胆川贝散、蛇胆陈皮散；鼻炎丸、鼻炎片；喉炎丸，喉症丸；跌打万花油、跌打药精；紫草油、紫草膏；感冒清热冲剂、感冒退热冲剂等，都存在着名似实异的问题。

2. 明确处方用药意图，防止同名异物药品的串用。如前所述，中成药存在不少同名异方的现象，有些同名异方的中成药，其药味组成和功能主治有较大的区别，不宜混同使用。如白带丸有5个不同处方，其中由黄柏、椿皮等5味药组方的，功能清湿热、止带；由海螵蛸、续断、赤石脂等12味药组方的，功能温经散寒、补虚止带，不能用于湿热带下；由附子、干姜、补骨脂、党参等17味药组方的，功能温肾益气、除湿止带。又如参茸卫生丸有5个不同处方，分别由13、18、23和44（2方）味药组成，有的主要由参、苓、术、草、归、芎、地、芍组成，以补气补血为主；有的主要由人参、鹿茸、紫河车、黄芪、党参、桂圆肉、枸杞子、熟地黄、杜仲、牛膝、补骨脂等组成，重在培补肝肾、益气补血、填精补髓。因此，处方调配时，应明确处方所用药品的意图，注意按方取药，防止因同名异方药的错取串用而导致差错事故发生。

3. 取药实行“三看三对”，严守操作规程，取药完毕明确标注用法、用量及用药注意事项。详见本章第二节。

四、处方药品的核对与付发

中成药处方药品的核对与付发由一个岗位负责，主要有以下内容。

（一）处方药品的核对

1. 核对所配药品与处方药名是否一致。
2. 核对所配药物剂量是否与处方相同。

（二）处方药品的付发

1. 认真核对处方前记　询问清楚患者姓名、年龄、住院床号（或门诊号），核对处方姓名、年龄、住院床号（或门诊号）；严防错取错用而延误病情，甚至造成严重后果。只有完全核对无疑后，才能将药物付出给病人或其家属。

2. 明确交代用法、用量及有关注意事项　必要时除在药包上注明外，还应当在发药时交待病人或其家属。

3. 正确交代病人用药期间的饮食“忌口”　使用中成药有时必须忌食某些食物，以免药物与食物之间产生相互作用而影响药效。如服用含人参的中成药（人参健脾丸、人参养荣丸等）不宜吃萝卜；服用含铁的中成药（磁朱丸、脑立清等）不宜喝茶、吃柿子；服用清热解毒类中成药（牛黄解毒片、清瘟解毒丸等）、清热泻火类中成药（牛黄上清丸、凉膈散等）不宜吃辛辣温热的食物如油条、焦溜肉、羊肉、狗肉、鸡肉、雀肉、鹅肉、鳝鱼、鲫鱼、海参、海虾、芫荽、茄子、洋葱、韭菜、大葱、大蒜、龙眼、荔枝、栗子、胡桃、糯米、淡豆豉、辣椒、胡椒、花椒、生姜、干姜、大茴香、小茴香、红糖、饴糖、白酒、黄酒、咖啡、可可、咖喱等；服用祛寒类中成药（附子理中丸等）不宜吃寒凉的食物如鳖肉、海蜇、螃蟹、蚌肉、龟肉、兔肉、鸭肉、鸭蛋、猪肝、驴肉、海带、紫菜、白木耳、白菜、菠菜、白萝卜、荠菜、苋菜、荸荠、芹菜、莴苣、冬瓜、苦瓜、丝瓜、黄瓜、莲藕、百合、西红柿、葫芦、绿豆、豆芽、豆腐、梨、西瓜、甜瓜、柿子、香蕉、菠萝、甘蔗、冰糖、白糖、盐等；即不宜吃与药物性质相反的食物。当然，若吃与所用中成药性质相顺应的食物（如服清热解毒药的同时吃西瓜），则对药性的发挥和疾病的治疗有利，但也不宜吃得过多，以免物极必反。

第二节　西药调剂技术

西药调剂按其服务区域不同，一般可分为门诊调剂和住院调剂。西药调剂一般程序及操作方式详见第二章第二节。

一、西药处方的审查

审查处方是确保用药安全有效，防止医疗用药差错事故的有效方法，是调剂工作的第一环节，要求审查人员具有良好的业务素质和一丝不苟的工作态度。

（一）处方前记的审查

详见第二章第二节。

（二）处方概貌的审查

凡处方概貌不符合处方规范的，都应退回医师修改纠正。

1. 处方字迹和处方正文内容的书写要求及其审查详见第二章相关章节。

2. 常见西药处方药名书写不规范的情况有：①自编中西结合药名作为处方药名，如 H 泼（氢化泼尼松）等；②以生产厂产品的标志符号代替药名，如 Co - D（复方地诺芬酯）等；③以化学分子式表示药名，如 $NaHCO_3$（碳酸氢钠）等；④以几个字母代替药名，造成一名多药，如 PG（青霉素、前列腺素）等；⑤中英文药名出现在同一张处方中，如 penicillin G、丙磺舒等药名出现于同一处方。

（三）药品规格的审查

同一药品可能会有几种规格，如泛影酸钠注射液，有 1ml∶0.3g 和 20ml∶10g 等不同规格。审查时，要注意医师处方书写的药品规格与调剂室现有药品的规格是否一致，如不一致应及时纠正，以免造成算错和用错。

（四）药物剂量的审查

1. 剂量的折算方法

三级标准中的药物用量均指 18～60 岁成人一次用药的常用量，而对 18 岁以下、60 岁以上患者的用药剂量应根据《中国药典》2000 年版《临床用药须知》规定的老幼剂量折算表（表 4 - 1）进行折算。

表 4-1　　老幼剂量折算表（中国药典 2000 版《临床用药须知》）

年龄	剂量	年龄	剂量
初生~1个月	成人剂量的 1/18~1/14	6~9岁	成人剂量的 2/5~1/2
1~6个月	成人剂量的 1/14~1/7	9~14岁	成人剂量的 1/2~2/3
6个月~1岁	成人剂量的 1/7~1/5	14~18岁	成人剂量的 2/3~全量
1~2岁	成人剂量的 1/5~1/4	18~60岁	全量~成人剂量的 3/4
2~4岁	成人剂量的 1/4~1/3	60岁以上	成人剂量的 3/4
4~6岁	成人剂量的 1/3~2/5		

18 岁以下的儿童剂量还可根据以下方法计算。

（1）按年龄计算

1 岁以内小儿剂量＝0.01×（月龄＋3）×成人剂量。

1 岁以上儿童剂量＝0.05×（年龄＋2）×成人剂量。

常数算法：初生儿按 1 个月计算，为 0.04；超过 1 个月按 2 月计算，其余各月类推，按月递增 0.01；1 周岁为 0.15，以后每岁递增 0.05，到 18 岁为 1，共 28 个有规律常数。熟悉后可不用公式，直接将各常数与成人剂量相乘即可得出小儿剂量。

（2）按体重计算

小儿剂量＝小儿体重（kg）×成人剂量/50　（注：也有将分母 50 换成 60 的算法）

1~6 个月小儿体重（kg）＝月龄×0.6＋3

7~12 个月小儿体重（kg）＝月龄×0.5＋2

1 岁以上体重（kg）＝实足年龄×2＋8

（3）按体表面积计算

小儿用量＝成人剂量×小儿体表面积（m^2）/1.7。

①体重 30kg 以下的小儿　体表面积＝体重（kg）×0.035＋0.1

②体重 30kg 以上的儿童　其体表面积按下法推算，即先将体重 30kg 体表面积近似为 1.1m^2，体重每增加 5kg，体表面积增加 0.1m^2，如 35kg 体表面积为 1.1＋0.1＝1.2m^2。

③此外儿童体表面积还有另一种算法　体表面积（m^2）＝体重（kg）$^{0.425}$×身高（cm）$^{0.725}$×0.007184（注：此式也可用于成人）

值得注意的是，不论是老幼剂量折算表，还是公式计算，其所得的老幼剂量都只能作为参考。因为药物的实际使用剂量不仅与年龄、体重有关，而且还与病情、体质、性别以及药物本身的性质等多种因素有关，特别是使用一些毒、麻、精神药品更应严格把握其剂量，并认真审核，确保用药的安全有效。

2. 肝肾功能不全病人应用抗菌药的参考剂量

（1）肾功能减退时抗菌药物的选用

①可选用原治疗量或略减剂量　青霉素类中的阿莫西林、氯苄西林、哌拉西林、美洛西林、苯唑西林；头孢菌类中的头孢哌酮、头孢曲松、头孢氨噻肟；林可霉素类；利福霉素类及红霉素、氯霉素、多西环素、磷霉素、异烟肼、乙胺丁醇、甲硝唑、环丙沙星、酮康唑等。

②可选用剂量需中等或减少者　青霉素、羧苄西丁、阿洛西林、头孢唑啉、头孢噻吩、

头孢氯苄、头孢拉定、头孢孟多、头孢西丁、头孢呋辛、头孢他啶、头孢唑肟、拉氧头孢、头孢吡肟、氯曲南、亚胺培南、甲氧苄啶、氧氟沙星等。

③避免应用者，确有应用指征时在TDM（治疗药物监测）下显著减量应用 庆大霉素、妥布霉素、奈替米星、阿米卡星、卡那霉素、链霉素、万古霉素、替考拉宁、氟胞嘧啶、两性霉素B等。

④不宜应用者 四环素、呋喃妥因、萘啶酸等。

（2）肝功能减退时抗菌药物的选择

①正常剂量或酌情减量 氨基糖苷类、青霉素、头孢唑林、头孢他啶、红霉素、万古霉素、多粘菌素类、碳青霉烯类、单环菌素类等。

②减量慎用 氟胞嘧啶、克林霉素、林可霉素类等。

③严重肝病时减量使用或慎用 美洛西林、阿洛西林、哌拉西林、头孢噻肟、头孢噻吩、氟喹诺酮类等。

④避免使用 氯霉素、利福平、异烟肼、四环素、土霉素、磺胺药、酮康唑、咪康唑、红霉素酯化物等。

⑤禁用 两性霉素B等。

（五）药物配伍禁忌及其他不合理用药的审查

1.药物配伍禁忌的审查 药物配伍禁忌是指在一定配伍条件下，产生的不利于调剂、应用和治疗而又不能纠正的不合理配伍变化。按其性质的不同，可分为三类。

（1）药理性配伍禁忌 是指药物配伍使用后，在体内产生不利于治疗的相互作用，如氢氯噻嗪与地高辛合用，易发生洋地黄中毒。

（2）物理性配伍禁忌 即药物配伍时发生溶解度、潮解、液化、结块和吸附等变化，而导致配制和使用困难，影响疗效。如呋噻米注射液与25%葡萄糖注射液配合使用，产生呋噻米沉淀。

（3）化学性配伍禁忌 即药物之间发生化学反应，导致药物发生不同程度的变质与失效，此类处方最常见，危害性也最大。一般有变色、沉淀、湿润、液化、产生气体、爆炸或燃烧等现象，但也有许多化学变化如分解、取代、聚合加成等难以从外观上看出来，例如青霉素钠发生水解时外观几无变化。但在处方中有目的地使药物发生的化学变化则不应看作是配伍禁忌。在审查处方中发现配伍禁忌或有疑问时，应与处方医师联系，明确其用药意图。根据病人具体情况并结合药物的理化性质和药理作用，分析可能产生的不良后果，再从成分、剂量、给药途径等方面进行全面的审查衡量，然后共同协商作出正确的处理。处理原则是：①凡配伍后引起毒性增加、药效降低或产生不良反应者，应请医师另行处方，再予调配；②凡只要改变给药途径、服药时间以及只要删去、更换或减去处方中个别次要成分就能克服的配伍困难，应与医师协商解决；③在不改变原方用药意图的原则下，运用调剂技术如改变调配次序，加入不影响疗效的助溶剂、乳化剂、助悬剂即可解决的，应保留原处方，由调配人员自行解决。

2.其他不合理用药的审查 有些处方虽无药物配伍禁忌，但由于某些因素仍能对人体产生不良的影响，甚至导致严重后果。

(1) 药物与妊娠　妊娠妇女服药后，许多药物能透过胎盘屏障进入胎儿血液循环影响胎儿。有些药物对妊娠初 3 个月（胎儿器官正在形成）影响较大，有些对整个胎儿期均有影响，也有些药物由于可影响至新生儿，而要求不能在临产前应用，因为新生儿代谢及排泄功能尚未成熟，易引起蓄积中毒。

①对胎儿有影响的主要药物　苯妥英钠、丙戊酸钠、氯丙嗪、氯哌丁苯、锂盐、消炎痛、利眠宁、安定、苯丙胺、巴比妥类、导眠能、吗啡、可待因、杜冷丁、卡波卡因、六甲溴铵、噻嗪类利尿药、硫酸镁、巯甲丙脯酸、双香豆素、华法令、敏克静、安其敏、扑尔敏、苯海拉明、己烯雌酚、黄体酮、睾丸酮、口服避孕药、肾上腺皮质激素、可的松、达那唑、碘化物、磺酰脲类、磺胺、呋喃坦啶、青霉素、苯唑青霉素、链霉素、氯霉素、卡那霉素、新生霉素、四环素、利福平、奎宁、磷酸氯喹、氯甲喋呤、氨喋呤、氨甲喋呤、马利兰、苯丁酸氮芥、环磷酰胺、6-巯基嘌呤、异维 A 酸、维生素 A（过量）、维生素 K（尤其维生素 K_3、K_4）、维生素 D、维生素 C（大量）、维生素 B_6（大量）等。

②怀孕头 3 个月应避免使用的药物（肯定产生损害）　反应停（抗麻风病）、性激素、雄激素、雌激素、己烯雌酚、口服避孕药、孕酮、促进蛋白质合成药、男性激素样药物（用于增加食欲和体重）、秋水仙碱、环磷酰胺、四环素类、烟碱（烟草）等。

③怀孕 4～9 个月应完全避免使用的药物（损害很严重）　促进蛋白质合成药、男性激素样药物（可增加食欲和体重）、口服抗凝剂、阿司匹林（长期或大剂量）、氯霉素、己烯雌酚、碘化物类、烟碱（烟草）、呋喃妥因、口服降血糖药物（服用 33 周以后）、性激素类、磺胺类、四环素类等。

在审查处方时，凡遇病人使用上述药物时，应根据处方前记中的患者年龄、性别，判断患者有无妊娠可能。对可疑妊娠患者应查询清楚，避免孕妇误用，导致不良后果。

(2) 药物与哺乳　乳汁排泄是药物排泄的途径之一，婴儿吸入含有药物的乳汁，相当于服用了一定量的药物。有些药物对婴儿健康不利，应提高警惕。如哺乳妇女服用较大剂量的安定片，可导致其婴儿昏睡、体重减轻；若服用能引起过敏的药物，还可能引起婴儿过敏。审查处方时，应密切注意这一情况，发现哺乳妇女用药，建议其非不得已最好不用，或在用药期间采用人工哺乳。乳儿直接用药更应特别慎重，因为乳儿的代谢及排泄功能尚未完全成熟，防止引起蓄积中毒，影响其生长和发育。审查处方时，药剂人员应特别警惕，杜绝不合理的用药现象。

(3) 药物与疾病　许多药物既有适应症也有其禁忌症，用某药时如果仅考虑适应症而忽略了禁忌症，而用药对象恰好有此并发症时，可能产生严重的后果。如心律不齐患者伴有哮喘，若用心得安（临床应用于心律失常、心绞痛、心肌梗塞和高血压等，禁用于心功能不全、窦性心动过缓、重度房室传导阻滞和支气管哮喘等）即可导致哮喘发作，哮喘严重的病人还会引起死亡。因此，审方人员不仅要以方审方、以药审方，还要以病审方，才能全面把好审查关。

(4) 药物与给药途径及给药时间　同一药物以不同的途径给药，其药效可能完全不同，如口服硫酸镁可导泻、利胆，肌注硫酸镁则抗惊厥、降血压。还有一些药物必须在适宜的时间给药，否则无法达到预期的疗效，如镇静安眠药，宜睡前 1～2 小时给予；驱虫药，宜清晨空腹或晚上睡前给予；制酸药，宜饭前服；抗眩晕药，宜在上车前半小时服等等。处方审查时，应注意药物的给药途径或用药时间是否符合用药目的，不相符者，与医师联系，及时纠正。

3. 医师签字的审查　详见第二章第二节。

二、西药处方的划价

详见第二章第二节。

三、西药处方的调配

（一）协定处方及大包装药品的预分装

目前，调配工作中临时调配的情况较少（详见实训部分），绝大多数都是药物剂型的分装与发放。协定处方则主要是常用药品协定数量的包装。如氟哌酸片 24 片/包、维生素 C 片 24 片/包、42 片/包、100 片/瓶等等。有些药品生产厂家为了便于生产、运输和贮存，通常采用大包装的形式，如药用高锰酸钾（500g/瓶）、复合 B 液（2000ml/壶）等。但此类包装不适宜治疗使用，故进入调剂室后须将其分装成适宜装量的小包装（如药用高锰酸钾 3g/包、复合 B 液 100ml/瓶）才能发放使用。预分装操作注意事项如下。

1. 分装人员进行分装时必须先按要求穿戴好、洗手并消毒，必要时需戴无菌手套。

2. 根据药品的性质，按操作规程进行分装并及时做好分装记录。易吸潮的药品为避免受潮变质，不宜在雨天或相对湿度超过 75%的室内分装。

3. 分装过程中，若发现药品有质量问题，应立即停止分装，并按规定进行处理。

4. 分装药品应准确称量或数取，避免返工，杜绝人为事故。

5. 分装容器及瓶塞大小要适宜，符合卫生标准，封口必须严密。

6. 标签应贴端正、牢固，位置适宜。标签上或药袋上应加盖分装人代号。

7. 分装后，应由第二人进行核对。核对内容主要有品名、规格是否相符，装量是否准确，贴签是否符合要求等。

（二）处方调配的注意事项

1. 谨慎读方，严防相似药品名称的混淆

读方，即对处方从头到尾阅读或审视一遍。目的是熟悉处方内容，检查有无漏审的不合格或划错价的地方，该处方是一般处方还是麻醉处方，是易调处方还是疑难处方，有无配伍困难，需哪些药品，所需药品数量在何处等等，都应做到心中有数。

由于病种繁杂、药品繁多，药品中存在许多名称相似但药理作用不相同的现象，若读方不慎，极易张冠李戴而导致差错事故发生。因此必须谨慎读方，严防相似相近药品名称的混淆。读方是调配处方的开始，读方准确与否，对下一步的调配操作有着极为重要的影响。

（1）部分容易混淆的中文药名

氯丙嗪（抗精神病药）与异丙嗪（抗组织胺药），可拉明（中枢兴奋药）与阿拉明（抗休克升压药），地巴唑（降血压药）与他巴唑（抗甲状腺药），安定（抗焦虑药）与安坦（抗震颤麻痹药），维丙胺（保肝药）、异丙胺（抗胆碱药）与苯丙胺（中枢兴奋药），优降宁（降血压药）与优降糖（降血糖药），普鲁卡因（局麻药）与普鲁卡因胺（抗心律失常药），氯噻平（抗精神病药）与氯噻酮（利尿、降压药），利血平（降血压药）与利血生（升白血球药），心痛定（防治心绞痛药）与心痛平（防治心绞痛药），痢特灵（抗菌药）与药特灵（抗阿米巴痢疾药），异烟肼（抗结核药）与异烟腙（抗结核药），优散痛（解热镇痛药）与美散痛（强效镇痛剂），可乐静（抗精神病药）与可乐定（中枢性降压药），胆影葡胺（静脉、胆道造影剂）与泛影葡胺（尿路、心血管、脑血管造影剂），氯压定（中枢性降压药）与长压定（直接松弛血管平滑肌之降压药），安妥明（降血脂药）与安妥碘（眼病辅助治疗药），安他心（心血管用药）与安他乐（抗焦虑药），氨茶碱（平喘药）与胆茶碱（平喘药），肝泰乐（保肝药）与安泰乐（抗焦虑药），乙酰唑胺（抑制碳酸酐酶的利尿药）与乙酰胂胺（抗阴道滴虫药），可的松（激素类药）与可的索（激素类药），止血芳酸（止血药，稍弱）与止血环酸（止血药，稍强），胃复康（抗胆碱药）与胃复安（止吐药），大仑丁（抗癫痫药）与杜冷丁（镇痛药），可卡因（局部麻醉药）与可待因（镇痛药），心舒宁（防治心绞痛药）与心脉宁（治疗冠心病及伴有高血脂症药），心得安、心得平、心得舒与心得静（均为抗心律失常药）等等。

（2）部分容易混淆的外文药名

Aminophylline（氨茶碱）　Aminopyrine（氨基比林）
Achromycin（四环素）　Aureomycinum（金霉素）
Adramycinum（甲烯土霉素）　Adriamycinum（阿霉素）
Adrenosem（安络血）　Adnosinum（腺苷）
Albamycinum（新生霉素）　Albomycinum（白霉素）
Aminopyrinum（氨基匹林）　Aminopterinum（氨喋呤）
Atebrinum（阿的平）　Atropinum（阿托品）
Barbitalum（巴比妥）　Berberinum（黄连素）
Benadryl（苯海拉明）　Benemid（丙磺舒）
Benzazoline（苯唑啉）　Benzedrinum（苯丙胺）
B.S.F（白消安）　B.S.P（磺溴酞钠）
Beclomethasone（氯地米松）　Betamethasone（倍他米松）
Calcii Glucosum（葡萄糖钙）　Calcii Gluconas（葡萄糖酸钙）
Cefalotin（头孢噻吩）　Cefalexin（头孢氨苄）
Cystinum（胱氨酸）　Cysteinum（半胱氨酸）
Cocainum（可卡因）　Codeinum（可待因）
Chiniofonum（喹碘宁）　Chinoform（氯碘喹）
Cortisone（可的松）　Cortisol（可的索）
Chlorpromazine（氯丙嗪）　Chlorpropamide（氯磺丙脲）

Coramine（可拉明）
Corazolum（戊四氮）
Daonil（优降糖）
Danol（炔羟雌烯异噁唑）
Dextranum（右旋糖苷）
Dextrosum（葡萄糖）
Dibazolum（地巴唑）
Tapazolum（他巴唑）
Digitoxin（洋地黄毒苷）
Digoxin（地高辛）
Dicainum（地卡因）
Dioninum（狄奥宁）
Dolantinum（杜冷丁）
Dilantinum（大仑丁）
Dipyridamole（潘生丁）
Disopyramide（双异丙吡胺）
Fucidin（福霉酸钠）
Fulcin（灰黄霉素）
Endoxan（环磷酰胺）
Entedon（安妥碘）
Ergotaminum（麦角胺）
Ergometrine（麦角新碱）
Ephedrinum（麻黄素）
Epinephrine（肾上腺素）
Glucosum（葡萄糖）
Glucurone（肝泰乐）
Histidinum（组氨酸）
Histaminum（组织胺）
Inderal（心得安）
Indocid（消炎痛）
Inosinum（肌苷）
Inositolum（肌醇）
Isoniazidum（异烟肼）
Isoniazonum（异烟腙）
Insulin（胰岛素）
Ismelin（胍乙啶）
Kanamycinum（卡那霉素）
Kasuganmycinum（春雷霉素）
Keflex（头孢霉素Ⅳ）
Keflin（头孢霉素Ⅰ钠）
Mitocin（丝裂霉素）
Minocin（盐酸二甲胺四环素）
Methoninum（蛋氨酸）
Methoinum（美索因）
Mithramycinum（光辉霉素）
Mitomycinum（丝裂霉素）
P.A.S.（对氨基水杨酸）
P.S.A.（息拉米）
Pepsinum（胃蛋白酶）
Piperazinum（哌嗪）
P.S.P（酚磺酞）
P.S.T（酚磺噻唑）
Paracetamolum（扑热息痛）
Pancreatinum（胰酶）
Pentobarbitalum（戊巴比妥）
Phenobarbitalum（苯巴比妥）
Percaine（纽白卡因）
Procaine（普鲁卡因）
Prednisolone（强的松龙）
Prednisone（强的松）
Qunidinum（奎尼丁）
Quininum（奎宁）
Reserpinum（利血平）
Resorcinum（雷锁辛）
Rifadin（利福定）
Ritalin（利他宁）
Rotundinum（颅痛定）
Rutinum（芦丁）
Streptomycinum（链霉素）
Streptozotocinum（链脲霉素）
Streptokinasum（链激酶）
Streptodornase（脱氧核糖核酸酶）
Viomycinum（紫霉素）
Vancomycinum（万古霉素）

Veramon（凡拉蒙）		Veronal（巴比妥）
Wintermine（冬眠灵）		Wintomylon（萘啶酸）
Cefuroxime（头孢呋辛）	Cefotaxime（头孢噻肟）	Cefmenoxime（头孢甲肟）
Chloromycetinum（氯霉素）	Chlorpromazinum（氯丙嗪）	Chloropheniraminum（扑尔敏）
Furacilinum（呋喃西林）	Furadantinum（呋喃坦啶）	Furazolidonum（呋喃唑酮）
Terramycinum（土霉素）	Tetracyclinum（四环素）	Tetramysolum（四咪唑）

2. 明确处方用药意图，防止同名异物、同名同物但规格不同、作用各异的药品串用

(1) 药名相同的复方制剂，所含某一成分不同。如复方乙酰水杨酸片，一种含非那西汀，另一种含扑热息痛。

(2) 药名、成分完全相同，但药品的规格、剂量不同，作用不同。如阿司匹林肠溶衣片有三种规格，25mg 与 40mg 的用于防治血栓形成；300mg 的用于解热镇痛、抗风湿。又如菌白敏片有两种规格，5mg 的用于白细胞减少症；500mg 的用于急慢性肠炎、急慢性菌痢。

(3) 药名相同，成分完全不同。如止吐药 dogmatilum 和抗焦虑药 Oxazepam 中文名均为舒宁。

因此，处方调配时，应明确处方用药意图，再按方取药，防止错取串用而导致差错事故。

3. 取药实行“三看三对”、严守操作规程

取药前看所取药品标签，对所配药品名称；取药时看所取药品名称，对照药品性状；取药后看所取药品包装，对照所配药品。取药完毕，贮放药品的容器或包装应及时放归原位。配齐处方后，要自己核对一遍。调配取药应按处方自上而下逐一进行，核对时程序正好相反。

4. 标注用法、用量及用药注意事项要明确易懂

调配使用的投药包装在调配时要标注病人姓名、发药日期、用法与用量及用药注意事项等。尤为值得注意的是用法与用量及用药注意事项，标注务必明确易懂。

对于常规性用法与用量，如每天 3 次，每次 1 片，温开水送服等，病人或其家属一看就明白。而对于特定性用法和用量，如必要时服、首剂加倍等则应根据药品性质、病人病情等译成病人或其家属易懂的俗语。如处方中溴丙胺太林片“必要时服”应译为“疼痛时服”，以免病人误解错用。

为了指导病人合理用药，增强病人依从性，必须交待用药注意事项，调配使用的投药包装上应加以标注。可以临调配前直接由调剂人员书写在投包装的“备注”栏内，或在调配时，配贴用药注意卡。

注意卡上要交待的内容常有：不宜突然停药；不宜从事驾驶车辆、管理机器及高空作业等有危险性的工作；不宜饮牛奶；不宜饮酒；避免皮肤直接受阳光照晒，以免引起过敏；用前注意振摇均匀；要把整片药用水吞服，不可嚼碎；不可用水直接吞服，应放在舌下含化，让其自然溶化吸收；应先嚼碎后再用温开水送服，不宜把整片药吞下；本品漱口用，每日数次，不要咽下；服药后应多饮开水；服药期间大小便颜色可能有变化等等。

可以将上述各条分别铅印在 3cm × 5cm 的纸片上，需用时，选择配贴在投药包装上即

可。如发放肠溶片时，贴上写有“注意！要把整片药用水吞服，不可嚼碎。”字样的纸片。

四、西药处方药品的核对与付发

（一）处方药品的核对

处方药品的核对是由另一人对调配完毕的处方作一次全面的复核，检查有无调配差错。核对的主要内容有以下几点。

1. 核对所配药品与处方药品是否一致　随着药剂工业的发展，现代处方调配多为剂型的分装与数取。因此，绝大多数药品在调配后，仍能保持着原剂型的性状，核对者必须熟悉各药品的基本性状特征（如片剂的颜色、味道、大小、弧度、厚薄、有无印字包衣等），并根据其特征，对照处方药品，看其是否一致。有疑问者，应详细核查，找出原装药品比较。发现错配情况，要及时处理。

2. 核对药品的规格与数量是否符合　药品的规格大小与处方所开的数量有直接的关系。在处方总剂量一定时，规格小，则数量多，反之数量少。如硫酸阿托品注射液有 1mg/支和 5mg/支的不同规格，如果本应取 1mg/支的硫酸阿托品注射液 6 支，而误取了 5mg/支的 6 支，用药剂量则为原来的 5 倍。所以，必须了解各药品的具体规格，特别是调剂室出现一种药品多种规格的情况下，更应详细查对，防止调配时出现错取。既要核对药品的数量及其计量单位与处方开写是否相符，还要核对处方总量是否超出有关规定。特别是毒、麻、精神药品类，应加倍注意。

3. 核对用法、用量及有关注意事项是否书写完整、正确　处方中各药品的用法、用量及有关注意事项必须在投药包装上注明，尤其是门诊病人的用药，务必书写正确，简明易懂。核对人员应对处方中每一品种逐个检查，防止漏写、错写、字迹潦草不清或用词不明确的情况。

（二）处方药品的付发

又称发药。一般由药剂人员直接付发，而住院调剂大多是通过护士付发，因此，承担付发药品的护理人员应进行必要的岗前培训。药品付发应注意以下几点。

1. 认真核对患者姓名与处方姓名是否一致，严防错取错用事故　窗口发药时，发药人员应先呼叫患者姓名，得到呼应后，核对其基本情况，确定无误后才能将药品逐一发给病人或其家属。病房床头发药，应先问清楚患者姓名、所住床号才能付发药品。严防药品错发错用。

2. 明确交待用法、用量及用药注意事项　在所发药品的投药包装上一般都已有标注，但发药者仍应逐条逐个地向患者交待明确，语言要简洁明了，不可拖泥带水或含糊不清。药品用量数字要具体化，不宜使用大约数。特定性用法与用量、特定服用剂量（如首剂加倍）以及特殊使用方法（如含化、坐浴）等应详加说明，尤其是门诊接待的农村患者、老人、小孩以及文化程度较低的患者，更应耐心交待，直至其完全明白。在发放整瓶、整盒或整袋原包装药品时，还应注意以下情况。

(1) 有些药品包装内由两部分组成，如白内停眼药水或利福平眼药水，临用时取药片或粉末放入溶剂中，待完全溶解后，再用于滴眼；口服补液盐有甲乙两小包，临用时取两包同时溶解于温水中口服等等。发药人员必须对此情况做好解释说明。

(2) 为防止药片潮解，药厂在某些药品容器内放有一小袋干燥剂。药品说明书上往往未加注明，患者极易误将干燥剂当药物服用。发药时必须交待清楚。

(3) 某些制剂的瓶签和说明书往往只注明每日、每次服用的克数或毫克数，一些糖浆类制剂说明书或瓶签上只说明每次服用的毫升数。此类情况使相当一些病人无所适从，发药人员应根据瓶签或说明书的情况，译述为肯定明确的每日每次服用片数、粒数、丸数或普通调羹数。

3. 正确交待病人用药期间的饮食控制情况　有些饮食对某些药物的服用会产生不良影响，因此应根据药物的特性，正确交待病人在使用所发药品时应控制哪些饮食，以提高药品的疗效。如头孢菌素类忌酒；青霉素类忌酸性果汁、饮料；强心苷类忌牛奶、钙质饼干、乳制品、海带、黑木耳、田螺等；磺胺类忌酸性饮料、蛋白质、蛋黄、脂肪、葱、蒜等；巴比妥类忌脂肪、蛋白质、酸性饮料、酒等等。

4. 做好用药知识教育，发放“用药须知卡”　用药须知一般内容有：①在怀孕或哺乳时，不要自行应用任何药物；②对所用药物的用量、用法，不明确的地方一定要问清楚；③同时应用多种药物，发生不良反应的可能性更大；④要了解用药期间的一般注意事项和饮食控制情况；⑤医生交待的用量、服用方法和时间，不要随便改变；⑥所有药物都应很好保存，以免儿童误服中毒；⑦服药时最好是站着或坐着，不要躺着服药；⑧已经变色、潮解、发霉、过期的药物不能再用；⑨绝不能给熟睡、哭吵或挣扎的婴儿喂药等等。可将用药须知具体内容铅印在 8×10cm 的纸上，配发给病人或家属。

复习思考题

1. 中西成药各有哪些常见的不规范书写情况？
2. 说出中西成药合用的利与弊。
3. 说出妊娠慎用哪些成药。
4. 调配中成药应注意哪些事项？
5. 如何正确处理成药的同名异物和同物异名问题？
6. 如何进行剂量折算？有哪些方法？
7. 妊娠或哺乳期应禁用、慎用哪些西药？
8. 调配西药时应注意哪些问题？
9. 如何才能做到正确付发药物？
10. 肝肾功能不全的病人哪些药物禁用或减量应用？

第五章 药品进货业务技术

第一节 药品购进业务技术

药品购进是指药房（店）为了转卖或加工后转卖，通过货币结算占有药品所有权的买卖行为。一切未通过买卖行为而取得所有权的药品以及为了本单位自用而购买的药品，都不能视为药品购进。药品购进是药房（店）药品流转的起点和经营业务活动的开始，药房（店）要想适时组织适销对路、品种齐全的药品满足市场需要，保证和扩大销售，取得良好的经济效益和社会效益，首先取决于进货环节。俗话说“好的采购等于卖出了一半”，因此，药品购进是药房（店）整个经营业务中的重要环节。

一 进货原则

药房（店）进货应本着以销定进、勤进快销、贮存保销的药品进货原则。这些原则是相互联系、相互制约的，在具体组织进货时要综合考虑，结合本单位的实际情况和药品的不同特点，按照药品的供求规律和产销特点灵活运用。具体做法可归纳为以下三点。

1. 按照药品供求规律，采取不同的进货原则

(1) 对供求平衡、货源正常的药品，在保证供应的前提下，应当采取以销定进的原则，多销多进，少销少进，加强调查研究，注意供求变化趋势。

(2) 对货源不足、暂时供不应求的药品，要开辟新渠道，挖掘货源潜力，随供随销。

(3) 对于供过于求、销售量不大的药品，要少进量、多摆样，采取随进随销的办法。

(4) 对大宗药品，则应采取分批进货的办法，使进货与销售相适应。

(5) 对贵重药品，根据当地的销售情况，可以少量购进，随进随销。

2. 按照药品生产特点，采取不同的进货原则

(1) 常年生产、季节销售的药品，应按照销售的淡旺季节组织进货，淡季少进，旺季多进。

(2) 季节生产、常年销售的药品，要一次平衡，分批提取，保证销售不断货。

(3) 季节生产、季节销售的药品，在数量上应按照季前多进、季中少进、季末不进；在品种规格上要做到迎季备齐、季中添补、过季基本销完的要求。

(4) 对新药应当先进少量，积极组织试销、展销，协助生产厂家改进产品式样，提高产品质量，打开销路后再组织正常进货。

3. 按照不同的进货渠道，采取不同的进货原则

当地进货要少进勤进；外地进货可适当多进，适当储备。

二　进货渠道

1. 当前药品主要的进货渠道

(1) 本地药品批发企业、药市。

(2) 本地药品生产企业。

(3) 外地药品工商企业（包括批发企业、药市和生产厂家等）。

2. 选择进货渠道的原则

(1) 环节要少　能直接从产地购进的，就不经过中转地中转；能直接从生产部门购进的，就不经过其他商业环节；能自己组织购进的，就不委托他人代购，尽量减少进货环节。

(2) 路程要短　当地能进的，不到外地购进；就近能进的，就不长途跋涉、远距离购进。

(3) 时间要快　根据药品的特点，在条件许可的情况下，尽量减少运输途中的手续，节约时间。

(4) 费用要省　综合考虑各方面的因素，从里程、环节、运输工具、流转时间、费用开支等方面综合考察，选择最经济合理的进货渠道。

三　进货方式

药房（店）的药品来源大体有两种情况，一是连锁经营的计划分配，一是自由选购。药房（店）要根据各类药品进货渠道和进货来源的不同特点，结合实际采用相应的进货方式。目前有集中进货、分散进货、集中与分散相结合进货三种方式。

1. 集中进货　集中进货即药房（店）设立专门的进货机构或专职采购员负责进货。优点是避免资金分散、节省劳力、节约费用；缺点是容易造成进销脱节。此种方式适用于小型的或距供货单位较远的药房（店）。

2. 分散进货　分散进货即由药房（店）在核定资金范围内，直接组织进货，采购员为兼职采购员。优点是进销统一，有利于加速资金运转；缺点是容易造成人力、运力、财力的浪费。此种方式适用于就近进货的大中型药房（店）。

3. 集中与分散相结合的进货　集中与分散相结合的进货方式既有利于药房（店）统一集中使用资金又有利于多渠道组织货源，因货制宜地组织好进货业务。此种方式适用于大中型药房（店），一般从外地进货采用集中的方式，当地进货则采用分散的方式。但要注意进货的计划性，否则易造成重进、漏进。

值得注意的是国家为了杜绝药房（店）特别是医院药房进货环节出现的不正之风，降低虚高的药品价格、减轻患者经济负担，要求药品进货采取招标采购的方式。这种药品进货方式是目前最公开、最科学合理的药品进货方式，但由于药房使用药品品种多、数量不定、政府招标采购部门刚刚起步，所有药品都通过招标采购的方式进货目前尚不现实，还有许多理论和实践上的问题值得探讨。

四 进货业务及要求

1. 处方统计及制订药品品种目录

处方统计是指以月或季度为单位统计本药房（店）处方、销售记录和购货登记牌上药品品种，运用统计学方法和预测学知识，制订出主要进货品种目录的方法。

(1) 处方归类

按《药物学》《方剂学》分类方法，将处方进行归类，如抗生素类、解热止痛类、补益类、活血化瘀类等。

(2) 统计公式

各类药品出现百分频率 = （含本类药品的处方张数/总处方张数） ×100%

各种药品出现百分频率 = （含本种药品的处方张数/总处方张数） ×100%

(3) 结果表示

按百分频率从高到低进行各类、各种药品排序。

(4) 制订药品品种目录

药房（店）的药品品种目录包括经营药品目录和必备药品目录（基本用药目录），是药品品种构成的进一步具体化和规范化，制订经营药品目录和必备药品目录是进货业务的前提。经营药品目录是药房（店）根据经营范围制订的应该经营的全部药品品种目录，它是药房（店）应该经营的全部药品。必备药品目录是为了满足患者基本需要而必须备有的最低药品品种限额目录。制订这两个目录是为了指导进销业务，加强经营的计划性，防止盲目采购，克服重大轻小、重整轻零的错误倾向。

必备药品品种目录是药房（店）在经营活动中主要经营的药品目录，是全部药品中的主要部分，除按国家规定必备的药品品种外，应按处方统计结果，常年、夏令、冬令等不同季节分别予以反映（表 5－1）。必备药品目录一经确定，要做到坚持执行、经常检查，并随着情况的变化作相应调整。

表 5－1　　＿＿＿＿＿药房（店）必备药品品种目录表

种类	品种	必备品种数					备注
		品种规格	小计	常年	夏令	冬令	
合计							

2. 编制进货计划

进货要加强计划性，不论采取哪种方法、方式进货，都必须提出计划，它是保证进货质量的先决条件。进货计划的提出必须以充分分析市场变化、处方、货源、销售动态等情况和集体研究为基础，并参考以往同时期和当时的库存量及各种变化因素，在资金占用合理的情况下，定期编制。进货计划按时间分年度、半年、季度和月计划四种，一般以季度为主。平时进货则根据仓库及营业场“出牌”购货登记品种作临时补充采购。

进货计划（表 5－2）要求所列内容详细、具体。虽然没有统一的格式，但一般以数量指标为主，金额指标为辅；不仅要有类别而且要有详细的品种；在时间上，要有年、季、月的区别。总之要求金额和时间上均衡分布，防止进货业务忙闲不均，资金占用不合理和造成药品积压或中断等不良现象。

表 5-2　　＿＿＿＿＿**药房（店）进货计划表**

年　月　日　　　　金额单位：元

品名	规格	产地	单位	单价	进货数量	合计金额	备注

采购员：　　　　　　　　制表人：

3. 坚持看样选购

专、兼职采购人员一要坚持按批准进货计划选购，二要坚持看样选购，保证进货的质量，切忌只看目录、货单，不看样品，出现货、单不一的现象。对于新药品、首营品种不仅要看样，还要进库或到厂看实货样；对于签订合同的期货，更要看样；有些药品还须供货方提供样品以便以样验货。

4. 坚持合同制度，签订进货合同

加强购销合同（经济合同的一种）管理，是药房（店）进货环节的一项十分重要的内容。经济合同是法人之间为实现一定的经济目的、明确相互的权利义务关系而签订的书面协议。

签订合同要根据不同情况，选择适当的合同种类和形式，内容力求具体、详细、明确、清楚，文字解释要严谨、准确，字迹要清晰。药品品名一定要用正名。

签订合同须注意以下原则。

(1) 签约双方必须具有法人资格。

(2) 合同的内容必须遵守有关法律的规定。

(3) 必须坚持充分协商、平等互利原则。

(4) 合同反映的经济关系必须是等价的、有偿的。

(5) 签约双方必须恪守信用，严格执行合同，不得单方面修改或解除合同。

5. 外地进货注意事项

(1) 要贯彻“五讲、四不进、三坚持”原则

①“五讲”　即所进药品要符合优、廉、新、缺、特的要求，“优”就是优质名牌药品；“廉”就是价格低廉，一般应低于本地同类药品价格；“新”就是包装新；“缺”就是本地紧缺；“特”就是本地不产而又能销的药品。

②“四不进”　一是进货成本加上费用、税金等开支后，价格高于本地零售价的不进；二是倒流药品（即本地出去又倒流回来）不进；三是搭配其他药品、质量不合格的药品不进；四是本地批发企业已向同地大批量购进的药品不进。

③“三坚持”　即坚持看样选购、坚持签定购销合同、坚持验收后支付货款。

(2) 要提高外采效益　由于外采费用大，要注意节约出差开支，提高工作效率，争取与信誉好的外地供货单位建立长远的、固定的购销关系，通过函电成交，以节省费用。

6. 及进提货

当地进货可自提自运，也可由供货方送货上门。外地进货要选择合理的运输工具和运输路线，开展直达和直线运输。要坚持及时、准确、安全、经济的运输原则，力求用最少的时间、走最短的路线、花最少的费用，安全、及时运回。不论采取哪种提货方式，都必须对药品进行认真验收，能直接上柜的尽快上柜，避免不必要的出库手续，尽量做到上午进货、下午销售或当天到货、当天验收、当天销售。

第二节 药品验收业务技术

药品验收是指按照与合同相符的供货方发货单及有关凭证，对购进药品所进行的数量点收和质量验收工作，是进货业务的最后环节。药房（店）做好验收工作，是防止和消灭差错事故，防止假药、劣药流入最终消费市场、维护患者生命健康和合法权益的重要环节，同时也是分清供货方、运输单位与药房（店）之间经济责任的重要手段。实践证明，验收制度不严，是造成药品医疗事故责任不清、药房（店）经济损失的重要原因，因此，药品验收是进货业务的重要环节。

一、药品验收内容和方法

在药品验收时，一般要求根据进货合同、运货单、装箱单、进货发票（随货同行联）进行验收，但主要依据是供货方的药品发货单，其余只能起相互参证之用。而且由于进货来源不同，除进货发票必须具备外，其余几种不一定都具备。药品验收要做好对单验收、包装验收、数量验收、质量验收等四个方面的工作，以达到单货相符、质量相符、数量无误、包装完整的要求。

（一）对单验收

药品入库时，保管员应对照供货方的药品发货单（随货同行联）上的药品名称、批号、规格、生产厂家等，依次逐项核对有无单货不符或漏发、错发、串发等现象。

（二）包装验收

主要检查药品包装的牢固程度是否符合各类药品既定的包装标准；外包装有无受潮、水湿、油污等异状；液体药品包装有无渗漏痕迹；瓶装药品有无破碎、裂口等现象；并检查包装标志等。

（三）数量验收

验收数量时，必须对照发货单按先大后细的顺序详细点数。一般对整箱药品点大件，抽点细数；零星药品点细数；中药材逐一称量过磅；贵重药品要逐一点数；对外包装损坏或有异状的应开箱拆包点验细数。

（四）质量验收

除对药品外观性状进行验收外，必要时进行分析化验或检验。外观性状验收主要通过感官判断药品的真伪优劣，主要看等级、规格、有无霉变残损或机械损伤等。验收员凭自己的药品检验知识和工作经验进行检验，为现阶段普遍采用，尽管这种验收法不够准确，但简单易行，在进货验收中能起到一定的作用。

二、药品验收单的填写和入账要求

验收合格的药品应按实填写药品验收单，报送财务部门入账，表明已收到这批药品，并承担起保管责任，同时填写本库的药品明细账、零售结算簿、进货日报表和药品价格标签等。

各药房（店）的药品验收单（表 5 - 3）不一定相同，但其主要内容均由五方面构成，即计量单位、数量、购进价、零售价、差价。差价是零售金额减去购进金额之差。填写时应按照供货单上的项目逐项填写，供货方发货单中的计量单位是批发单位，应变为零售单位；金额是批发金额，应变为零售金额。

表 5 - 3　　＿＿＿＿＿**药房（店）药品验收单**

年　月　日

品名	规格	批号	单位	数量	零售单价	零售金额							购进单价	购时金额							进销差价额						
						万	千	百	十	元	角	分		万	千	百	十	元	角	分	万	千	百	十	元	角	分

主任：　　会计：　　验收员：　　复核员：　　制单：

表 5 - 4　　**药品运输损溢单**

报告单位：　　年　月　日　　№ 000000

货号	品名	规格	单位	原运数量	实收数量	损溢				说明
						±	数量	%	金额	
合计										
单位领导指示：										

主任：　　证明人：　　复核：　　制单：

表 5－5

________药房(店)药品收货清点单

运输工具：　　到货日期：　年　月　日　　收货时包装情况：　　　　№ 00

发货单位：　　填单日期：　年　月　日　　统一记账日期：　年　月　日　　装箱单号：

发货单位发票		统一货号	规格	货名	单位	原发数	实收数	长数	短数	残数	进货单价	长数金额						短数金额						零售单价	长数金额						短数金额						进零差金额					
日期	号码											千	百	十	元	角	分	千	百	十	元	角	分		千	百	十	元	角	分	千	百	十	元	角	分	千	百	十	元	角	分

长短残详细原因							
领导指示	签章　年　月　日	业务科室意见	签章　年　月　日	储运料	签章　年　月　日	收货小组处理意见	签章　年　月　日

表 5-6 ________药房(店)药品收货清点查询单

发货清单：

到货时期： 年 月 日 发出查询： 年 月 日 清点表号：(按照清点表号填)

原发货清单			厂名	货号	规格	品名	单位	数量	单价	清点实收数		不符记录				承运单位	车号	运单号	总件数
月	日	号码								件数	数量	长数	短数	耗数	残数				

查询原因		附原始证明		要求处理意见			
发货单位签复意见	签复日期 年 月 日	处理结案情况	签复日期 年 月 日	催复记录	日期	发文号	对方复文情况

三、药品验收中常出现的问题及处理

在验收药品时，一般会出现的问题有实货与供货方发货凭证所列数多余或短少；不同品种、规格的药品错发、串发；包装外标签与包装内药品不符；药品污残损坏；质量不符要求等。发现上述问题应及时报请药房（店）领导共同验看，作出详细记录，共同分析原因，判明责任，分别处理。如属当地批发部门的责任，可采取补货、补单、冲单、调换等方法处理。属外地供货单位、厂方或运输单位责任，要及时填写好药品运输损溢单（表5-4）、药品收货清点单（表5-5）和药品收货清点查询单（表5-6），由领导及有关人员查实后，分别送交财务部门和供货方或承运方处理，在未处理之前，应保持药品原样，代为保管。属交接手续不清或自运发生的损失，要及时追查，分清责任。

复习思考题

1. 药品的进货原则是什么？
2. 为什么说制定必备药品品种目录很重要？
3. 如何编制药品进货计划？
4. 药品验收内容和方法有哪些？
5. 药品验收中常发现哪些问题？如何处理？

第六章　药品贮存业务技术

第一节　药品贮存业务

一、药品贮存

药品贮存即对库存药品进行保管和养护。库存药品是指经验收入库而未出售的药品。库存药品存放的场所称药品仓库。药品贮存业务主要包括接收药品、保管、养护药品和发运药品等业务活动。合理做好药品贮存工作，对保证药品质量和供应有十分重要的意义和作用。

（一）药品贮存原则

1. 及时　即药品入库、出库手续简便、快速，以加快药品流通。
2. 准确　即药品入库单货相符、药品出库账账相符、账货相符、货卡相符、数量准确。
3. 经济　即不断改进堆码技术，提高仓库面积和容积的利用率、提高劳动效率。
4. 安全　即药品保管员要时时注意做好防火、防盗等安全工作，同时防止药品出现发霉、变色、走油、虫蛀等变质现象，保证质量。

上述四条原则是相互联系的，工作中要全面考虑，不能忽视任何一个方面。

（二）药品贮存方式

1. 集中贮存　集中贮存指由专职保管员保管全药房（店）的库存药品，柜台药品的保管由营业员（药店）或司药人员（药房）负责，病房小药柜的药品保管指定一名专人负责。优点是能合理使用仓库，加强药品养护，提高效率。缺点是营业员不能随时了解药品进货和库存情况，因此，要加强保管员与营业员之间的联系。这种保管方式适用于药房或大中型药店。

2. 分散贮存　分散贮存指柜台营业员不仅要负责所售药品的保管，还要负责库存药品的保管。优点是营业员兼任保管员，掌握库存情况，药品能及时上柜，简化手续，节省人力。缺点是增加营业员负担，影响销售业务，且销售保管之间责任不易分清。这种保管方式适用于小型药店。

（三）药品贮存注意事项

1. 内服药与外用药、处方药与非处方药必须分开存放。性能相互影响，容易串味、名称容易搞错的品种也应分开存放。

2. 麻醉药品、精神药品、放射性药品、毒性药品应专库专柜存放，指定专人保管。

3. 危险药应严格执行公安部颁发的“化学危险品贮存管理暂行办法”、“爆炸物品管理规则”和“仓库防火安全管理规则”等规定，按其危险性质，分类存放于有专门设施的专用仓库。

4. 按效期远近、批号依次专堆码放，并按“中国医药公司医药商品调拨责任制”规定的期限，定期报告业务部门，及时销售。

5. 长期贮存的怕压药品要定期翻码整垛，货垛间应采取必要的隔垫措施。

6. 退货药品应单独存放和标记。要查清原因，及时处理。因质量问题而退货的药品征得卫生行政部门同意返工后，必须重新检验合格后才能返回库存。退货要作记录（包括退货单位、日期、品名、规格、数量、退货理由、检查结果、处理日期及处理情况等内容）并保存两年。

7. 搬运和堆垛应严格遵守药品外包装标记和要求，安全操作，防止野蛮装卸。

（四）药品贮存业务程序

1. 收货　收货是药品入库的第一关卡，做好收货业务是做好保管和发货的基础。收货业务技术要求保证药品名称、规格、质量符合要求，包装完好无损，手续清楚明白。收货业务一般分为药品入库前准备和验收入库两部分工作。

（1）药品入库前准备　药品入库前准备是保证药品迅速入库的重要条件，保管员要了解药品到达时间、地点、品种、数量；根据药品特征和仓库实际，安排好存放的地点；同时还要组织好接收、搬运、堆码的人员安排和搬运工具、检验设备等；必要时预先通知检验室或县以上药检所协助检验。

（2）药品入库　验收入库的业务技术详见第五章第一节。保管员根据验收结果，填写药品入库单（表6-1、表6-2），加盖“已收讫”章和验收人员章，并以此登记保管账。

2. 保管　保管是贮存业务的中心工作，也是贮存工作的重点，保管业务技术要求堆存合理、养护科学、检查认真、质量完好、数量准确、账货相符、账卡相符、保证安全。具体要做好以下几方面工作。

（1）根据药品包装的性质和形状，采取科学的保管措施如合理堆码、分层计数等提高仓库的使用率。对贵重药品要专人、专柜保管，特殊药品保管按有关规定。

（2）精心做好养护工作，贯彻以防为主、防治结合的方针；根据药品的实际控制好库房温度、湿度，采取相应的防护措施；搞好卫生，做好虫、鼠、火的防治。

（3）建立健全以岗位责任制为中心的各项安全制度。

（4）坚持一货一卡（表6-3）制，出库消卡、动碰点数、做到账货相符，完善药品出库登记签收手续，严防药品丢失，认真做到“三不”：不准借出药品、不准白条顶库、不准私自挪用药品。

表 6-1　　本地药品入库单

发货单位：________　账号：________　年　月　日　№ 000000

统一货号	产地	规格	品名	批号	进货											销售											差额							
					单位	数量	单价	金额								单位	数量	单价	金额															
								十	万	千	百	十	元	角	分				十	万	千	百	十	元	角	分	十	万	千	百	十	元	角	分

表 6-2　　外地药品入库单

发货单位：________　账号：________　年　月　日　№ 000000

供货方发票			统一货号	产地	规格	品名	批号	进货											售价		包装		
月	日	号码						单位	数量	单价	金额								单位	零售价	细数	重量	件数
											十	万	千	百	十	元	角	分					
备注						合计																	

储运处记账　　记账　　收货　　制单

表6-3 ________药房（店）存仓药品记录卡

月	日	购进单价	月	日	零售单价

统一货号：________
厂　　名：________
规　　格：________
货　　名：________
单　　位：________

年		凭证号码	摘　要	收	付	结存		存放	
月	日					柜台	仓库	排	号

（5）经常检查、分析库存药品种类结构，为克服积压和脱销提供可靠资料。

3. 发货　发货也称药品出库，是仓库根据提货单所列的药品名称、规格、数量等项目进行管理、复核、包装、记账、分发出库等一系列业务的总称。对发货业务技术的要求一是准确，加强复核；二是包装牢固，质量完好，标志清晰；三是及时熟练；四是手续完备，交接清楚。发货原则是先进先出、近期先出、易变先出、按批号发货，要把好验发关，变质和过期药品严禁发出。发货后，在提货单上盖“发讫”戳记，以此登记销账。

二、药品盘点

药品盘点是指药品实有库存数量及其金额的清点。通过盘点，可以为组织进货提供可靠的依据；可以保证核算资料真实，检验资金运用是否符合规定；可以核对账货相符情况和药品安全状况；可以分析药品库存结构是否合理和找出经营管理方面的问题等。因此，仓库保管员、柜台营业员（或司药人员）不仅要会盘点，而且要通过盘点不断改善经营管理。

（一）盘点种类

1. 按时间划分　可分为定期盘点和临时盘点。定期盘点又分为三种形式：①按制度规定进行的月终、季末或年底的盘点；②日销日盘；③按批次盘点，即按药品进货批次，销完一批盘点一次。临时盘点是在药价变动、实物负责人工作调动、药品保管发生变故或突击抽查等情况下进行。

2. 按方式划分　可分为关门盘点和不关门盘点。

3. 按范围分　可分为全面盘点和部分盘点。

无论采取哪种盘点种类，都应既不影响药品正常供应、营业，又要使盘点工作顺利进行。

（二）盘点要求

药品盘点是一项细致工作，既有时间要求，又有质量要求。对药品盘点的基本要求是盘点清、数字准、情况明、速度快。

1. 加强日常管理　药品陈列、摆放、存放要有固定货位，保持同类药品规格上的连续性，避免混乱；做好药品进出登记手续。

2. 做好盘点前准备工作　为了加快盘点工作，必须事先做好准备工作。整理好所有单据、凭证、票证，并与会计核对好账目；进行药品分类归档；暂停仓库提货；准备好度量衡器具和盘存表（表6-4），表上有些栏目应事先填好。

总之，要求在盘点前要做到"三清、两符、一归"，即票证数清、现金点清、往来手续结清；账账（会计账与柜台账）相符、账单（账簿与有关单据）相符；全部药品归类存放。

（三）盘点方法

1. 复式平行盘点法　这是一种盘点组织形式，就是二人为一组，平行盘点，互相核对复查的方法。操作时二人分别同时盘点，一人负责点实货，另一人负责在盘存表上填数并结算金额，然后互相校对复查。这种方法可以保证盘点质量。

2. 按实盘点　这是指按药品摆（存）放的位置、地点的顺序进行盘点方法。要求按顺序盘点，主要是防止重盘、漏盘。盘点时要做到药品件件移位，对已拆包的和整箱整件的药品也应清点细数。这种盘点方法比较可靠稳妥。

3. 按账盘点　也称按表盘点，即按盘存表上所列药品顺序进行实物清点。因为盘存表上所列药品顺序与实物排列顺序不可能相同，所以在盘点时会发生交叉串盘现象，造成错盘，又很难找出原因，一般不采用这种盘点方法。

（三）盘点后的工作

药品盘点后，要进行交叉复核，计算药品金额与会计账核对，如果两者不符，应该进行复算、复盘。对盘点后发现的长短货款或长短药品，应把长短数字、情况及原因分析分别填入药品盘点结果报告表（表6-5）或库存药品长短（残损）处理报告单（表6-6），由盘点人、班组长签名盖章后经领导核批，一联由柜台记账留存，一联由财务部门作为处理凭证。

三、药品损溢

药品损溢是指药品从购进到销售整个药房（店）流转环节所发生的升溢或损耗。药房（店）在药品购销活动中，发生账货不符、货款不符和药品残损等情况是经常的，要妥善处理。

（一）药品损溢的主要原因

1. 进货工作中出现差错，如验收不认真、不全面所造成包装细数短少、货号规格不符等。

2. 外界条件对药品的影响，如机械挤压造成散包、贮存不善造成变色、发霉、走油、虫蛀等变质现象。

3. 销售工作中出现的差错和长短款，因价格有误，计量、付货、收找货款、计价时出错，价格尾数计算和拆零销售等造成。

4. 报表凭证中的差错。

5. 盘点工作中的差错。

表 6-4　　　　盘存表

单位名称　　　　盘存日期　　年　月　日　　共　　页第

品名	规格	批号	单位	账面应付	实盘数量			单价							金额							备考
					仓库存	柜台存	合计	万	千	百	十	元	角	分	万	千	百	十	元	角	分	
合计																						

主任　　　　会计　　　　实物负责人　　　　复核

表 6-5　　　　库存药品盘点结果报告表(记账凭证)

报告日期：　　年　月　日

记账日期：　　年　月　日

<table>
<tr><td colspan="3">1. 药品盘点：　账号:________　物资负责人:________　经营品种:________　药品数量总数：
盘点占用时间　　小时　账面应存金额 ¥　　实际盘存金额 ¥　　溢出 ¥　　短少 ¥</td></tr>
<tr><td colspan="3">2. 现金(其他财产):财产名称　　溢出 ¥　　短少 ¥</td></tr>
<tr><td colspan="3">具体差错原因</td></tr>
<tr><td>营业组意见：</td><td>药房(店)负责人意见：</td><td>领导批示：</td></tr>
</table>

表 6-6

库存药品长短(残损)处理报告单

组别：　　　　　　填报日期：　　年　月　日　　　　记账日期　　年　月　日　　　　№ 000000

物资负责人：

产地	货号	厂牌	规格	品名	单位	账存数量	实点数量	长数	短数	残损	零售单价	长数金额						短数金额						成本单价	长数金额						短数金额					
												千	百	十	元	角	分	千	百	十	元	角	分		千	百	十	元	角	分	千	百	十	元	角	分
长短金额差额(售价)						长短金额差额(进价)			进销差价		合计																									

药品长短残损原因：

营业组意见：　　　　　　药房(店)负责人意见：　　　　　　领导批示：

组长　　　　　　记账　　　　　　制单

6. 其他原因。如盗窃、贪污等。

（二）药品损溢的处理

1. 工作人员要有强烈的事业心，增强工作责任感。严格按照药品销售技术规程操作、收款找零时唱收唱付、加强各种报表凭证的复核等，平时工作中注意消除出错苗头。

2. 确定合理的药品损耗率、划清正常损耗与差错的界限。合理损耗率是由本行业共同公认、规定的药品合理损耗的最高额度，凡是在合理损耗率范围内的损耗，即作正常损耗处理。

3. 合理确定长短款公差率。合理长短款公差率是长短款占销售额的最高限度百分比，不超过公差率的长短款即作正常情况处理。

4. 要认真分析损溢原因，如实填写好库存药品长短（残损）处理报告单（表6-6），按“三不放过”原则进行处理。

第二节　药品贮存技术

一、影响药品质量的因素

（一）内在因素

内在因素包括化学成分及其性质、含水量、细菌污染情况等。化学成分及其性质是吸湿、潮解、挥发、风化、水解、氧化、变色的重要影响因素。含水量及污染情况是发霉、虫蛀、变色的重要影响因素。

（二）外在因素

1. 空气　空气中的氧及二氧化碳对药品质量的影响最大。

2. 日光　日光是由多种不同波长的光线组成的，波长不同，具有的能量不同。其中紫外线的波长短、能量大，对药品的影响很大，能使许多药品变色、产生沉淀，有些外观虽无变化，但实际已变质失效。

3. 温度　温度过高或过低都能促使药品变质。特别是温度过高对药品的挥发程度、形态及引起氧化、水解等理化变化和促使微生物的生长有很大关系，而贮藏温度过低又易引起某些药品冻结或析出沉淀而变质失效。因此，药品的贮藏要根据其不同性质选择最适宜的温度。

4. 湿度　湿度即指空气中水蒸气的含量。空气中正常的湿度一般在相对湿度40%～75%之间，40%以下过于干燥，75%以上则过于潮湿。空气中湿度过高，能使药品发生潮解、液化、变性、分解、发霉；湿度过低，又能使某些药品风化。药物失水后含量不确定，剂量难以掌握。

5. 微生物与昆虫　微生物（细菌、霉菌、酵母菌等）和昆虫，很容易进入包装不严的药品（药材）中，继而生长、繁殖，造成药品腐败、发霉、发酵而变质，尤其是一些含有营养物质（如糖、淀粉、蛋白质）的制剂，极易霉变、虫蛀。

6. 时间　有些药品因其性质或效价不够稳定，尽管贮存条件适宜，时间过久也会逐渐变质、失效。

二、药品贮存保管常用术语

为《中国药典》2000年版二部“贮藏”项下的规定，系对药品的贮存与保管的基本要求。

1. 遮光　系指用不透光的容器包装，例如棕色容器和黑纸包裹的无色透明或半透明容器。

2. 密闭　系指将容器密闭，以防止尘土及异物进入。

3. 密封　系指将容器密封，以防止风化、吸潮、挥发或异物进入。

4. 熔封或严封　系指将容器熔封或用适宜的材料严封，以防止空气与水分的侵入并防止污染。

5. 阴凉处　系指不超过20℃处。

6. 凉暗处　系指避光并不超过20℃处。

7. 冷处　系指2℃～10℃处。

此外，部颁药品标准及地方药品标准对其所收载的药品也规定了贮藏要求。药品规定的该项要求是药品贮存保管的依据，所有药品必须按此规定贮存保管。

三、药品养护措施

（一）成药养护措施

1. 升温措施　一般冬季气温较低，尤其是我国长江以北地区，经常处于0℃以下，甚至-30℃～-20℃或更低。对一些怕冻药品的贮存必须采取升温措施，提高库内温度，保证药品有效安全。

(1) 暖气片取暖　暖气片取暖注意暖气管、暖气片应与药品隔一定距离，并防止漏水情况。

(2) 火炉取暖　火炉取暖应在火炉周围左、右、后三方用砖砌成防护墙，防护墙与货垛的距离不得少于0.5m。库内不能存放易燃易爆药品。生火期间应有专人看管，注意防火，加强消防措施。同时要防止库内因长时间燃烧而造成缺氧，导致人员煤气中毒事故。

(3) 火墙取暖　火墙取暖应注意火墙暖库必须远离其他库房，添火口设在库外，库内药品要离暖墙1m以上，并经常检查墙壁有无漏火现象。库内不得贮放易燃易爆的物品。

2. 降温措施　温度越高，药品变质失效速度越快，尤其是生物制品、抗生素、疫苗血清制品等对温度要求比普通药品更严。药品在贮存期间必须保持适宜的温度。

(1) 通风降温　药品往往怕热也怕潮，对于普通药品，只要库外温度和相对湿度都低于库内，就可以开启门窗通风降温；对装配有排风扇等通风设备的仓库，可启用通风设备进行通风降温，危险药品库除外。

（2）冰块降温　对库内温度较高，需尽快降温或不适宜开窗通风降温者，可采用加冰降温。一般是将冰块或冰盐混合物盛于容器中，置于库内1～2m的高度，让冷气自然散发、下沉；也可用电风扇对准冰块吹风，以加速对流，提高降温效果。但要注意及时排除冰融化后的水，因冰融化后的水可使库内湿度增高，故易潮解的药品不适宜此法。

（3）冷藏贮存　对一些不怕潮解而对温度特别敏感的安瓿类注射剂如生物制品、脏器制剂、疫苗注射剂一般可置于地下室或冰箱、冷藏库内贮存。

3. 升湿措施　若库内湿度过低，应提高湿度。

（1）库内地面撒水，或以喷雾设备喷水。

（2）库内设置盛水容器，贮水使自然蒸发。

（3）挂湿麻袋或湿草袋。

4. 降湿措施　在气候潮湿的地区或阴雨季节，药品库房往往需要采取空气降湿的措施，把库内相对湿度控制在75%以下。

（1）通风降湿　通风降湿一般应选择库外天气晴朗、空气干燥的时机，打开门窗进行通风，使水分、潮气散发出去。

（2）密封防潮　一般可用纸封闭门窗缝隙，必要时在进出通道挂上厚棉帘，阻止外界空气中的潮气侵入库内。对药品数量不多的可密封垛堆货架或货箱。

（3）人工吸潮降湿　当库内空气湿度过高，室外气候条件不适宜通风降湿时，宜采取人工吸潮降湿措施。一般采用生石灰（吸水率为自重的20%～30%）、氯化钙（吸水率为自重的100%～150%）、硅胶、钙镁吸湿剂等进行吸湿，有条件的还可采用降湿机吸湿。

5. 避光措施　有些药品（如酒剂、酊剂、合剂、注射剂等）对光敏感，容易光解、变色等，在保管过程中必须采取如下避光措施。

（1）可采用避光容器或其他避光材料包装（药品的包装必须符合药品的性质）。

（2）药品在库贮存期间应尽量置于阴暗处，凡能透光的门、窗可悬挂深色布帘进行遮光。特别是一些大包装药品的分装剩余部分应及时遮光密闭，防止漏光造成药品氧化分解、变质失效。

6. 防火措施　药品的包装尤其是外包装大多数是可燃性材料，所以防火是一项常规性工作。应在库内四周墙上适当的地方悬挂消防用具和灭火器，消防栓应定期检查，并建立严格的防火岗位责任制。库内外应有防火标记或警示牌。危险药品库应严格按危险药品有关管理方法进行管理。

7. 防鼠措施　被老鼠污染的药品不能再供药用，因此必须防鼠灭鼠。

（1）加强库外鼠害防治，仓库四周应保持整洁，不乱堆放杂物，同时要定期在仓库四周附近投放灭鼠药，以消灭害源。

（2）堵塞门窗空隙及其他一切可能窜入鼠害的通道。

（3）库内无人时，特别是夜间，应随时关好库门、库窗（通风时除外）。

（4）加强库内灭鼠，可采用电猫、鼠笼、鼠夹等工具，进行库内杀鼠灭害。

（四）中药养护措施

1. 干燥养护法　干燥不仅可除去中药中过多的水分，同时还可杀死霉菌、害虫及虫卵，起到久储不变质、防霉防虫的效果。常用的方法有摊晾法、高温烘燥法、石灰干燥法和木炭干燥法。凡曝晒易使挥发油损失或引起质地脆裂、走油、变色的药材，如芳香性叶类、花类、果皮类中药陈皮、枣仁、柏子仁、苦杏仁、知母、火麻仁等，多采用摊晾法；含水量过高的中药，如大黄、天冬、天花粉、川芎、山药、白术、白芍、白芷、防风、羌活、独活、前胡、常山、沙参、紫丹参、金果榄等，多采用高温烘燥法；贵重药材如人参、白糖参、枸杞子、鹿茸及曝晒易变色的怀牛膝等，多采用石灰干燥法；一些贵重细料药材如参类还可采用木炭干燥法。此外，还有翻垛通风法、密封吸湿法、远红外加热干燥法、微波干燥法等干燥养护法。

2. 埋藏养护法　埋藏法具有较好的隔潮、防霉、防虫、避光、防冻作用。常用的方法有石灰埋藏法、沙子埋藏法、糠壳埋藏法、地下室贮存法等。肉性和部分昆虫类中药，如刺猬皮、熊掌、蜣螂虫等多用石灰埋藏法；少数完整中药，如党参、怀牛膝、板蓝根、白芷、山药等多采用沙子埋藏法；易发霉的胶剂类中药，如阿胶、龟板胶、鹿角胶等多采用糠壳埋藏法；一些怕冻、怕热、怕光的中药，如薄荷、细辛、当归、川芎、木香等含挥发油的药材多采用地下室贮存法。

3. 冷藏养护法　冷藏（0℃～10℃）可以有效地防止不适宜烘、晾的中药饮片出现生虫、发霉、变色等变质现象。贵重中药、极易霉蛀的药材以及无其他更好保管办法的中药，如人参、银耳、蛤士蟆油、菊花、陈皮、山药等，多采用冷藏法。冷藏最好开始于霉季前，过了霉季方可出库。

4. 无公害气调养护法　这种方法是在密闭的条件下，人为造成低氧的环境（如充 CO_2 或 N_2 等），抑制害虫和微生物的生长繁殖及中药自身的氧化作用，从而达到防霉、杀虫，防止走油、变色、变味等变异现象的目的。该法对不同质地和成分的中药材均适用，且经济、无残毒、无公害，值得推广。

5. 对抗同贮养护法　利用不同品种的中药（或植物及其他物品）的特殊气味、吸潮性能或特有的防霉驱虫的化学成分，来防止另一种中药生虫、发霉变质。常用的有野蒿、除虫菊、臭椿、花椒、辣蓼、大蒜、苦楝、吴茱萸、闹羊花、灵香草、山苍子（油）、千里光、姜粉、柑橘、柚皮、黑胡椒、干辣椒、黄豆粉、花生油、菜子油、草木灰、灶心土、生石灰、硫黄、酒精、高度酒、甲鱼板、螃蟹壳、干海带等。如泽泻、山药与丹皮同贮防虫蛀且不变色；藏红花防止冬虫夏草生虫；蜜拌桂圆、肉桂保持色味；大蒜防止芡实、薏苡仁、斑蝥、僵蚕、全蝎等生虫；细辛、花椒防止鹿茸生虫变色；姜防止蜂蜜发酵上涌；山苍子防止蕲蛇、乌梢蛇以及其他中药生虫发霉；当归防止麝香变色和失去香气；酒、蒜防止土鳖虫发霉生虫等。

6. 化学药剂养护法　化学药剂能有效地毒死各种霉菌与害虫，常用的方法有硫黄熏蒸法、磷化铝熏蒸法、氯化苦熏蒸法、氨水熏蒸法、醋酸钠喷洒法等。使用化学药剂熏蒸时，需密闭3～5天，进入熏房应戴防毒面具。熏后排毒通风，先开下风口，再开上风口，通风不少于3~4天。

五、各类药品的养护技术

（一）常用中药材的养护

1. 中药材常见变异现象　有霉变、虫蛀、变色、走气、泛油、气味变哈等。

2. 中药材的养护方法

（1）根及根茎类药材的养护

①易发霉的根及根茎类药材　如黄芩、独活、知母、天冬、黄精、甘草、麦冬、芦根、当归、百部、葛根、附片、山药、白术、紫菀、羌活、苍术、商陆、木香、山柰、远志、川牛膝、怀牛膝、玉竹、白茅根、白及、天花粉等，含有霉菌生长需要的营养物质，在温度（20℃~35℃）、湿度（相对湿度75%以上或中药含水量超过15%）适宜的情况下，极易霉变，应采取前述干燥法、埋藏法、气调养护法等防霉防虫措施。

②易生虫的根及根茎类药材　如南沙参（泡参）、北沙参、防风、独活、姜（包括生姜、干姜）、白芷（香白芷）、川芎、前胡、莪术（文术）、山药、黄芪、当归、党参、明党参、苎麻根、珠儿参、三七、白附子、川乌（川乌头）、草乌（草乌头）、藁本、泽泻、藕节、贝母（包括川贝、炉贝、生贝、平贝、浙贝）、半夏、郁金、天南星、甘草（甜甘草、粉草、甜草根）、桔梗（苦桔梗）、防己（汉防己）、仙茅、狼毒（白狼毒）、白蔹、板蓝根等容易生虫。虫蛀使药材空洞、碎裂甚至完全蛀成粉状，并被其排泄物污染，严重影响疗效，甚至完全失去药用价值。应采取干燥养护防虫、异性对抗驱虫以及化学药剂杀虫等养护措施。

（2）茎、皮类药材的养护　茎类药材与根及根茎类药材一样，在贮藏中也容易生霉虫蛀。如茎皮（厚朴、肉桂）、根皮（牡丹皮、香加皮）和枝皮（秦皮、桂枝皮）等皮类药材，若采收加工、贮藏不善，易发生“走气”、虫蛀等变异现象，应依不同的情况加以合理的保管养护。

（3）花、叶、全草类药材的养护

①花类药材　包括干燥的花、花序或花的某一部分，如开放的单花（红花、洋金花）、花序（款冬花、菊花）以及花蕾、花粉、柱头等。花类药材在贮藏中常发生发霉、虫蛀、花冠脱落、变色、走气等变异现象。在贮藏时，应根据各种花类药的特点，选用不同的方法贮藏。

②全草类药材　在贮藏中，叶片或花穗易引起发霉、虫蛀或变色，因此需防潮、避光，置阴凉干燥处贮藏。

（4）果实与种子类药材的养护　果实与种子类药材若采收加工时未充分干燥或吸潮发热，易发生霉变和虫蛀。

①果实类中药　如金樱子、栀子、瓜蒌、使君子等的霉变大多在其内的种子团或种子表面，而虫蛀通常由外果皮开始，然后逐渐蛀蚀中果皮、内果皮，如无花果、槐角等。

②种子类药材　因含有糖类、脂肪、蛋白质等养分，在贮藏中极易回潮而发霉，也容易被虫蛀。种子类中药被蛀程度的大小和部位，常因品种而异，应区别对待，采用相应的措施

贮藏养护。

(5) 动物药材的养护

动物药材在贮藏中易产生发霉、虫蛀、气味变哈、走气、变色等变化，故应防潮防热，选择阴凉、干燥、避光的环境贮藏养护。此外，动物类药材含有丰富的脂肪、蛋白质等成分，易遭鼠害，还应防鼠。

(6) 菌类药材的养护

菌类药材大多含有脂肪、蛋白质、氨基酸及糖等成分，极易霉变和虫蛀，应采取有效的防霉防蛀措施。

(二) 中药饮片与炮制品的养护

1. 饮片与炮制品的变异现象　主要有虫蛀、发霉、泛油、变色、气味散失、风化、潮解溶化、粘连、挥发和腐烂等。

2. 常用饮片与炮制品的养护方法

(1) 富含淀粉的饮片的养护　如泽泻、山药、葛根、白芍等，切成饮片后要及时干燥，并防止污染，应贮于通风、干燥、凉爽处防虫蛀。

(2) 富含挥发油的饮片的养护　如薄荷、当归、木香、川芎、荆芥等切成饮片后，干燥温度不能过高，一般在60℃以下，以免损失有效成分。贮藏时室温不能太高，否则容易走失香气或泛油；湿度大亦容易吸湿霉变和虫蛀，应置阴凉干燥处贮存养护。

(3) 富含糖分及粘液质的饮片的养护　如肉苁蓉、熟地黄、天冬、党参等，炮制后不易干燥，温度高、湿度大均易吸潮变软发粘，易被污染和霉烂虫蛀，宜于通风干燥处贮藏养护。

(4) 经炒制后种子类药材的养护　如紫苏子、莱菔子、薏苡仁、扁豆等，炒制后因增加了香气，若包装不坚固易受虫害及鼠咬，故多贮存于缸、罐中封闭保管养护。

(5) 加酒以及加醋炮制的饮片的养护　如加酒炮制的当归、常山、大黄等，加醋炮制的饮片芫花、大戟、香附、甘遂等均应贮于密闭容器中，置阴凉处。

(6) 用盐炙的饮片的养护　如泽泻、知母、车前子、巴戟天等，很容易吸收空气中的湿气而受潮，若温度高而又过于干燥则盐分从表面析出。应贮于密闭容器内，置通风干燥处，以防受潮。

(7) 经蜜炙的饮片的养护　如款冬花、甘草、枇杷叶等，炮制后含糖分较多，较难干燥，特别容易受潮变软或粘连成团，若温度过高则蜜可融化，易被污染、虫蛀、霉变或鼠咬。通常贮于缸、罐内，尽量密闭，以免吸潮，置通风、干燥、凉爽处保存养护。

(8) 曲类饮片的养护　曲大多是以淀粉为粘合剂经发酵后制成的，气味清香，容易虫蛀、霉变、泛油和鼠咬，贮存时应密闭并放阴凉干燥处，不宜久存。

(9) 某些矿物类饮片的养护　如硼砂、芒硝等，在干燥空气中容易失去结晶水而风化。故应贮于密封的缸、罐中，置于凉爽处养护。

(10) 花类饮片的养护　易发生变色、香气散失，应密封避光贮存，贮存期不宜超过1年。受潮需摊晾、阴干或低温烘干（30℃～40℃），忌曝晒与高温烘烤。

（11）动物类饮片的养护 易虫蛀、发霉、泛油变质。在梅雨季节宜烘焙1～2次，置灰缸贮存，或伴花椒同贮，库房内相对湿度保持在70%以下。应少贮勤进。

（12）叶与全草类饮片的养护 较易保管，少数品种亦易虫蛀、发霉，如垂盆草、半边莲、透骨草等，宜贮于干燥处，贮期不宜过长。

（13）纤维与木质类饮片的养护 不易发生变质，无需特殊保管。

（三）中成药的养护

1. 中成药常见的变异现象 有虫蛀、霉变、酸败、挥发等。

2. 常见易变质品种的养护措施

（1）丸剂

①蜜丸 多以原药粉投料，易带菌，且蜜丸中含有少量水和糖等营养物质，在潮湿环境中，极易发霉生虫，不易保存。如六味地黄丸、健脾丸、济生肾气丸、牛黄抱龙丸、银翘解毒丸等均易发生霉败和虫蛀，贮存时应置于室内阴凉干燥处，注意保持包装完好。潮湿季节为防止蜜丸表面吸湿，可置于石灰缸内干燥3～5天。已变质的蜜丸必须立即拣出。蜡壳包装的蜜丸，保护性能较好，但应防止重压与受热，因为蜡壳性脆易破裂，受热易软化塌陷，甚至熔化流失。蜜丸贮藏期通常为一年半左右。

②水丸 如戊已丸、清气化痰丸等，因丸粒较小，表面积相对较大，能迅速吸收空气中的水，易造成霉变、虫蛀、松碎等。应置于室内阴凉干燥处贮存，通常能贮存2年左右。浓缩丸、微丸亦为水丸，保管养护方法相同。

③糊丸 如小金丹、普济丹等，因赋形剂是米糊和面糊，吸潮变软后容易发霉、虫蛀。保管养护同水丸。

（2）散剂 药物粉碎后表面积较大，故散剂的吸湿性、风化性和挥发性较显著，对包装要求高。如紫雪散等含有大量吸湿性成分易吸湿硬结，故应密封防潮；避瘟散等含有挥发性成分，为防止芳香挥发性成分散失，应密封贮藏；又如七厘散等含有树脂性成分，遇热极易结块，故应防高热。一般散剂可用韧性大的纸或塑料薄膜包装，折口或熔封后再装入外层袋内并封口。含有挥发性成分的散剂，应用玻璃管或玻璃瓶装、塞紧，沾蜡封口。贮藏较大量散剂时，可酌加防腐剂（如0.5%～1%苯甲酸）以防发霉变质。散剂宜贮于室内阴凉干燥处养护。

（3）片剂 中药片剂如全粉末片、全浸膏片和半浸膏片等，因含药材粉末或浸膏量较多，极易吸潮、松片、裂片而粘结、霉变等。片剂宜用无色或棕色玻璃瓶或塑料瓶加盖密封，亦可用塑料袋包装密封。应置于室内干燥、避光、通风阴凉处保存养护。

（4）膏剂

①煎膏（膏滋） 煎膏剂因为含糖或蜂蜜和稠膏，如枇杷膏、养阴清肺膏、益母草膏等，若保管不当，易出现结皮、返砂、霉变、发酵、变酸等现象。煎膏应装入干燥洁净棕色玻璃瓶内，待蒸气彻底散发冷却后，瓶口用蜡纸或薄膜覆盖，加盖旋紧。置于室内阴凉干燥处保存。贮存期约为1年左右。

②膏药 多种膏药中含有挥发性药物，如冰片、薄荷脑、樟脑、麝香等。若贮藏太久，

易致有效成分散失；若贮藏环境过热，膏药容易渗过纸或布；若贮藏环境过冷或吸湿，粘性易降低，贴时容易脱落。故宜贮于密闭容器内，置于干燥阴凉处，防潮、防热、避风。一般贮藏期以2年为宜。

③软膏（油膏） 软膏熔点较低，受热后易被熔化，质地变稀薄，会出现外溢现象。软膏还受含水量、药品包装及贮存时间及温度的影响，若养护不善可引起产酸和霉败。故软膏应贮存在温度较低处，一般不超过30℃，阴凉干燥处为宜。

(5) 胶剂 胶剂在夏季温度过高或受潮时，会发软发粘，甚至粘连成坨、发霉败坏。如胶面已生霉斑，可用纱布沾少许酒精拭去，吹干。若发现胶剂受潮发软，可置于石灰缸内数日，使之除潮，防止发霉。如有霉变、异臭或严重焦臭味、粘连融化则不宜药用。胶剂应包妥装于盒内，置于室内阴凉干燥处。夏季或空气潮湿时，可贮于石灰缸内或干燥稻糠内，比较安全。

(6) 胶囊剂 胶囊剂吸收水分易膨胀或表面变浑浊，甚至长霉、粘连、软化、破裂；过于干燥又易失水脆裂；遇热易软化、粘连。故应贮于密闭塑料袋或玻璃、塑料瓶中，置于阴凉干燥处，温度不超过30℃为宜。

(7) 糖浆剂 蔗糖是一种营养物质，其水溶液极易被霉菌、酵母菌等污染，使糖浆被分解而酸败、浑浊。糖浆宜用棕色细颈瓶盛装，灌装好后密封，贮于室内阴凉干燥处，避光、防潮、防热等。糖浆一般贮藏1年为宜。

(8) 丹剂 属重金属化合物的丹剂，如红升丹，应装于棕色玻璃瓶内密封，置阴凉干燥处，防止潮湿和光照；植物性药料制成的丹剂（丸、散），如小儿金丹，应分别按各剂型的要求保管和养护。凡因接触空气或遇光引起变色变质者，不可再供药用。

(9) 冲剂 冲剂含有浸膏及大量的蔗糖，极易受潮结块、发霉，通常装入塑料袋，袋口热熔封严，包装于铁罐或塑料盒内，置于室内阴凉干燥处，避光、防潮、防热。冲剂不宜久贮，一般不超过1年。

(10) 露剂 露剂宜盛装于洗净、烘干（有条件的单位最好进行灭菌处理）的棕色细口长颈瓶内密塞严封，夏季注意防热防晒，置阴凉处保存。冬季应防止结冻瓶裂，可用稻草或谷糠围封。若包装不严或受热，水溶液内的挥发性物质易于散发，使香味走失，降低疗效，同时也容易生霉和发生大量的絮状沉淀而变质，失去药用价值，故应经常检查养护，不宜贮藏过久。

(11) 酒剂 酒剂一般不易发生变质现象，倘若包装不严、乙醇挥发散失可改变溶媒极性，产生沉淀、变色或降低疗效。若酒精含量低于20度时受热或光照射，也能导致酸败变质。应注意（尤其是夏季）避光防热，置阴凉处。凡发生少量的沉淀或浑浊现象（含有胶类的药酒例外），可经重新处理再供药用。若含醇量低于原处方规定的10%～15%，有严重沉淀（底部发现絮状沉淀）或酸败变质者，不可再供药用。酒剂因含有乙醇，可使其冰点降低，故一般不易冻结。

(12) 酊剂 温度过高，酊剂所含乙醇或挥发油易挥散；温度过低，某些药物成分又易发生沉淀。因此，酊剂的贮存温度一般以10℃～20℃为宜。酊剂中若含有遇光可分解、变色的成分，则应装在棕色容器中，置避光处保存。

（13）茶剂　茶剂主要含药材粗粉，包装又简易，极易吸潮、发霉、虫蛀，挥发油成分易散失。故茶剂必须贮于干燥处，严防受潮，贮存约1年为宜。

（14）栓剂　栓剂是以可可豆油或甘油明胶为基质制成的，熔点较低，遇热容易软化变形。甘油明胶有很强的吸湿性，易吸湿而霉变；空气中湿度过低时，又可析出水而干化。故在贮存中，应以蜡纸、锡纸包裹，放于纸盒内或装于塑料瓶、玻璃瓶中，注意不要挤压，以免互相接触发生粘连或变形。宜置于室内阴凉干燥处，最好贮存在30℃以下。

（15）合剂　合剂成分复杂，久贮容易变质，故在制剂中应讲究清洁卫生，必要时加防腐剂，灌装后密封。于防潮、避光、阴凉处保存养护。

（16）锭剂　锭剂粘合性较大，若遇热或吸潮易变形变质；若未干透（凡质地坚实，用指甲划不动者，表示干透），容易发霉、生虫、产生异味。因此，入库时应检查其干燥程度。锭剂宜以防潮纸包好，装于盒内或玻璃瓶内，置于阴凉干燥处保存养护。

（17）曲剂　曲剂粉性较大，易吸潮而霉蛀变质，应以防潮纸包好，装于箱内，密封置干燥通风处保存。为了防止在霉雨季节变质，可在雨季之前烘干，或置石灰缸内干燥后密封于适宜的容器内保存。

（18）注射剂（针剂）　中药注射剂应贮于中性硬质玻璃瓶中，避光、防低温（某些成分的溶解度和稳定性随温度下降而降低，甚至发生沉淀、浑浊等，室温0℃以下还可能冻裂）、防高热（温度过高，会使某些高分子化合物的胶体状态受到破坏而出现凝聚现象），置于室内阴凉干燥处，室温以10℃～12℃为宜。注射剂久贮会发生氧化、聚合等反应，逐渐变浑浊或产生沉淀。贮存期约为2年。

（四）西药的养护

1. 西药常见的变异现象　有氧化、还原、分解、潮解、粘连、风化、沉淀、挥发、变色、霉变等。

2. 不同性质西药的养护方法

（1）易受光线影响而变质的药品

①凡遇光易引起变化的药品如银盐、双氧水等，为避免光线对药品的影响，可采用棕色玻璃瓶或用黑色纸包裹的玻璃容器包装，以防紫外线的透入。

②需要避光保存的药品，应放在阴凉干燥或光线不易直射到的地方。门、窗可悬挂遮光用的黑布帘、黑纸，以防阳光照入。

③见光容易氧化、分解的药物如肾上腺素溶液、乙醚等，必须贮存于密闭的遮光容器中，并应尽量采用小包装。

④不常使用的药品，可贮存于严密不透光的药箱或药柜内。

（2）易受湿度影响而变质的药品

①对极易吸湿的药品，可用玻璃软木塞塞紧、蜡封，外加螺旋盖盖紧，或用其他防潮容器贮存。易挥发的药品，应密封置于阴凉干燥处，即温度不超过20℃、相对湿度为50%～70%的地方。

②控制药库内的湿度，以保持相对湿度在50%～70%为宜，否则需采取相应的升湿措

施或降湿措施。

③对少量易受潮药品，可采用石灰干燥器贮存，即用木箱、瓦缸等容器装入块状石灰至容器的1/4左右，石灰层上存放药品，石灰吸湿成粉状后，应及时换掉。

（3）易受温度影响而变质的药品

①常温贮藏　一般药品贮存于常温下，亦即15℃～25℃为宜，凡《中国药典》未规定贮存温度者，均可在常温下贮存。

②低温贮藏　如指明须贮于“阴凉处”或“凉暗处”则不得超过20℃；“冷处”则须控制在2℃～10℃。常用的电冰箱可调节至2℃～10℃左右，此外亦可采用冷藏库、冰窖或冰箱等进行低温贮藏。对挥发性大的药品如浓氨溶液、乙醚等，在温度高时容器内压力大，不应剧烈振动。开启前应充分降温，以免药液冲出（尤其是氨溶液），造成伤害事故。

③保暖贮藏　对易冻裂或经冻结后易变质和失效的药品，必须采取保暖贮藏。保暖措施可采用保暖箱，一般多用严密木箱，内放瓦楞纸，两层之间填充木屑、稻壳、棉花等保温材料。有条件者可建立保暖库。另外亦可利用地窖、坑道、山洞等处贮藏药品，其特点为冬暖夏凉。

（4）易燃、易爆等危险性药品

易燃、易爆、易腐蚀等危险性药品要注意安全，另设仓库，单独存放。因此，管理好危险性药品是药库管理中较为突出的问题。危险药品系指受光、热、空气、水分、撞击等外界因素影响易引起燃烧、爆炸或具有腐蚀性、刺激性、剧毒性或放射性的药品，如保管不当，还可能发生严重事故，给人民生命安全和国家财产造成重大损失。对危险性药品的保管应采取以下措施。

①熟悉性质　熟悉各类危险药品的理化性质，掌握其变化规律，了解灭火或抢救的有效方法。

②专用仓库　危险药品应贮于耐火材料建筑的库房或地下室中。

③分类保管　按其理化性质和危险程度分类、分区、分垛保管。

④包装严密　包装危险药品的容器必须坚固、耐压、耐火、耐腐蚀。

⑤堆放稳固　危险药品库内可筑沙床或沙地堆放玻璃容器以防倾倒流溢。堆垛不得过高过密。

此外，还应注意安全操作，健全危险药品的各种管理制度并严格执行。

（5）规定有效期的药品

有些稳定性较差的药品，如大多数抗生素及生物制品等，在贮存期间，因受外界因素的影响，当贮存一定时间后，药效可能降低，毒性可能增高，甚至不能再供药用。要求严格按照规定的贮存条件进行保管，做到近效期先出、近效期先用，有效期的药品调拨要加速运转。

3. 常见易变质剂型的养护

（1）片剂　因片剂中含淀粉等辅料，在湿度较大时，淀粉等辅料吸湿而产生碎片、潮解、粘连等现象。糖衣片吸潮后产生花斑、变色、无光泽，严重的产生粘连、膨胀、霉变等现象，因此一般片剂的保管主要是防潮，可贮存于常温库，糖衣片最好贮存于阴凉库，库房的相对湿度保持在60%～75%；其次是避光，某些片剂的活性成分对光线敏感，受光照易变质。

（2）糖浆剂　糖浆剂受热、光照等因素，易产生霉败和沉淀，因此应存放于阴凉库，避免阳光直射。

（3）水剂类　温度过高，含乙醇的制剂会受热挥发或产生沉淀影响质量；芳香水剂也会挥发；乳剂温度过高会凝结，温度过低会冻结分层。所以贮存水剂类药品时应控制库房温度，存放在30℃以下的常温库，置于凉暗处，冬季应有防冻措施。

（4）胶囊剂　胶囊在受热、吸潮以后容易粘连、变形或破裂。有色胶囊会出现变色、色泽不均等现象，所以胶囊剂的保养主要是控制温度和湿度，应存放于阴凉库，保持合适的温度，但不要过于干燥，过于干燥胶囊也会因失水而脆裂。

（5）软膏剂　乳剂基质和水溶性基质制成的软膏，在冬季应注意防冻，以免水分和基质分离，一般在常温库保存，此外还要防止重压，以免锡管变形。

（6）栓剂　栓剂基质的熔点一般都较低，贮存温度过高会熔化变形，影响质量，温度过低或环境太干燥则会开裂，故栓剂一般宜在30℃以下的常温库密闭保存，并控制好相对湿度。

（7）注射剂　大部分注射剂都怕日光照射，因日光中的紫外线能加速药品的氧化分解，因此贮存注射剂的仓库门窗应采取遮光措施。注射剂中的水针剂在贮存中要注意防冻，温度低于0℃以下时易冻裂受损；注射剂中的其他部分品种如生物制品、酶制剂、抗生素等，也易受温度影响。温度过高易失效、变质的注射剂，最适宜的保存温度是2℃～10℃。注射剂中的粉针剂由于压盖、贮存、运输中的原因，可能造成密封不严，若空气中水蒸气含量过高，则会产生吸潮、粘瓶、结块等现象，影响质量，因此在贮存保管中要注意防潮，严格控制空气湿度，相对湿度保持在60%～75%。

六、家庭个人保管药品注意事项

药品售出时，应向患者说明以下保管注意事项。

1. 药品应放在适宜的地方，避免日光直射、高温、潮湿。注意有无发霉变质现象，遇有变质，不得应用。

2. 防止小儿误食误用。含毒剧药的药品尤应妥善保管。

3. 瓶装成药应注意按瓶签说明使用与保管。如糖浆剂、口服液、合剂等易发霉、发酵、变质的瓶装中成药，用多少取多少，只能倒出，不宜再往回倒入，更不宜将瓶口与嘴接触，以免污染；开瓶后要及时用完，未用完的最好放在冰箱内并及时用完。遇有变质，不可再用。

4. 注意检查批号、有效期和失效期，不能使用超过有效期或已到失效期的药品。当然，若药品保管不善，可能提前变质，保管得好，也可能延长使用期限。但原则上超过有效期或已到失效期的药，一般不能再用；若经药检部门检查合格，可酌情延长使用期限。

6. 贮放时要贴好标签，写清药名、规格，切勿凭记忆无标签存放。对名称、规格有疑问的药，切勿贸然使用，以免发生意外。

复习思考题

1. 药品贮存原则和贮存注意是什么？
2. 药品贮存业务各阶段的工作要点是什么？
3. 药品盘点要求是什么？
4. 药品损溢处理应注意些什么？
5. 哪些因素影响药品质量？
6. 成药、中药的养护措施有哪些？
7. 各类中药材、中药饮片、中成药、西药如何养护？
8. 如何指导患者家庭保管药品？

第七章 药房（店）柜台工作程序和促销技术

第一节 柜台营业工作程序

一、营业前的准备工作

营业前的准备工作是围绕药品销售而进行的，其内容主要包括药品的准备、售药用具的准备、营业场所的清理和营业员仪表卫生的准备等方面。

（一）检查、准备好药品

1. 检查药架上过夜的药品，主要检查药品数量、摆放规律有无异常和移动，做到心中有数。
2. 准备药品，续补短缺品种和做好药品的拆包分装。
3. 陈列、整理药品。

（二）检查药品价格

检查药品价格是否明码标价、货价相符、标签齐全并与货品对齐等。

（三）其他

检查、准备计量用具、包装用品、计价用具，零款、票；清理柜台、药架卫生；注意个人仪表、服饰和卫生；做好营业前的心理准备。

营业员的心理包括多方面的内容，营业前的心理指营业员的心境，心境是比较微弱而持久的情绪状态。营业员的情绪状态往往会影响到自己的工作效率和顾客购买时的心理活动，所以，营业员要学会自我调整和自觉排除自身的不良情绪，进入柜台后才能精神饱满、满腔热情地接待好每一个顾客。

二、营业中的辅助工作

营业员在每天的营业中，要充分利用接待顾客的间隔时间，做好营业中的各项辅助工作，将顾客挑选、拿动过的药品及时整理，以防错位、串号、混等、卖错价格或影响销售；添补药品；拆包和分装药品；整理货款和票证；检查药品价格等。

三、营业后的结束工作

1. 结算　结点当日销售货款、登记药品账或销售记录、汇集各种凭证等。

2. 封存　将款、票、贵重药品等密封，送交专管人员或接班人员。

3. 整理准备　将放乱的药品归位；将柜、箱、桶盖严盖实；将需要低温冷藏的药品放入冷藏箱或柜内；根据当天的销售情况填好补（提）货单；校正各种销售用具、用品并放置好。

4. 其他　翻阅缺货登记簿和顾客意见簿；清理卫生；检查门、窗、水、电是否关好，做好防火、防盗工作。

第二节　店堂促销技术

一、药店装饰及布局

（一）外装潢

商店的外装潢要让人一眼就看出商店所提供的商品和服务。具体对药店来说，要考虑以下问题。

1. 体现风格

药店的外装潢风格即药店的外部特点，要充分体现出药店的价格、店格、人格，所以在装潢设计时要注意是否充分考虑到“三格”；是否站在顾客的立场上考虑问题；根据地形状况从远处能否看清所设“绿十字”标志；与周围环境是否协调；与商圈（以店铺坐落点为圆心，向外延伸某一距离，以次距离为半径形成的圆形消费圈；大小视其业务业种不同而有所区分，就零售业而言，一般以方圆 500 米为主商圈，方圆 1000 米为次商圈；其形态一般有商业区、住宅区、文教区、办公区、混合区等）内顾客的需求、喜好、生活方式是否吻合；与药品经营、店内装潢、橱窗陈列、展出方式是否协调等。

2. 适应环境

外装潢适应环境重点放在吸引顾客和发挥有效技能上，一般可用大块玻璃使药店的透视性得以改善。应特别指出的是，店内装潢、药品的摆放技巧、各类器物甚至营业员的态度、仪表都可发挥外装潢的作用。

（二）内布局

药店内布局总体要求适用、美观、舒适。

（三）药架的布置

药架布置是在展示机能（把药品拿给顾客看）之前促成购买的决定性因素之一，它是通过布置技巧来发挥作用，其重要性不亚于展示技巧。特别是在竞争日趋激烈的今天，许多药店都销售相同药品的条件下，药架布置的优劣直接关系到销售成败，其重要性不可低估。布置药架要与药品陈列要求（详见第一章第二节）相符，要注意醒目、拿放方便。

二、药品陈列

除了符合药品陈列要求外，陈列药品要本着丰满、整齐、美观、醒目的原则，将当日热销的药品放在便于拿取的位置，将新品种、需推销的或应季药品陈列在显著位置。陈列药品时要考虑放什么药品、数量多少、放于什么位置、放什么角度、摆什么阵形等。柜台陈列的方法一般采用“三线”、“二线”陈列，具体有直线陈列、斜线陈列、梯形陈列、塔式陈列等方式，要充分利用药品包装的花纹、图案，根据实际情况，摆出丰富多彩、虚实变化的阵形。

三、促销用品及促销活动

促销用品是商家与顾客之间进行信息传播和沟通的用品。营业员要善于利用各种促销用品传播自已的产品信息和服务信息，一般常见的促销用品有药品说明书、顾客卡片、标价卡、名片、POP 广告等。

（一）药品说明书

药品说明书一般由生产厂家编制好放于药品包装里，是药品情报的重要来源之一，商家将之略加润色后即可成为一份不错的促销用品。润色时要注意三个“便于”，即便于阅读、便于选择、便于使用；其次要在大小、样式、色彩等方面认真考虑；但是必须符合国家有关规定。

（二）顾客卡片

顾客卡片是指将主商圈内的顾客信息制作成卡片（表 7－1）形式的促销用品。

表 7－1 **顾客卡片**

制作日期 年 月 日

<table>
<tr><td>顾客姓名</td><td colspan="2"></td><td>联系电话</td><td colspan="4"></td></tr>
<tr><td>住址</td><td colspan="7"></td></tr>
<tr><td>年龄</td><td></td><td>职业</td><td colspan="5"></td></tr>
<tr><td rowspan="4">家庭情况</td><td>称谓</td><td>姓名</td><td>年龄</td><td rowspan="4">购买记录</td><td>年月</td><td>品名</td><td>金额</td></tr>
<tr><td></td><td></td><td></td><td></td><td></td><td></td></tr>
<tr><td></td><td></td><td></td><td></td><td></td><td></td></tr>
<tr><td></td><td></td><td></td><td></td><td></td><td></td></tr>
</table>

（三）标价卡

药品要实行明码标价，在标价卡上必须写明药名、规格、单位、价格，有些标价卡还要求写明货号、产地等信息。标价卡的颜色一般有三种，红色表示政府定价，蓝色表示政府指导价，绿色表示市场调节价。标价卡要注意字体清晰统一（最好打印）、价格明确无误、纸质结实、大小统一、置于显眼的地方。

（四）名片

送名片的目的是让别人记住自己及所在药店提供的药品服务信息，为了让顾客能记住名片上的信息，营业员应在名片制作和递送上下功夫。制作名片时可加入一些资料如照片、日历、本地列车时刻表等，让顾客觉得有一定的保留价值和新奇性；递送名片时的理想做法是在态度、表情的配合下双手交给顾客或用订书机把名片订在药品说明书上，使名片留在顾客手中，发挥作用。

（五）POP广告

POP广告即购买地点广告（Point Of Purchase），指在零售店店头或店内将广告物以种种方式提示，以唤起顾客购买意欲的方法。POP广告制作方便、便宜，可取代营业员过多介绍药品的语言，提请顾客的注意，帮助顾客下定决心购买，以提高营业额。

（六）其他

如柜台上放置一些小广告牌；墙壁上挂顾客意见簿；用电视播放介绍药品的录像；请名医坐堂，为病人诊断疾病、开处方及解答顾客的咨询，方便、吸引顾客；建立服务热线电话；厂商结合，开展大型义诊活动等。

第三节　营业员促销技术

一、营业员的职业定位

由于药品具有经营特殊性，大多数患者对药品既无识别真假能力又无选择权力，因此，药房（店）营业员的职业定位不能是售货员更不能是推销员。这两种职业定位的内涵极为相似，都是以销售为核心而不是以顾客为核心，强调产品是被“卖出去的”而不是被顾客“买出去的”，所不同的只是销售员为商家服务、推销员为厂家服务。而药房（店）营业员的职业定位应该是“导购员”，导购即为购买提供指导的意思，类似于宾馆、饭店的引位员，医院中的导医员等，以顾客为中心，根据顾客（患者）的意愿（病情）提供服务，满足其需求。药品作为特殊商品在药房（店）出售时，由于多数购买者缺乏相关的专业知识，营业员更应该将职业定位为导购员，运用自己的专业知识指导购买者购买药品。

二、营业员的语言艺术

言为心声、语为人镜。营业员每天与顾客进行沟通交流的主要工具是语言，语言是否热情、准确、得体直接影响着营业员和药房（店）的形象，也直接影响着药房（店）的经济效益。因此，营业员必须掌握语言艺术，提高用语技巧，做好“四心”、“四声”服务，即接待顾客热心、解答问题耐心、接受意见虚心、排忧解难诚心，顾客进店有迎声、顾客咨询有答声、顾客离别有送声、顾客留言有回声。

（一）接待

1. 接待用语原则

（1）讲求语言的顺序和逻辑性　若思维混乱、语无伦次，必将导致顾客不知所云，无所适从。营业员必须把握好说话的条理性、层次性，清晰、准确地向顾客表达自己的意思。

（2）突出重点和要点　销售用语的重点在于推荐和说明，其他仅仅是铺垫。在接待顾客中，必须抓住重点，突出要点，以引起顾客的注意和兴趣。

（3）不讲多余的话　营业员在接待过程中，要尽量不讲与买卖无关的话，以免分散顾客的注意力。扯东道西，说长道短，会引起顾客的反感，顾客来的目的不是聊天，所以营业员的语言必须服务于顾客的购买行动。

（4）不夸大其辞　不着边际地吹嘘夸大，可能暂时会推销出药品，但并非永久的良策，诚实客观地介绍推荐才是长久之计。

（5）决不能对顾客无礼　对顾客在语言上的失礼，不仅会气跑一个顾客，而且对其他顾客也会产生不易消除的恶劣影响，使药房（店）形象受到极大损害。因此，不论遇到什么情况，都必须避免冲撞顾客。

（6）不要与顾客发生争论　在推荐介绍药品时，若顾客有不同意见，应耐心地倾听，绝不可反驳顾客。如确需纠正顾客的看法，应面带微笑、言语温和地陈述自己的观点，不可顶撞顾客。

（7）因人而异　营业员每天接待的顾客多种多样，应根据接待对象选择不同的表达方式和表达技巧。对有的人可以侃侃而谈，对有的人则应洗耳恭听，有时可以从侧面说明，有时要从反面表达，不能千篇一律。

（8）不使用粗俗语言和方言土语　在接待顾客过程中，甚至是同事之间交谈，都要求用语文明。

2. 用语技巧

（1）避免使用命令式，多用请求式　请求式语句可分为以下三种说法。

肯定句：“请您稍微等一等”。

疑问句：“您能稍微等一等吗？”

否定疑问句：“已经有人去仓库拿货了，您不等一下吗？”

（2）少用否定句，多用肯定句　如顾客问：“有没有感冒通？”营业员回答：“目前没有，但有治疗感冒的其他药，您需要看一下吗？”就比单独回答“没有”效果好得多。

（3）采用先贬后褒的方法　如下面两句话给人的感觉就不一样。

“疗效虽然好，但价钱贵了点。”

“价钱虽然贵了点，但疗效好。”

显然，前一句重点放在“价钱贵”上，会让顾客觉得这药品尽管疗效好，但也不值那么贵的价，或觉得营业员认为我买不起。后一句话的重点则在“疗效好”上，顾客就会觉得药品这么贵的原因是疗效比其他同类药品好。

(4) 言词要生动、语气要委婉　如对第二次来买安眠药的顾客说“您今天看上去精神好多了”；对想买便宜药品的顾客，不要说“这种便宜”，而要说“这个价钱比较适中”。

(5) 说话时要配合适当的表情和动作　说话的语气和措词固然很重要，但如果表情冷漠、动作呆板也起不到良好的效果。因此，营业员说话时，要配合自然的动作、亲切的表情，但也要注意表情、动作不要夸张或矫揉造作，以免引起顾客反感。

（二）顾客抱怨及处理

1. 正确找出产生抱怨的原因　一般有三个方面：一是顾客方面的原因，如顾客对药品或服务有偏见、情绪急躁等；二是药品方面的原因，如价格、疗效不满意等；三是其他原因，如营业员的服务、店面信誉等。

2. 抱怨处理要点　如果是顾客方面的原因，营业员要平静、仔细地听取顾客的意见，顾客是对的，要虚心接受和改进；如果是顾客误会了，要把事情的原委告诉顾客，让顾客了解真实情况。在向顾客解释说明时，要把握两点：一是语气要婉转，不能让顾客难堪；二是不要老强调自己的清白无辜。如果是药品方面的原因，营业员要尽早了解顾客的需要，耐心、仔细地把顾客希望了解的药品种类、疗效、价格逐一介绍，既尊重顾客的选择，又要运用自己的专门知识当好顾客的参谋。如果是营业员的服务、店面信誉等引起顾客抱怨，就要认真改正，重塑形象。

3. 抱怨处理过程中的10句“禁句”　这些话应尽量不说。

(1) 这种问题连三岁小孩都会。

(2) 一分钱，一分货。

(3) 不可能，绝对不会发生这种事。

(4) 这个问题请去问生产厂家，我们只负责卖。

(5) 这个问题我不大清楚。

(6) 我绝没有说过那种话。

(7) 我不会、没办法、不行。

(8) 这是本店的规矩。

(9) 总会有办法的。这是一句暧昧的话，对于急于解决问题的顾客来说这种“车到山前必有路”的说法很令人失望。

(10) 改天我再和你联系。这是一句不负责任的话，在顾客提出的要求或问题需要花费一些时间解决的情况下，最好的回答是“×月×日以前我一定和您联系”或“×天后我一定帮您办好”。

（三）说服技巧

当顾客对药品提出异议时，营业员就要回答顾客的异议并加以说明，这种回答和解释的过程，实质上就是说服过程。营业员在说服顾客时，一定要牢记一点，只有对药品有购买兴趣的顾客才会不断提出异议。下面介绍几种常用的说服技巧。

1.“是，但是”法　这是一个广泛用来回答顾客异议的方法，一方面营业员表示同意顾客的意见，另一方面又解释了顾客产生意见的原因及顾客看法的不足之处。

2.“高视角、全方位”法　当顾客提出药品某个方面的缺点时，营业员则可以强调药品的突出优点，以弱化顾客提出的缺点。

3.“自食其果”法　这种技巧实际上就是把顾客提出的缺点转化成优点，并作为顾客购买的理由。这种方法运用得当能把销售的阻力变为购买的动力。如：

顾客：“这种药疗效好是好，但太强烈，不适合于老年人用。”

营业员：“老年人可以减半用，这不仅符合老年人的生理特点，而且疗效与青年人用全量一样。”

4.“问题引导”法　有时可以通过向顾客提问题的方法引导顾客，让顾客自己排除疑虑，自己找出答案，这比营业员直接回答效果还好。如：

顾客：“我是想买一支治脚癣的药膏，但你这支太贵了，我看过××诊所的比你们便宜多了。”

营业员：“您注意是相同牌子的吗？”

5.“示范”法　示范法实际上就是商品操作的表演，用这种表演证明顾客的看法是错误的，而不是直接指出其错误。如：

顾客：“这种降压仪会不会只用几天就裂开？”

营业员：“不会的，这种降压仪用高科技材料制成，既耐高温又打不碎，不信我试给你看。”说着，营业员拿起一个降压仪猛摔在地，不仅丝毫不损而且功能也未改变。

6.“介绍他人体会法”　这种方法就是利用使用过该药品的顾客“现身说法”来说服顾客。一般说来，顾客都愿意听使用者的评价，所以感谢信、表扬信、锦旗等都是说服顾客的活教材。

三、营业员仪表

营业员仪表，主要指营业员的容貌、服饰着装、姿态和举止风度。营业员的仪表，决定了营业员给顾客的第一印象。一个营业员整洁美观的容貌、新颖大方的着装、稳重高雅的言谈举止，既表现了个人良好的精神风貌，也代表整个药房（店）的员工风貌，直接影响着顾客的购买情绪。营业员在仪表方面要注意以下方面。

1. 穿着　穿着以优雅为主，最好着制服，要求整洁、干净。

2. 头部　脸面干净，表情自然，面带微笑，女营业员可化淡妆，男营业员注意勤刮胡子；头发发型适宜，整齐清洁，统一颜色（一般是黑色，不要染成其他颜色）；眼睛不得充满血丝；耳朵上不要戴耳环；口腔无口臭，牙齿洁白，女营业员可涂淡色口红；鼻腔外不得看到鼻毛。

3. 手及指甲　保持清洁，不留长指甲，女营业员忌涂鲜艳指甲油。

4. 举止　大方得体。忌举止轻浮、粗鲁、拖拉、漫不经心，忌做与营业无关的事如吸烟、吃零食和挖鼻孔、剔牙等不雅动作。

5. 其他　经常保持精力充沛、热情饱满；全身清洁，无异味。

第四节　柜台接待技术

一、不同顾客的柜台接待方法

（一）接待不同进店意图的顾客

一般来说，进店顾客大致可以分为以下三类，根据其不同的进店意图，分别以不同方法接待。

1. 前来实现既定购买目的的顾客　这类顾客有明确的购买目标，进店后目光四处搜索，脚步轻快，最后集中到目标上，购买心理是“求速”。因此，营业员应马上合接近，迅速成交。

2. 前来巡视商品行情的顾客　这类顾客无明确的购买目标和打算，进入店内是希望碰上合自己心意的商品。一般步子不快，神情自若，随便环视商品。对这类顾客，营业员应让他在轻松自由的气氛下随意观赏，注意不要老用眼睛盯着顾客，以免使其产生戒备心理，也不要过早接近。

3. 前来参观浏览和看热闹的顾客　这类顾客无购买意图，进店目的是感受气氛、消磨时光，动作上行走缓慢，东瞧西看，但也不排除有冲动性购买的行为或为以后购买而观看商品。对这类顾客，营业员不要急于接触，但应随时注意其动向，当其表现出对某件商品感兴趣时才进行接触。

（二）接待不同身份、不同爱好的顾客

1. 接待新顾客　对新顾客一定要态度和蔼、礼貌周全，以求留下好印象。

2. 接待老顾客　老顾客进店时，营业员要主动热情地打招呼，可直接询问要购买什么商品，还应主动向老顾客介绍推荐新产品，使其感到商家如同至亲好友。

3. 接待“急”顾客　急于购买的顾客一般有两种情况，一种是急切需要购买，如有的顾客要赶车船、有的是病人急用、有的要去接人等等；另一种是性情急躁的顾客，他们的购买特点是目标明确、要求交易迅速，往往一临柜台，就高声急呼，营业员应按其所需，快速拿递，迅速结账交货，但不要忘记提醒顾客看清商品，不要搞错。

4. 接待“精”顾客　这类顾客往往有很多问题要问，营业员要不厌其烦，主动介绍，直到其满意为止。

5. 接待老、幼、病、残、孕顾客　这类顾客在心理和生理上有特殊情况，营业员应与其他顾客商量，让他们优先购买，同时根据不同情况妥善接待。老年顾客记性差，动作慢，精挑细选，营业员要耐心，提醒、介绍，帮助其挑选中意的商品；小孩子来买商品，往往是急来、急买、急走，不挑选、不看找零、拿了就走，因此容易出错，营业员要采取询问、帮

助、关照的方法，特别应问清药名、是否自己服用等，交待清楚用药注意，最好把要点写成清单同药品一并交给小孩，对毒副作用较大的药物更应慎重，最好不要售给小孩，找零、开票一定要交代小孩看清、拿好；对病人要关怀备至，注意问病给药，当好参谋，精心服务；对病残顾客，尤其是聋、哑、盲人和手脚伤残的顾客，更要关怀备至，接待盲人，要仔细问清需要，认真负责地帮助他们挑选合适的商品，钱、货应逐件放到他们手中，并一一交待清楚；接待聋、哑人，要多出示商品，让他们多挑多选，并要学会一些哑语（手势），以便弄清意思，满足其需要；接待手脚伤残的顾客，要把商品放在他们的面前，让他们慢慢挑选，买好后要注意包扎牢固；接待怀孕的顾客，要注意问清楚所购药品是否自己服用，认真介绍应用注意，热情细心。

6. 接待需要参谋的顾客　有许多顾客缺乏医药知识，面对众多功效类似的药物品种常拿不准买哪一种好，因此希望征求营业员的意见。接待这类顾客，营业员不能说“哪种都行，都有效。”这会让顾客大失所望，可能就不买了，即使买了，心里也对营业员的不愿帮忙耿耿于怀。因此，营业员要根据自己的专业知识大胆热情地谈出自己的看法，即使观点与顾客不一致，顾客也会心存感谢。

7. 接待自有主张的顾客　这类顾客经验丰富，自信心强，轻易不接受别人的观点，不愿与营业员多作交流。接待这类顾客，营业员要让其自由挑选，不必在旁过多地介绍推荐，以免让顾客觉得被骚扰。

8. 接待结伴而来的顾客　顾客结伴而来的形式多种多样，如夫妻、情侣、朋友、同事、同学、一家老小等，在选购时，往往意见不一致，有时发生小争论。接待这类顾客，如果顾客之间意见一致，营业员可按正常接待方法接待；如果意见有分歧，营业员首先要注意细心观察、辨明主次，分辨出谁是购买者、谁是出钱者，以确定接待方法；其次要统一意见、当好参谋，特别要注意尊重买主的意见。

9. 接待操外语、方言的顾客　接待这类顾客时，营业员要特别注意弄清他们的意思，满足他们的需求。平时要努力多学习外语口语和积累各类药名的英文读音，至少能听懂当地方言。

二、不同情况下的柜台接待方法

（一）交易繁忙时

在顾客多、交易繁忙的情况下，营业员要耳目灵敏、沉着冷静、聚精会神地接待顾客。接待方法是：一要坚持按先后次序，依次接待；二要灵活采取“四先四后”的方法，即先易后难、先简后繁、先急后缓、先特殊后一般；三是要做到接一问二招呼三，同时接待几位顾客。交易繁忙时接待要点在于“快”，但快要以周到、细致为前提，取货、递货、收钱、找零要交待清楚，要抬头售货，眼观六路、耳听八方、态度和蔼、语言简练。

（二）柜台缺货时

柜台缺货时，营业员不应只简单地回答“没有”或“无货”，使顾客失望，而应积极向有关部门反映，组织货源，还要妥善采取以下接待方法。

1. 预约购期 估计近期到货的商品，营业员可把到货时间告诉顾客，保证其能按时购买。

2. 预约定购 近期不能到货的商品，可请顾客在缺货登记簿上留下姓名、地址、电话号码、手机号码和需要的品名、规格、数量，等到货后通知顾客前来购买。

3. 推荐代用品 如本柜台有功效相近的品种，又适合顾客使用的，可介绍给顾客。

4. 推荐别的药店

（三）退换药品时

退换药品无疑会给营业员的正常工作增添麻烦，但营业员应该认识到药品退换工作是售后服务的一个重要方面，对这类顾客接待得如何，问题处理是否妥当，直接关系到药店的信誉。因此，营业员必须认真对待，妥善处理。

1. 态度诚恳、热情接待 接待退换药品的顾客，营业员的态度必须比接待购买药品的顾客还要热情诚恳，倾听顾客退货的原因，只有这样，才能使顾客感到营业员的亲切和对自己的尊重，从而会增强对营业员处理退换货的信任感。

2. 区别情况、妥善处理 虽然2002年2月14日卫生部颁发的《医疗机构药事管理暂行规定》第二十七条有“药品是特殊商品，为了保证用药安全，一经售出，不得退换”的规定，同时药监部门对药店也有相应的不能退药的规定。但在实际的操作过程中，医药单位出于对人民关怀和考虑消费者权益保护法的有关规定，应区别具体情况，妥善处理药品退换工作。

(1) 原则上口服药不退。

(2) 对包装严密的注射药，在顾客有充分理由不能使用，如对药物过敏买错了药或在治疗过程中患者已去世等特殊情况下，经检查没有超过有效期，不影响其他顾客的使用，可再次出售的，可考虑退换。

(3) 对本店出售的过期失效劣药、残损变质假药和数量不足的药品，不但应退换，而且要主动道歉，如果顾客因此而遭受损失、酿成事故，还应给予赔偿或按国家有关规定处理。

（四）收找钱票发生差错时

这种情况通常是营业员精力不集中、没有唱收唱付等原因所造成的。差错发生时，双方都很着急，很容易发生争吵，因此，营业员首先要冷静，用正确的方法妥善处理，不能一错再错。处理方法如下。

1. 询问 营业员用冷静、温和的语言向顾客问明交款和找款的数额、面值、新旧程度及交款时的细节。

2. 回忆 营业员在询问顾客时，自己也要认真回忆当时收找款票的过程，同时与顾客所说的情况对照，看是否一致。

3. 检查 根据询问和回忆的结果，检查记录和钱票箱中的钱票。如果是自己错了，应将多收的退回，少收的补上，然后向顾客表示歉意；如果自己没有错，而是顾客错了，也不要责怪，可以主动说一声“没关系”，以缓和气氛。

4. 调查 营业员和顾客通过回忆之后，仍各持己见时，可向周围的目睹者调查，请他们帮助回忆、证实。

5. 盘点 如各方都无足够的资料分清责任，在情况许可的条件下，可进行盘点。如当时无法盘点，可在当晚找一名监点人进行盘点，次日将盘点结果告诉顾客。

6. 请示 如经过以上处理双方意见仍不能统一，营业员更要冷静，对个别态度急躁的顾客要忍让，切不可冲撞或责备顾客，加大矛盾，应该请顾客到办公室同领导一起商量解决办法。

（五）营业员有不顺心事时

人都有不顺心的时候，营业员有不顺心事时如何接待顾客，关键在于营业员如何正确对待自己的不顺心事。一个合格的营业员要能做到自我控制，积极克服个人的消极因素，很快进入角色，一如往常地进行营业服务。

复习思考题

1. 柜台工作程序有哪些？

2. 药品陈列的要求和陈列方式有哪些？除了书上所述外，你还能举出其他陈列方式吗？

3. 一般药店有哪些促销用品？

4. 为什么药店营业员的职业定位是导购员？

5. 接待用语原则与技巧有哪些？

6. 一般顾客抱怨的原因有哪些？处理时应注意些什么？有哪些技巧？

7. 营业员要具有良好的仪表，应注意哪些问题？

8. 如何接待老、弱、病、残、孕和操外语、方言的顾客？

9. 药柜无货时如何应对顾客？

10. 营业员找钱票发生差错时如何正确处理？

附：

50句服务忌语

1. 嘿！2. 老头儿。3. 大兵。4. 土老冒儿。5. 老黑。6. 你吃饱了撑的呀！7. 谁让你不看着点儿。8. 嫌车慢，别坐呀！9. 问别人去！10. 听见没有，长耳朵干嘛使的。11. 怕挤呀，打“的”不挤。11. 啰嗦什么，赶紧下吧。12. 瞧车瞧车，找死呀！13. 我就这态度！14. 有能耐你告去，随便告哪都不怕。15. 有完没完。16. 不买看什么。17. 你买得起就快点，买不起就别买。18. 到底要不要，想好了没有。19. 喊什么，等会儿。20. 没看我正忙着吗，着什么急。21. 交钱，快点。22. 我解决不了，愿意找谁找谁去。23. 不知道。24. 刚才和你说过了，怎么还问？25. 靠边点儿。26. 没钱找，等着。27. 你买的时候，怎么不挑好。28. 谁卖你的，你找谁。29. 有意见，找经理去。30. 到点了，你快点儿。31. 标签上都写着呢（墙上贴着呢），你不会自己看呀。32. 不能换，就这规矩。33. 不买就别问。34. 你问我，我问谁。35. 瞎叫什么，没看见我在吃饭。36. 管不着。37. 没上班呢，等会儿再说。38. 干什么呢，快点。39. 我不管，少问我。40. 不是告诉你了么，怎么还不明白。41. 没零钱了，自己出去换去。42. 挤什么挤。43. 要买快说，不买靠边，下一个。44. 别啰嗦，快点讲。45. 现在才说，早干嘛来着。46. 越忙越添乱，真烦人。47. 怎么不提前准备好。48. 我有什么办法，又不是我让它坏的。49. 别装糊涂。50. 后边等着去。

50 句文明敬语

1. 同志（或先生、小姐）。2. 老大爷（或老大妈）。3. 解放军同志。4. 农民朋友。5. 外宾朋友。6. 请不要这样。7. 请你注意看清楚。8. 对不起，这种车只有这样的速度。9. 我不太清楚，请您再问问别人。10. 我再告诉您一遍，请注意听。11. 公共汽车挤一些，请抓紧时间上下车。12. 请注意来往车辆。13. 我刚才态度不好，请原谅。14. 欢迎您提意见、反映情况，这是您的权利。15. 请尽量抓紧时间。16. 这里所有的货您随便看。17. 这东西比较贵，您不妨慎重考虑一下。18. 您别着急，考虑好了再买。19. 您的声音我已经听到，我马上就过来。20. 我手底下的事马上就完，请您再等一会儿。21. 请您付款。22. 您这个问题我解决不了，但××部门负责解决这事。23. 这个我不知道，真抱歉。24. 我刚才对你说了，您没听清，我可以再说一遍。25. 谢谢您，请往旁边靠一靠。26. 对不起，零钱不够了，请稍等。27. 您买的时候应该仔细挑选，但我们也有责任。28. 只要是在我们这里买的，该我们负责的问题一定解决。29. 您如果不满意，欢迎提意见。30. 时间不多了，请抓紧点，真对不起。31. 标签上有准确标价，请您再仔细看看。32. 对不起，这不符合退换规定，不能给您换。33. 您只管问，不买也没关系。34. 这事我不清楚，不过我可以帮您问问。35. 我们是轮流吃饭，那边有人值班。36. 对不起，这件事另有专人负责。37. 请稍候片刻，我们马上就开始工作了。38. 客人比较多，请您动作稍快点。39. 这事不归我管，请找××部门。40. 您如果没听明白，我再解释一遍。41. 零钱刚用完，我马上想办法。42. 请简单、明确地表达您的意思。43. 您如果没考虑好，请在旁边想想，先让后面的顾客买。44、这地方窄，请多注意。45. 您刚才这么说就好了，我再帮您想想别的办法。46. 我现在正忙着，请稍等一下好吗。47. 请提前做好准备。48. 这东西质量不好，我们都不愿意这样。49. 这件事如果您不清楚，请再来问我。50. 请按顺序排队。

第八章　我国药品经营概况

第一节　中药经营与管理沿革

一、传统中药经营

中药经营是随着中药资源的开发而产生和发展的。中药资源的开发和生产是中药经营的物质基础，中药经营是将中药的资源优势转化为经济优势，取得经济效益和社会效益的必由之路。

中药经营活动始于东汉，《后汉书》中有韦彪、台佟、韩康、张楷、苏子训等人采药、卖药的记载，那个时期已经出现了中药的商业经营活动。唐代商品经济发达，中药商业也随之兴旺，相传唐代高僧鉴真和尚经常出入扬州药市。北宋出现了官营和民营两种药业经营体制。明、清时期中药店铺林立于市井，中药商行、药行遍布各地，全国性的中药集散市场逐步形成，其中著名的有江西樟树、河北安国、河南辉县百泉、湖南湘潭、安徽亳州、四川重庆和成都等地的药市。这些集散地成了中药商贾云集、南北药材交流的场所。明末清初，由于药材产地不同，各地经营的品种各有特色，中药行业逐渐形成了“十三帮”、“五大会”（南大会、北大会、皮货估衣会、银钱号会和杂货会）的格局。

二、建国初期的经营管理

建国初期，中药实行计划专营，县以上的药材经营由中国药材公司所属的省、地（市）县公司负责，县以下的委托基层供销社代理。按照国家规定的“统一计划，分级管理”的原则，把中药材商品分为二类和三类。列为二类的计划管理品种由中国药材公司管理，其余的商品列为三类，由各省、自治区、直辖市药材公司根据当地所产的药材确定管理范围。稳定药材市场必须先稳定药材的价格，当时采取的政策性措施主要有：①在当地工商行政部门和海关的配合下，打击投机倒把、哄抬物价的不法私商；②在中药行业同业公会内成立“评价小组”和“审价小组”，规定价格差率，控制药材批发商的货源；③对不合理的零售价格采取“削高就低，服从合理”的原则加以整顿；④对进出口药材实行统一收购、分配货源的办法，制止高价出售进口药材、抬价抢购出口药材和“低估逃税”的行为。这些措施为稳定中药市场及其后的发展奠定了基础。

除此之外，国营药材公司加强经营、收购工作，占领市场。例如，为了解决因流通渠道不畅出现的此地积压而彼地脱销的问题，根据“城乡互助，物资交流，发展生产，繁荣经济”的精神，在华北、华东、西北、中南等地区相继召开了中药材交流会，互通有无，活跃中药市场，以保证供应。

三、计划管理与市场调节

中药材的计划管理是根据当时国家实行的计划经济制度及针对当时中药市场的混乱情况而确定的。从1955～1994年的40年间，中药材的计划管理品种最多时为70种，最少时为17种。就当时药材公司经营的800～1000个品种而言，计划管理品种只占2%～7%，即90%以上都靠市场交流调剂。计划管理的品种都是关系到国计民生的大宗药材和野生资源比较稀少的品种，如人参、茯苓、白术、甘草、当归、白芍、川芎、地黄、麝香、鹿茸等。从当时情况来说，对主要品种实行计划管理有利于生产的发展和市场的稳定；有利于灾情、军需急用；有利于统筹安排国内和出口计划的完成。但是，在执行中也出现过计划管理过多、过死，运用价值规律调节市场不够等弊端，对搞活经济有一定影响。

三类药材由市场调剂，以药材交流供货会或地区间互通有无的形式进行。中国药材公司每年春、秋召开全国性的交流会，对三类药材进行产销平衡，调剂余缺。各省、自治区、直辖市也根据情况召开地区性交流会。同时，按照历史上形成的集散市场和地方庙会的传统，中国药材公司还确定河北安国、江西樟树、河南百泉三个地方，每年进行一次全国性的中药材交流，以搞活中药市场。

随着国家经济体制的进一步深化改革，中药生产经营工作出现了新局面：首先是减少计划管理品种，只保留麝香、甘草、杜仲、厚朴4种需要保护资源的药材，其余的实行市场调节；其次是放宽购、销政策和物价管理权限，实行多渠道、少环节经营，搞活流通，扩大销售；再次是积极组织出口，将中药打入国际市场，力争多创外汇。80年代末期，全国家种药材面积达到500万亩，收购金额（包括野生）近40亿元，分别比1957年增长3.48倍和12.6倍。

1988年中药（包括药材、成药、饮片）购进额约80亿元左右，销售额近86.3亿元，分别比1957年增长近21倍和19.5倍；中药（包括药材、成药、饮片）出口金额近4亿元，比1957年增长9.6倍。

国内市场上除稀有的野生动物药材和进口药材外，基本上可保证供应。中药资源的开发和利用，对国内的医疗需要和对外开放起到了很大作用。

四、加入WTO带来的挑战和对策

加入WTO对我国市场经济的发展既是机遇也是挑战。

就医药行业而言，“入世”后对外贸出口的限制将有所减少，进口原料、器械的成本也将有所下降，这样，就有望占领更多的国际市场份额。但是，我国的医药行业目前存在着一些问题，加入WTO后这些问题如不能妥善解决，必将阻碍医药行业的发展。以中美双边协议为例，我国做出以下5项承诺：第一，严格保护知识产权；第二，降低关税；第三，减少对大型装备等产品的进口管制；第四，2003年1月1日起开放药品分销服务；第五，开放医疗。其中对医药行业影响最大的是第一条和第四条。

由于历史的原因，我国目前大部分厂家生产的药品都是仿制品，加入 WTO 后，“药品行政保护条例”将完成历史使命，根据知识产权国际公约和中华人民共和国专利法，任何侵权行为都将受到严厉惩罚。凡未经许可仿制国外专利新药一种，须赔偿 4 亿～10 亿美元。如欲买断其生产许可证，至少需五六百万美元。而目前全国医药行业一年的新药开发费才 15 亿元人民币。因此，对一部分以生产仿制药品为主的厂家来说，转产已经势在必行。

针对这一问题，有三条对策。一是大力发展中药。用现代医学理论推动中药产业的发展和创新。二是集中精力开发未在我国申请专利或专利期已过而仍有生命力的药品。如目前较有知名度的“利君沙”、“万艾可”等，都是老产品新开发的成功范例。有关资料显示，过专利期药品在世界各国的销售场呈上升趋势。三是对我国已进行了多年科技攻关、技术水平接近世界先进水平的品种加大投入，以增强其优势，力争在国际市场上占有一席之地。如半合成青霉素、氨苄、羟氨苄及其重要中间体，头孢菌素系列产品及其重要中间体 6APA、7ADCA、7ACA 等，都是势在必得的产品。而对于某些技术尚不成熟、与国外相比水平较为悬殊的产品，我们就应让出市场。有所不为才能有所必为。

开放药品分销服务也将给我国现有的药品流通领域带来巨大压力。面对这一情况，我们必须改变陈旧的观念和僵化的机制，大力推广批发代理配送和零售连锁经营，积极试点医药电子商务，提倡以现有的大型批发企业为中心，组织建设代理、配送、批发、零售一体化经营的市场网络，增大覆盖面，用先进的营销技术改革传统的药品销售商业企业，实现降费增效。据专家分析，药品营销业具有巨大的永久性市场基础：①人口持续增长；②社会老龄化日益增加；③环境恶化，生产节奏加快，发病率上升，发病年龄下降；④随着人们生活水平的提高，保健意识逐渐增强；⑤医药行业作为国家主导产业之一，政策环境有保障。随着我国实行药品分类管理和新的药品管理法出台，药品销售额将保持强劲的增长势头，并在较长时间内持续发展，特别是非处方药市场将以每年 20% 的速度增长。

药品是一种特殊产品，因人种、体质和生活方式的不同，各国对药品的质量要求和检测手段也不同，这就限制了药品在异国市场的销售和使用。因此，加入 WTO 后，国外的药品不可能大量进入我国药品市场，不足以对我国的药品营销企业构成威胁。

总之，对国内的医药企业来说，加入 WTO 后的首要任务是进行体制改革和技术创新，打破原有的单一产权构成方式，建立适应市场经济要求的激励与约束机制，从而提高企业竞争力。只要掌握好改革与创新的方向，以清醒的头脑面对加入 WTO 后的机遇与挑战，我国医药行业的蓬勃发展将指日可待。

第二节　药品市场概况

一、医药市场

我国现阶段医药市场已经打破了过去的药厂→医药站→医院及国营药店的传统计划经济模式，出现了巨大的变化。其市场化程度提高，营销难度加大。

（一）医药市场已成为买方市场

国内药厂（公司）生产和进口的医药产品如雨后春笋，蓬勃发展，各种新产品不断涌现，医药市场已成为买方市场。

（二）医药站不是独家经营

1. 药厂（公司）和药品经销商直接向医院和药店及较低级的医药批发商供货。因此，医院及零售店已经可以不经过医药站进货，减少了中间批发环节。

2. 医药站特别是二级以上医药站一般都分设几个经营部，这些经营部均为独立经营。其经营范围虽有所侧重，但并无明显的界限。因此，同一地区虽然只有一家医药站，但实际上是几家经营。

3. 一些贸易公司也加入药品批发行列。更有许多国营医药公司及其经营部由集体或个人承包，其体制虽不变但实质上是个体经营，经营方法灵活，对国营医药站有很大挑战。

4. 医院及药店不仅向本地医药站进货，也可以向附近地区医药站进货，因此各地医药站实际上处于竞争状态中。

5. 除上述之外，还有不容忽视的医药调拨市场，如广东的普宁药市、湛江药市，集全国各地药商于一地，以不同的条件达成交易，交易额极大。

（三）药品（保健品）零售单位越来越多，竞争日趋激烈。

以前药品零售店只有医药站所属国营药店，目前增加的零售单位有医院门市部、小诊所药房、百货商场药柜、厂家门市部，宾馆、旅游景点等服务场所的医药保健品柜和各种零售店。因此，药品的零售渠道已变得广泛而复杂。

（四）医院用户（病人）的结构发生变化。

随着医疗保健体制改革的深入，医院用户即病人由公费医疗为主逐渐发展为以自费及保险等为主，病人的结构发生了较大变化。

（五）政府严格管理

要做好医药市场的营销工作，还必须深刻领会医药市场自身的特点，由于药品属于特殊产品，关系到人民身体健康。因此，药品生产经营有严格的政府管理，主要措施如下。

1. 制药企业的建立审批严格，必须符合国家 GMP 标准。

2. 新药上市要求严格，必须取得批文。目前医药市场上存在着三种批准文号的产品，即药准字号、健字号和食字号。准字号即为药品，健字号为保健品（2004 年起取消此批号），食字号为食品。这几种批文表示产品具备的疗效及功能不同。但虽然属于同类产品，有的获药准字号，有的只有健字号，有的甚至是食字号。产品批文制约着其销售范围，影响产品的声誉，按规定医院只能用准字号产品，药店可以经营健字号产品但不能销售食字号产品。由此可见，批文对药品是很重要的。尽管如此，还是有许多产品越规销售。

3. 药品批发单位同样要经政府审批，其审批权掌握在医药管理局手中。由于医药站是其所辖单位，因此为维护医药站垄断地位，其他单位难以通过审批获得药品批发经营权。

4. 零售药店与门诊部的营业范围划分较为严格。按规定诊所不得对外售药，但目前几乎每家诊所都在对外售药。

综上所述，医药市场的变化，可以概括为由卖方市场向买方市场的转变。体制上也由计划经济体制逐步向市场经济体制过渡，虽然尚未形成完全意义的市场经济体制，但较之其他产品市场，医药市场是市场化程度较高、竞争程度也较高的商品市场，而且政府管理严格，其营销工作的难度也更大。

二、中药材和饮片市场

（一）市场特点

中药材是指经过加工而未经炮制或制剂的生药，是生产中药饮片、中成药及中药保健品的原料。中药饮片是指在中医药理论指导下将中药材经加工炮制而成的供临床配方或中成药生产用的制成品。中药材和饮片市场具有以下特点。

1. 市场规模大　由于中药材和饮片购买者主要是组织购买者，一般是药厂、中药饮片加工厂、药材公司、医药公司及其下属的零售药店、医院等，因此其市场规模较大。主要表现如下。

（1）市场分布广泛　全国各地大、中、小药材市场、药材公司、药店构成完整的交易网络。

（2）交易数量和交易额大　原因是中药材和饮片的购买者多为组织购买者。

（3）一些主要药材市场规模宏大、历史悠久　如江西樟树药市、成都荷花池药市、广州清平药市、河南百泉药市等。

2. 品种齐全　中药应用多以复方配伍为主，而中医配伍理论千变万化，需要的中药药味较多，因此无论是药市还是零售药店都备有少则几百种，多则上千种的中药。但由于受市场经济的影响，经营者往往会忽视那些销量小、利润低的品种，造成一些品种的缺乏，给临床用药带来了困难。

3. 需求量具有波动性　人们对中药材和饮片的需求量总体上是稳步上升的，一般年需求量递增10%左右。但有时也受某些因素的影响，如大规模突发性、流行性疾病暴发；新的中成药、中药保健品的开发；价格波动；药食保健需求；中药材的其他用途（如工业上用五倍子提取鞣质引发五倍子的需求增加）等。

4. 需求缺乏弹性　药品的特殊性决定了中药材与饮片市场的需求缺乏弹性，表现在需求量狭窄、受价格因素影响较小两个方面。因此，经营者要做好市场预测，既要保证供应，又不能盲目扩大生产、库存过多。

（二）组织购买行为特点

组织购买是指各类正规组织为满足生产或服务的需要，在可供选择的品牌与供应者之间进行识别、评价与挑选商品的决策过程。

1. 药厂购买行为特点

(1) 批量大　药厂生产为批次生产，不但投料量大，而且为了保证生产的连续性，原料药必须有一定的库存量，另外，大批量购进还有利于保证原料药质量的稳定，避免质检部门重复检查。

(2) 品种缺乏弹性　药厂生产的药品品种相对固定，一个品种的生产时间也较长，因此所需原料药的品种比较固定。

(3) 进货渠道相对固定　为了保证所生产药品的质量，药厂原料药的进货渠道一般相对固定，不轻易更换供货渠道。

2. 药材公司和医药公司购买行为特点

(1) 品种齐全　此类购买者的购买目的是为了转售，故他们要求品种齐全以满足顾客多样化的需求。

(2) 受价格影响较大　由于他们购买目的是为了转售，因此对价格较敏感，需求弹性大。

(3) 一般进货渠道比较固定　该类购买者对全国道地药材产地、品质等较熟悉，一般多由产地或固定的渠道进货，且一次购买量大，时间相对固定。

3. 医院购买行为特点

(1) 属引发需求　即医院对药品的需求由病人对药物的需求引发。

(2) 批量不大但品种齐全　医院用药，主要是为了满足临床用药的需求，进货量不大，但不同病种和病情的患者用药复杂性决定了用药品种的多样性，因此要求品种齐全。

(三) 基本影响因素

一般影响中药材和饮片市场的基本因素有自然环境因素、国家政策因素、市场需求因素、经济环境因素、药材本身的特点及栽培繁殖技术等。

三、成药市场

(一) 市场特点

成药包括中成药与西成药，与中药材、饮片、西药原料药相比具有处方固定、剂型固定、功能主治固定、生产工艺固定等特点。在市场上，成药具有以下特点。

1. 终端销售以医院、零售药店为主　由于历史原因，虽然我国成药销售终端目前仍以医院、零售药店为主，但随着公费医疗、医疗劳保、药品分类管理等制度改革的深入，患者对药品购买渠道的选择权加大，这就意味着药品市场的竞争将更加激烈，药店、百货商店和超市药品专柜的药品销售量将增大。

2. 市场供求相对稳定　作为防病治病的成药，其需求量原则上只与发病率相关，而正常情况下发病率是相对稳定的，因此成药市场的供求也相对稳定。这就是说经营者要有市场观念，不要对利润高的成药一哄而上，利润少的则无人问津，破坏了成药市场的相对稳定性，使厂家、经营者、患者的利益均受损。

3. 产品生命周期长　疗效稳定可靠、久经考验的成药，其生命周期将比较长，如安宫牛黄丸、阿司匹林片等。

4. 不同媒介对不同成药的影响不同　一般而言，专业报刊广告对处方成药的销售影响较大，而新闻媒体、休闲娱乐性杂志广告对非处方成药的销售影响较大。

（二）购买行为特点

成药的购买者可分为商业购买者和个体购买者，他们的购买行为具有不同特点。

1. 商业购买行为特点

(1) 影响购买决策的因素较多　因为商业购买者购买目的是为了转卖，因此影响购买决策的因素除了人际因素和个人因素外，购买者还特别关注经济环境、市场需求、市场竞争等因素。

(2) 购买决策过程较复杂　一般来说老药、普药的重购决策过程较简单，供货者只要尽力提高成药质量和服务水平，就会争取得到稳定的供应关系。但新药的购买决策过程较复杂，特别是在医院，要经过临床医生、科室主任、药剂科、药事委员会等同意才能购买，其中任何一个环节受阻，新药都难以进入医院。

2. 个体购买行为特点

个体购买者可分为两类，第一类是购买处方药，购买者对购买品种没有决策权，决策权在医生手里；第二类是购买非处方药，购买者对购买品种有决策权，购买行为主要受自身的用药习惯、专业人员的介绍、传播媒介的影响等。

（三）基本影响因素

一般影响成药市场的基本因素归纳起来有人口因素、发病率、经济因素、价格因素、政策、医生用药习惯、消费者信任程度等。

四、中药保健品市场

（一）市场特点

中药保健品是指在中医药理论指导下以中药为原料或添加物，经有关部门批准生产的具有调节某些人体生理功能的有利于人体健康的物品。主要包括保健药品、保健食品、保健器械及保健化妆品等。须注意的是，保健药品属于药品范畴而非食品范畴，其批文为“国药准字 B”，而保健食品的批文是“卫食健字”。近年来中药保健品的生产和销售在我国有迅猛发展的趋势。其特点如下。

1. 销售渠道多元化　国家已取消“健”字号药品批准文号，从 2004 年 1 月 1 日起，市场上将不再有“健”字号药品流通，而将原来的保健品纳入药品范畴统一管理。中药保健品类型多样，且多属乙类非处方药，从而决定了其销售渠道的多元化。

2. 消费者非专业化　中药保健品的消费多不经过医生的处方或指导，因此消费者为非专业化消费者。

3. 市场供求波动性大、特别易受传播媒介的影响　中药保健品以消费者主动消费为主，购买的随意性较大，如有广告的产品销售多，无广告的产品销售少；产品做广告时销售多，不做广告时销售少等现象，因此市场供求的波动性较大。

4. 产品市场生命周期短　中药保健品市场生命周期短原因有二，一是产品替代快；二是市场准入条件相对宽松，有些质量不稳定的产品也可进入市场，但经不起市场的检验很快被淘汰。

（二）购买行为特点与影响因素

中药保健品市场的购买行为特点与成药市场相似，这里主要讨论影响消费者购买中药保健品的因素。

1. 消费者滋补保健的需求　由于受“药食同源”、“回归自然”、“有病治病、无病强身”等观念的影响，将中药与食疗紧密联系起来，因此消费者对中药保健品的信赖和需求是影响其购买决策的根本内在因素。

2. 消费者的经济承受能力　大多数中药保健品不是生活或治病必需品，因此，消费者经济上是否能承受也是影响其购买行为的主要因素。

3. 传播媒介的影响　由于中药保健品的消费特点，广告已经成为消费者了解中药保健品品牌、指导消费者消费的有力工具，故消费者的购买行为受广告的影响较大。但目前有些保健品广告宣传不切实际，使消费者利益受损，所以总体上我国的保健品广告大多只具有“短期效应”，再加上中药保健品生命周期短，因此较难产生在消费者群中口碑很好的中药保健品品牌。

复习思考题

1. 中药材、饮片、成药、中药保健品市场的特点各有哪些？
2. 各组织购买行为的特点有哪些？
3. 个体购买行为的特点有哪些？
4. 目前全国著名的中药材市场有哪些？
5. 随着国家经济进一步深化改革，中药生产经营工作出现了哪些新局面？
6. 为什么说医药市场化程度提高、营销难度加大了？

第九章　推销基本知识

第一节　推销与市场营销

一、推销及其职能

（一）推销概念

狭义的理解，推销是营销组合中的人员推销，即由推销人员直接与潜在顾客接触、洽谈介绍商品，进行说服，促使其采取购买行为的活动。广义的理解，则不限于商品交换，也不限于人员推销，而是泛指人们在社会生活中，通过一定的形式传递信息，让他人接受自己的意愿和观念或购买商品和服务的活动。就传递信息进行说服、争取同情理解和被接受而言，广义的推销与狭义的推销是相通的。

推销是一种古老而又普遍的经济现象，其历史同商品生产同样久远。当今社会是充满推销的世界，生活中处处存在推销，从小贩的街头叫卖到跨国公司的贸易洽谈；从婴儿的微笑到政治家的雄辩演说，都可以视之为推销。

（二）推销职能

人员推销主要是指推销人员通过拜访潜在顾客，向其展示所推销的商品，介绍商品的功能和效用，采用各种推销方法和技巧，帮助潜在顾客认识商品、唤起需求，进而采取购买行动满足其需要的过程。推销的职能包括开拓市场、传递信息、销售产品、回收货款、售后服务等，其中寻找潜在顾客是推销的基本职能之一，只有发现潜在顾客才能进行有效的拜访、沟通信息、达成交易，实现推销的目的。

广告、公共关系及营业推广等非人员推销方式，其基本职能则是通过报刊、电视、广播、网络等宣传媒介和展览会、交易会、广告牌、橱窗等宣传形式，把有关商品的信息传递给潜在顾客，刺激其购买欲望，促使其购买。

二、推销与市场营销的关系

（一）市场营销的内涵

在市场经济条件下，企业要在激烈的市场竞争中求得生存和发展，必须深入细致地调查、分析市场需求和营销环境的变化，根据营销战略规划与营销目标的要求，结合企业内部资源条件，制定和实施以产品、定价、分销、促销为主要内容的营销组合，力求更好地满足顾客和用户经常变化的需要。因此，企业的市场营销过程，实际上是一项动态的系统管理工程。

（二）营销与推销的区别

市场营销是一个含义比推销更广的概念。现代企业的市场营销活动，包括市场营销调研、选定目标市场、产品开发、定价、分销、促销以及售后服务等等。推销是市场营销活动的一部分，但并不是最重要的部分，推销只是“市场营销冰山”的顶端，是企业的市场营销人员的职能之一，但不是其最重要的职能。因为只要企业的市场营销人员搞好市场营销研究，了解购买者的需要，按照购买者的需要来设计和生产适销对路的产品，同时合理定价，搞好分销、促销等市场营销工作，这些产品就能轻而易举地被推销出去。

现代推销观念视推销为营销组合的组成部分，是以顾客为中心的动态的系统的营销活动过程中的一个环节，同时也是营销活动不可缺少的一环。

三、推销要素

任何企业的商品推销活动都少不了推销人员、推销品和顾客，即推销主体、推销客体和推销对象，此三者构成了推销活动的三个基本要素。商品的推销过程，即是推销员运用各种推销术，说服推销对象接受一定物品的过程，因此，在推销活动中要尽量协调好三者之间的关系，保证推销目标的实现。

（一）推销人员

在推销的三个基本要素中，推销员是最关键的。

1. 推销人员应具备的基本素质

（1）思想素质　推销工作是一种创造性的劳动，同时也是一种艰苦的脑力和体力劳动，因此要求推销人员具有强烈的事业心、高度的责任感、坚强的意志和毅力。

（2）文化素质　包括了解企业方面的知识、产品方面的知识、市场方面的知识、顾客方面的知识、竞争方面的知识等。

（3）身体素质　一般要求性格外向、自信心强、有良好的个性品格等。

2. 推销人员应具备的能力　推销是一项与人打交道的工作，要求推销人员要有良好的语言表达能力、较强的社交能力、敏锐的洞察能力、快捷的应变能力、高超的处理异议能力等。

3. 推销人员的基本礼仪　推销员是企业的外交官，是沟通企业与顾客的友好使者，他们所代表的不仅是自己，还代表着企业的形象。为了树立良好的形象，推销人员要注重推销的基本礼仪。

（1）仪表与服饰　“有吸引力的外表 + 得体的服装 + 恰当的装饰”构成的第一印象对顾客必然深刻与强烈，使顾客产生深入交往的兴趣。

（2）说话语气与交谈习惯　推销员在交谈中应当做到发音准确、条理清晰、有理有据、富有热情、语言规范，无俚语和口头语；切忌随意讽刺挖苦别人、攻击竞争对手、与顾客争辩、开粗俗的玩笑等。

(3) 其他礼节 打招呼要亲切热情，应是发自内心的问候，而不是一种表面的形式；招待顾客进餐时要考虑顾客心理，菜肴要合顾客胃口，陪客人数要适度，不能醉酒，不要铺张浪费，最好自己单独结账，宴毕应请顾客先走；使用电话时应主动说明自己的身份、目的，讲话要简洁明了，注意礼貌用语等等。

（二）推销品

推销品是推销活动中的客体，是现代推销学的研究对象之一。所谓推销品，是指推销人员向被推销对象推销的各种有形与无形商品的总称，包括商品、服务和观念。因而，商品的推销活动，是对有形商品与无形商品的推广过程，是向顾客推销某种物品使用价值的过程，是向顾客实施服务的过程，是向顾客宣传、倡议一种新观念的过程。

（三）推销对象

依据购买者所购推销品的性质及使用目的，可把推销对象分为个体购买者与组织购买者两个层次。由于推销对象的特点不尽相同，因而采取的推销对策也有差异。

四、推销方式

（一）上门推销

推销人员上门直接接触顾客（家庭、客户、单位）进行推销。这种方式属于主动进攻型，它能够不断发现顾客，不断拓展业务，推销效果较为显著，推销人员的个人魅力也体现得最为充分，但推销人员需要付出艰苦的劳动。

这种最古老的推销方式，在市场竞争日益激烈的今天，依然是最重要的推销方式，不仅被广泛采用，而且这种方式本身也在应用中不断发展创新并日益得到完善。

（二）营业推销

营业人员在固定营业场所设置柜台，等客上门，推销商品。由于守门待客，比较被动，但营业地点固定，便于展示更多的商品，容易获得顾客的信赖，并能以较少的人力服务于更多的顾客。

（三）会议推销

推销人员在订货会、交易会、产品展销会、贸易洽谈会上向顾客进行推销。这种推销方式，顾客集中，并且都有比较明确的需求意向，推销人员可在短时间内接触众多的顾客，省财省力，但会受到与会人数、范围的限制。

（四）电话推销

推销人员利用电话与顾客交谈，以达到推销目的的方式。它具有节约时间费用、推销范围广的特点，但通常不单独使用，往往与面谈相结合。

（五）信函推销

推销人员用信函形式与顾客联系进行推销的方式。如寄发推销信、广告单、商品目录、订单等。这种方式费用低，能广泛接触顾客，成效大，在寻求新顾客方面有较大的作用，与其他方式配合使用效果更佳。

一般情况下，推销人员的活动显得势单力薄，缺乏影响力。所以，上述推销方式还要经常配合其他辅助性的促销方式，如广告宣传、营业推广及宣传报道等。

第二节　顾客心理与购买行为

推销既是一个由信息传递导致“买”与“卖”的商品交换过程，同时也是一个尊重并参与顾客调整观念与行为的心理活动过程。因此，推销人员应当在掌握顾客的购买心理和行为客观规律的基础上，灵活地应用推销技巧，保证推销活动的成功。

一、需求层次与购买心理

（一）需求层次

推销员将商品或劳务推销给顾客的过程，也就是推销员刺激顾客的消费需求并使之产生购买动机的过程。顾客是否采取购买行为，是由顾客自身和推销员所进行的推销努力两个因素共同制约的。从顾客自身来看，至关重要的是有没有特定的消费需求动机和由此而产生的购买欲望，以及是否有足够的购买能力。而对推销员来讲，关键在于能否理解特定顾客的特定消费需求并有效地刺激需求促成顾客采取购买行动。因此，无论是顾客还是推销员，能否达成交易，核心问题是需求。

1. 马斯洛“需求层次论”　美国心理学家亚伯拉罕·马斯洛于1943年提出的人类需求动机理论为推销员分析目标顾客的需求提供了理论依据。顾客的购买行为，实际上是顾客解决其需要问题的行为。不同的人有不同的需要，人们在生理、精神上的需要具有广泛性与多样性。由于每个人的具体情况不同，解决需要问题的轻重缓急自然有所不同，客观上，也就存在着一个“需求层次”。马斯洛把人们多种多样的需要，按其重要性和发生的先后顺序，大体分为五个层次。

(1) 生理需求　这是人们为了生存而必不可少的基本生活条件的需要。如食以充饥，衣以御寒，衣、食、住、行方面的最低限度的需要，保证一个人能作为生物体而存活下来。

(2) 安全需求　生理的需要获得满足以后，将会产生和追求在生理以及心理方面免受伤害，获得保护、照顾的需要，即安全感。如考虑人身的健康安全、财产安全，生活的安定，职业的保障等等。

（3）社交需求　安全的需要得到保障以后，人们会追求社会交往的需要，即在社会生活中，希望能被某些群体或他人承认、接纳和重视，使自己在精神上有所归属。这种需求会促使人们致力于与他人的感情联络和建立各种社会关系。

（4）受尊敬需求　社会交往的需求得到满足后，一个人就会希望在社会上取得荣誉，受到敬重和好评，得到相应的社会地位。为满足受尊敬的需要，一个人会产生自信、权威、独立、自尊等心理。

（5）自我实现需求　这是人的最高层次的需要，即一个人在其他较低层次的需要满足以后，会产生为实现自己的理想和抱负，充分发挥个人才能，尽可能地自我开发和自我成长，取得一定成就和完成一定事业的心理追求。

马斯洛的这种需求层次结构不是刚性的，在不同人、不同社会、不同时代需求层次的顺序可能改变，或没有某一层次的需求。

2. 奥尔德佛“ERC”理论　马斯洛的理论有一定的合理因素。他在一定程度上指出了人的需求变化的一般规律，以及需求结构中各种需求之间的关系，可用于分析消费需求及顾客行为的发展趋势。但是马斯洛的理论在探讨需求从一个范畴到另一个范畴的运动时，其阐述有某些不足之处，可用美国另一位心理学家奥尔德佛的“ERC”理论加以补充。

奥尔德佛认为，人同时存在三种需求，即存在的需求、关系的需求和成长的需求。他同时还提出了三个概念：①“需求满足”，指当某个需求只得到少量的满足时，一般会产生更强烈的要求，希望得到更多的满足。由此推论，此时顾客行为不会指向更高层次的需求，而是停留在原有层次，从量方面发展。②“需求加强”，较低层次的需求满足得越充分，对高层次的需求越强烈。由此推论，此时顾客的欲望将指向高一层次的需求，从质方面发展。③“需求受挫”，较高层次的需求满足得越少，越会导致较低层次需求的急剧膨胀和突出超支。换言之，顾客会以更多的支出投入到这一较低层次的需求当中。

奥尔德佛指出了这样一个事实：需求的变化不仅基于“满足－前进”，也完全可能“受挫－倒退”。它有助于我们科学地认识需求对消费行为的影响。

上述理论的指导意义在于，它不仅要求推销员重视顾客的需求，而且提供了分析顾客需求的具体方法。推销员根据上述理论在推销实践中应注意以下几点：①在实施推销活动之前要分析、确定目标顾客的需求等级状况，顾客的需求状况是决定其购买行为的首要因素，如果目标顾客对推销员所推销的产品没有需求，推销员做再大的推销努力也于事无补；②应当注意年龄、文化程度、职业、职务、收入和社会经济发展状况等因素对消费要求的影响，推销员可根据上述社会人文因素进行市场细分，确定各细分市场顾客群的不同需求，有针对性地开展推销活动；③要抓住不同消费群体的主导需求，推销员要注意准确分析不同消费群体的主导需求是什么，也就是抓住不同消费群体必须满足的主要需求，这样也就抓住了推销机会；④注意发展高等级的需求，随着社会的进步和经济的发展，人们低层次的需求被满足以后，高层次的需求成为消费热点，推销员在确定推销策略时，应注意开发顾客的高等级需求，尤其是向成功人士推销能给他们以精神满足的产品和服务。这样，推销员将争取到更多的成功机会。

（二）购买心理

推销员在分析、把握顾客消费需求的同时，还应当掌握顾客的购买心理。顾客购买心理是指顾客在购买商品时对客观现实的动态心理反映。顾客在实施购买活动时，其多种多样的心理现象无论复杂或简单，都是周围客观现象在头脑中的反映。这个心理变化的过程，可以概括为彼此有一定区别，同时又相互依赖、相互促进的三个阶段，即认识过程、情绪过程和意志过程。

1. 认识过程 这一阶段又可分为感性认识和理性认识两个阶段。顾客首先通过感官感觉到商品的个别属性，然后再通过记忆、联想、对比、思维，对感觉到的材料进行分析、比较、抽象、概括、判断、推理以至想象，从而对商品形成一个比较全面的认识。经过这个从感性到理性、从感觉到思维的过程，顾客已即将作出购买与否的决定。

2. 情绪过程 情绪过程是伴随着人们的认识过程而出现的心理现象，是一种具有独特个性特点的主观体验。情绪可按发生的强度和持续时间的长短，分为情感、激情、心境、热情、情操等基本形态。情绪一般没有具体的形象，而是通过顾客的神态、表情、语气和行为表现出来。

顾客的情绪表现在性质上，可分为积极、消极和双重三大类型。积极的情绪如愉快、喜欢、热爱等，能增强顾客的购买欲望，促成购买行为；消极的情绪如愤怒、厌恶、恐惧等，会抑制顾客的购买欲望，阻碍购买行为；双重情绪，如既满意又不满意、既喜欢又忧虑等，则使顾客的购买欲望和购买行为处于两难境地。

3. 意志过程 顾客心理过程的变化除了以生理机制为基础外，还需要以心理机能为保证。这种心理保证，能使顾客自觉地为实现其购买目的而采取一系列的行为，并使顾客在购买过程中努力排除各种外来的及内在的干扰，保证购买目的的实现。顾客这种有目的地自觉地支配、调节自己的行为，努力克服各种困难，从而实现既定购买目的的心理活动，就是意志过程。

顾客的意志过程与认识过程、情绪过程是紧密结合、密不可分的，往往是认识、情绪和意志三者合一。推销人员掌握了这一点，就能更好地了解顾客的心理。

二、购买行为模式

从系统的角度分析，顾客的购买行为是一个投入产出的过程。一方面，顾客要接受各种刺激；另一方面，顾客会做出各种反应。外部的刺激和顾客的反应往往是有形的，看得见、摸得着；而顾客如何消化各种外部刺激，并继而形成自己的某种独具特色的反应，则常常令人难以揣摩，它似乎是顾客“黑箱”作业的一种结果。

（一）投入刺激

顾客购买行为中的投入因素，首先是各种企业不可控制因素形成的宏观环境刺激，它们构成笼罩整个市场的“大气候”，制约着整个消费需求，并对每个顾客的“黑箱”发生显著的影响。其次，由各种企业可控制因素（产品、定价、分销、促销）的变化和不同组合形式，又成为影响顾客“黑箱”的具体而又直接的“小环境”。

（二）“黑箱”作业

顾客购买行为中的“黑箱”，虽然难以一窥其完整的内幕，但它至少包含三方面内容。

1. 顾客的心理活动　外部刺激和顾客的个人特征，会影响其购买活动中对各种事物的认识、情绪和意志，并制约其反应。

2. 顾客购买决策过程　顾客的购买活动并非始于某个商店，也非结束于交款、取货。它从顾客认识到需要开始，至消费完毕、购后使用告一段落，往复循环又不断发生新的变化。在这个过程中，顾客必须作出一系列的判断和决定。其决策不仅受到购买气氛的制约，而且受到外部刺激的“大气候”和“小环境”的影响。

3. 产出反应　在诸多因素的共同作用下，顾客最终将作出一定的反应，决定如何满足需要和欲望。顾客行为从此开始由观念形态进入现实之中。

消费购买行为是指顾客为满足个人或家庭生活需要而购买所需商品的活动和与之有关的决策过程，它主要包括六个方面的内容，可以概括为“5W1H”或“6W”。

（1）购买什么(What)　即购买对象。主要指顾客要购买什么商品，比如某种便利品、选择品或特殊品，有形产品或无形产品，以及商品的类型、品牌等。

（2）为何购买（Why）　即顾客的购买目的。它主要受制于顾客的需要及顾客对需要的认识。

（3）由谁购买（Who）　即顾客的购买活动。通常由购买的倡议者、决定者、执行者和商品的使用者综合决定。推销员的推销方法应当符合具有决定影响的顾客需要。

（4）何时购买（When）　顾客购买商品的时间受消费地区、季节、商品性质、节假日和顾客忙闲的影响而形成一定的习惯。推销员可通过分析研究抓住最佳推销时机。

（5）何地购买（Where）　这个可以从两个方面进行考察：一是顾客在何处决定购买，二是顾客在何处实际购买。

（6）如何购买（How）　即顾客采取什么方式购买。研究的内容既包括购买类型又包括付款方式。

三、购买行为类型

实际从事购买活动的顾客，在选购商品时的表现是多种多样的，一方面，购买者由于收入、性格、文化素养等方面的不同而存在着购买心理的差异；另一方面，购物环境也会影响顾客的购买行为，如购买者所面对的工商企业信誉状况、推销人员对商品的介绍和服务等等。

（一）按个性特征分类

根据顾客购买商品时的心理动机、需求特点以及顾客个人性格的不同，可以将购买行为分成以下几种类型。

1. 理智型　这类顾客头脑清醒，在购买商品前已经过深思熟虑，对商品的特色、性能、使用、保养等信息进行了广泛收集和分析，早已成竹在胸，在购买时不容易受广告宣传和推销员介绍的影响，主观性较强，受理智控制，对商品慎重挑选反复比较。

2. 冲动型　这类顾客感情比较外露，想象力丰富，审美感觉灵敏，容易受外界刺激影响。在购买商品前通常没有足够的思想准备，以直观感觉为主，容易受商品的外观、包装、商标、广告宣传和推销员劝说等影响，一般对新产品、时令商品比较敏感，不太注重商品的价格，能迅速作出购买决策。

3. 选价型　这类顾客非常注重商品的价格，往往以价格作为决定购买的主要标准。其中高价选择者认为高价不仅意味着商品的高质量，而且也是购买者有较强经济能力或较高社会地位与身份的象征，具有某种社会意义；而低价选择者购买削价商品主要是图实惠，对廉价商品敏感和热衷。

4. 习惯型　这类顾客对某些商品往往只偏爱其中一种或数种品牌，他们对这些商品比较熟悉、信任，注意力稳定，因而产生对某种品牌的信赖，形成习惯态度，使之在产生需要时，不假思索地去购买。这类顾客往往根据过去的购买经验和使用习惯采取购买行动，成为某种商品的长期购买者或某家商店的长期主顾。

5. 疑虑型　这类顾客在购买时比较注意观察商品的细微之处，顾虑较多，对事物体验深刻，行动谨慎迟缓，购买商品时往往犹豫不决难以作出决策，即使作出了购买决策也可能反悔而中断购买行为。

6. 随意型　也称不定型，这类顾客购买心理不稳定，没有明确的购买目标和要求，缺乏对购买物品的选择常识。购买商品时缺乏主见，往往是奉命购买或随意购买，容易受旁人意见左右。

（二）按挑选差异分类

根据同类商品的品牌差异程度、商品价格高低和顾客购买时的投入程度，可以将购买类型分为四种，如表 9－1 所示。

表 9－1　**顾客的主要购买类型**

投入 / 行为 / 品牌	购买当中需要高度投入	购买当中只要低度投入
不同品牌之间差异较大	复杂的购买行为	寻求多样化的购买行为
不同品牌之间差异小	减少失调感的购买行为	简单购买行为

1. 复杂的购买行为　顾客在购买比较贵重、不常购买、具有高风险的产品时，其购买态度必然会比较认真。如果这类产品品牌较多，并且差别明显，顾客就要经历一种复杂的购买行为。由于对产品缺乏了解，知之甚少，甚至不掌握明确的挑选标准，购买者要经过认识性的学习过程，首先熟悉产品的性能、特点，逐步建立对各种品牌的看法，最后谨慎地作出购买决定。推销员应当为顾客提供新产品的有关信息，让他们了解、熟悉新产品的各种属性，设法让顾客了解和确信推销品的特征及其优势，使他们产生信任感。

2. 减少失调感的购买行为　有些购买，顾客需要高度投入其中，但是由于各品牌之间差别不大，顾客只是稍加比较选择即决定购买。购买地点方便、价格稍微便宜等，都可能促使其很快购买。由于购买较为迅速，购买之后，顾客可能会感到某些不满意。比如发现产品的某个缺陷，或者听到别人赞扬其他同类产品。这时顾客会努力寻找新的信息，证明自己的选择是正确的，以寻求平衡和降低失调感。推销员应当注意提供有关信息，帮助购买者增强信念，求得心理平衡。

3. 寻求多样化的购买行为　顾客虽然购买时低度投入，而由于品牌之间差异较大，因而可能经常变化所购品牌。比如饼干、方便面的购买，顾客往往不花太多时间挑选品牌，而是在消费时作出一些比较、评价。下次购买换一个花样，不一定是出于对上次购买的不满意，而是寻求新口味，不断变换品牌是为了寻求多样化。

4. 简单的购买行为　价格低廉而经常需要的产品，各个品牌之间又无多大差异，顾客对产品也比较熟悉，一般就不会多花时间加以选择，比如买盐、洗涤用品等，可能随手拿起一袋就是了。顾客并不一定关心品牌，即使认牌购买，也多半出于习惯，并非强烈的品牌忠诚在起作用，推销员可采用价格优惠和其他销售推广方式鼓励顾客试用、购买和重购。

第三节　推销原则

在推销的过程中，推销员必须以顾客为中心，遵循以下原则，把握好言行的尺度，建立顾客对推销员及其推销产品的信心。

一、需求第一

需求是指某些基本满足没有得到的感受状态。顾客的需求和欲望是市场营销的出发点，也是推销的出发点。产品是满足人们需求的有形与无形的物质或服务的综合体。顾客购买某种产品或服务，都是为了满足一定的需要。因此，推销员必须认真了解顾客的需求，把推销品作为满足顾客需求的方案向顾客推荐，让顾客明白它确实能满足其需求。顾客只有产生需求才可能产生购买动机并导致购买行为，满足需求就是顾客购买的基本动机。一位推销员若不能真切了解顾客的内在需求，在推销品与顾客需求之间架设起一座桥梁的话，推销是不可能成功的。

二、互惠互利

推销是说服顾客采取购买行动的过程，为再生产的顺利进行创造必要的条件，实现生产为消费服务的目的，并使生产经营者获得利润。但对顾客而言，通过对商品购买也必须能满足需求和获得利益。因此推销的实质是交换，其结果是使双方获利，使买卖双方都比没有达成这笔交易之前更好。顾客都关心自己的利益，顾客之所以进行购买，就在于希望交易后得到的利益大于或等于他所付出的代价。因此，推销员在推销活动中要设法满足自己和顾客双方所追逐的目标，实现“双赢”是培养长久顾客之计，是顾客不断购买的基础和条件，也是取得顾客口碑的基础和条件。要成为受欢迎、被期待的推销员，就必须设法为顾客提供利益，也就是设法使顾客从购买中得到其预期的好处。

推销员在把握互利原则时，切不可理解为对顾客的让利或赠奖利诱。实际上，顾客追求的利益，既有物质的，也有精神的。要在准确判断推销品给顾客带来何种利益的基础上找到双方利益的均衡点，开展"双赢"的推销活动。在进行利益判断时，一个优秀的推销人员，不仅要看到当前的推销利益，还要看到长远的推销利益；不仅看到直接的推销利益，还要看到间接的推销利益。推销人员要多因素综合评价利益均衡点，不能以某一次交易的成功与否来判断推销的利益，要坚持用能给顾客带来的利益引导顾客成交。充分展示商品或服务能给顾客带来的利益是引导顾客购买的重要途径，这种展示越充分、具体，顾客购买的可能性越大。

三、诚信为本

诚信是古今中外任何一个民族都遵从的基本道德。社会上人与人之间、团体与团体之间，如果没有诚信，不讲信用，是不可想象的。在市场经济条件下，任何企业和推销人员要想取得顾客的信任，必须以诚信为本。

诚信经营被奉为中国传统的经商之道。孔子说："人无信不立"，"人而无信，不知其可也。"企业不讲信誉，是无法立足商场的；推销不讲信誉，是不可能取得推销对象的信任的。古代中国人的交易，没有什么契约，只要彼此口头一句话，便互相信任。当今社会是市场经济，而市场经济是契约经济，经济合同是各个经济实体相互联系和相互配合的主要纽带，合同把千千万万个经济实体的经济活动连接组织起来，形成一个市场的整体。信守合同是市场经济正常运行的关键，买卖双方必须重合同、守信用。推销者兑现有关承诺才能树立良好形象，取得社会信任。不讲诚信，必将一事无成，坚持诚信为本，就一定能取得成功。

诚信的基本含义为诚实，不疑不欺，在人际交往中言而有信，言行一致，表里如一，在推销过程中不提供伪劣产品，不从事欺骗性活动，不传播虚假信息。著名企业家包玉刚从小就受到"做人诚实可靠，做事规规矩矩"的训诫，并受益终生，成就辉煌业绩。他把讲信用看作企业经营的根本，他说纸上的合同可以销毁，但签订在心上的合同是撕不毁的，人与人之间的友谊应建立在互相信任上。

为了建立良好的人际关系，推销员要以诚待客，关心顾客，关心他们的事业和生活，并信守各项交易条款，按时、按质、按量兑现自己的承诺，即使只是一次礼节性的拜访，也要遵守约定的时间。

四、说服诱导

说服诱导指推销员以语言和行为将自己的意见通过各种方式传递给顾客，主动引导推销过程朝推销员的预期结果发展。

人员推销是推销员向顾客主动出击的一种销售方式，从这种意义上讲，顾客是相对被动的。一次获得圆满结果的推销，一定是推销员成功地引起了顾客的注意，有效地激发起顾客对推销员及其推销品的兴趣，从而唤起了顾客的购买欲望，并及时促成其购买行为的结果。

在这个过程中需要推销员对顾客进行巧妙的说服劝导，使顾客自觉地参与到推销活动过程中。否则，一位有备而来的推销员与一位无备而待的顾客是不可能进行一次融洽的谈话的。

几乎所有的推销专家都认为推销是一种十分讲究技巧与方法的活动，推销的技巧和方法又具体体现在推销员说服与劝导的能力上，通过有效的劝导，使顾客愿意接受推销员的拜访，愿意倾听推销员的推销陈述，使顾客充分了解推销员希望他了解的东西，使推销的进程能按推销员的意愿推进，经有效说服，消除顾客的异议，建立顾客对推销员及其推销品的信心。

第四节 推销过程

一、推销的基本过程

完整的推销过程，一般包括寻找顾客、访问准备、约见顾客、洽谈沟通、达成交易、售后服务、信息反馈七个阶段。

（一）寻找顾客

寻找顾客是指寻找有可能成为潜在购买者的顾客的过程。开展推销，首先要明确应向谁推销，这是不言而喻的。推销员应建立一个潜在顾客的名单及档案，并加以分类，作为开发进攻的目标，并以此为根据收集有关顾客的尽可能详尽的信息。顾客名单应当包括三个部分：首先是必须不断地寻找新的潜在顾客，防止推销活动停滞不前，如果只满足于原有的数量可观、关系良好的顾客，忽视新顾客的开发，无异于把新市场拱手让给竞争者；其次推销人员在努力开发新顾客的同时，必须对老顾客给予必要的关注，因为同老顾客打交道毕竟比同一个陌生的新顾客打交道要容易得多，对于因各种原因未继续购买的老顾客，即便有的已成为竞争者的顾客，推销员也应鼓起勇气再次拜访他们，弄清他们停购本企业产品的原因，力求比竞争对手更好地满足他们的需要；最后是现有顾客，他们永远是推销的重要目标，现有顾客是扩大市场占有率的基础和起点，也是推出新产品、新创意或推广新用途的首选目标。

在建立顾客档案的基础上，访问前还必须在所有潜在顾客中寻找最有可能购买的顾客。选择顾客主要是找出具有支付能力和特定需求、并能作出或影响购买决策的人选。筛选过程如表 9 – 2 所示。

表 9 – 2　　目标顾客筛选模型

程序	标准	问题
初选：全部顾客	顾客的购买力	哪些顾客值得进一步分析
二选：一般顾客	市场需求	哪些顾客对推销品有特定需求
三选：种子顾客	购买决定	哪些顾客有购买的决定权
四选：重点顾客	适合购买	哪些顾客适合购买特定产品

（二）访问准备

推销如战斗，准备阶段是推销活动的备战阶段。访问准备包括资料准备和策划准备两个方面，具体又包括以下五点。

1. 了解自己的顾客　在正式推销之前，推销员必须了解推销对象的有关情况，做到心中有数，包括关于顾客个人的信息，如顾客的家庭状况、爱好以及在企业中的位置等；关于顾客所在企业的信息，如企业规模、经营范围、销售对象、购买量、追求的利润率、企业声誉、购买决策方式及选择供应商的要求等。

2. 了解和熟悉推销品　对推销品的信心应建立在相信它能真正满足顾客需求的基础上。对产品的了解程度是衡量一个推销员专业知识的重要标志。推销员不仅要了解产品的性能，而且熟知产品是如何制造出来的，厂家能提供哪些配套服务，以及产品的使用和维修等知识。一些技术含量高的产品，如果推销员具备丰富的专业知识，在推销中运用得当，就会收到意想不到的效果。

3. 了解竞争者及其产品　为了适应竞争，必须对竞争对手的经营策略及产品作认真分析，学习竞争者的长处，找出其推销品的优点与特色并与自己的推销品比较，以便在推销过程中用适当的方式表达出来。

4. 确定推销目标　推销目标是企业规定推销人员在一定时期内所要达到的推销任务，是推销人员开展业务活动的行动纲领和方向。确定推销目标不仅要考虑市场的需求、企业的供货能力、经济效益的高低，还要综合分析推销人员的实际能力及实施推销策划的水平，以利于激励推销人员积极有效地去努力实现目标。

5. 制定推销策划　除做好访问前的一般准备工作外，还需根据推销目标作出周密的安排。首先是访问的路线，一般要按地区、行业、对以往产品的反应等，作出先后安排和重点选择。其次是访问的议程，要根据产品特点与顾客需求，确定交谈的步骤，如顾客是否会拒绝面谈，应采取哪些应急方法使顾客转变态度；准备向顾客介绍哪些方面的情况，如产品正是顾客所需要的，应使用哪些有说服力的资料和实例让顾客产生信任感；准备选择什么时机，以什么方式向顾客谈及十分敏感的商品价格、付款方式、售后服务等问题；如顾客提出异议或其他方面的要求，应采用何种方式给予答复，是坚持己见，还是求大同存小异，或是作必要的让步；若未能达成交易，应怎样结束面谈，为今后再次接触留有余地。

（三）约见顾客

约见是推销人员征求顾客同意接见洽谈的过程。当推销人员做好必要的准备和安排后，即可约见顾客。约见是推销接近的开始，能否成功约见是推销成功的一个先决条件。

（四）洽谈沟通

推销洽谈是推销过程的一个重要环节。洽谈也称面谈，但不一定是面对面的洽谈。推销洽谈是推销人员运用各种方式、方法、手段与策略说服顾客购买的过程，也是推销人员向顾客传递信息并进行双向沟通的过程。

（五）达成交易

达成交易是推销过程的成果和目的，无疑是推销活动中最重要的一部分。达成交易是指顾客同意接受推销人员的建议，只有成功地达成交易，才是真正成功的推销。在推销活动中推销人员要正确处理顾客的异议，并不失时机地说服顾客作出购买决策，完成一定的购买手续。

（六）售后服务

达成交易并不意味着推销过程的结束，售后服务同样是推销工作的一项重要内容。成交以至收款、交货后，售货方能否兑现其承诺、使顾客满意，是厂商信誉的反映。如履行包安装调试、包退换、包维修、包培训的服务承诺，搞好索赔处理，以及定期或不定期地访问顾客，实行跟踪服务等，都是关系买方利益和卖方信誉的售后服务工作。

（七）信息反馈

推销人员每完成一项推销任务，不仅要搞好售后服务，进行推销工作的检查与总结，还必须继续保持与顾客的联系，加强信息的收集与反馈。及时反馈推销信息，既有利于企业修订和完善营销决策，改进产品和服务，也有利于更好地满足顾客需求，争取更多的"回头客"。

二、推销各阶段的交叉渗透关系

推销的七个阶段，就一项推销业务来讲，固然有先后之分，但就整个推销工作而言，七个阶段互相存在交叉渗透关系。

（一）推销各阶段的工作不仅是继起的，而且是并存的

推销工作的各个方面，往往要在人员、团队之间进行分工协作。一般要有专人收集信息，为寻找顾客、作访问准备、向生产厂家和企业领导层反馈信息提供依据。约见顾客、洽谈沟通和达成交易多由专业推销人员负责，须不断总结经验，提高业务能力。经常性的售后服务要有专设和特设的维修网站，既方便顾客，也有利于增强顾客的购买信心。

（二）推销各阶段工作的互相交织和渗透

信息收集是贯穿于推销全过程的任务。寻找顾客、访问准备固然要收集和利用信息，约见、洽谈和成交，以及售后服务的过程，也都是收集信息的过程。在约见、洽谈时往往能从顾客的反应中，获得真实可靠的第一手资料；成交和售后服务的记录，则反映顾客需要什么、欢迎什么产品以及产品存在哪些问题。在约见与洽谈的过程中，不仅实施推销目标和推销策划，而且检验目标是否切合实际、策划是否可行。实践是检验的最好标准，实践的结果和体验，应作为重订或修正目标和策划的依据。一次成交，以至兑现承诺、搞好售后服务，既是推销的结束，也是下一次推销的起点。顾客在成交后，特别是在使用中获得利益，对售

后服务感到满意，很可能重复购买。

第五节 推销模式

推销模式是根据推销活动的特点和对顾客购买活动各阶段心理演变的分析以及推销员应采用的策略等进行系统归纳，总结出的一套程序化标准公式。

一、爱达模式

（一）爱达模式的含义

根据消费心理学研究，顾客购买的心理过程可以分为四个阶段，即注意（Attention）、兴趣（Interest）、欲望（Desire）、行动（Action）。国际推销协会名誉会长、著名的推销专家海因兹·姆·戈德曼（Heinz. M Goldmann）于 1980 年在《推销技巧——怎样赢得顾客》一书中根据消费心理学的研究，把成功的推销活动概括为四个步骤：

引起顾客的注意→唤起顾客的兴趣→激起顾客的购买欲望→促成顾客的购买行为。

注意、兴趣、欲望和行动四个单词的第一个字母连写是 AIDA，中文音译为爱达，所以戈德曼的推销步骤又称为爱达模式，被认为是推销成功的四大法则。其具体内容可以概括为：一个成功的推销员必须把顾客吸引或者转移到所推销的的产品上，使顾客对所推销的产品产生兴趣，这样，顾客的购买欲望也就随之产生，而后再促使顾客作出购买行动。尽管推销的内容复杂多样，推销人员都可以用这四个步骤分解推销过程，引导自己的推销活动。

爱达模式从顾客心理活动的角度来具体研究推销的不同阶段，不仅适用于店堂推销，例如柜台推销、展销会推销，也适用于一些易于携带的生活用品和办公用品的推销，还适用于新推销人员以及面对陌生顾客的推销。

由于市场环境千变万化，推销活动也随之而复杂多变，所以爱达模式推销四步骤的完成时间不可能整齐划一，而是可长可短，应根据推销人员的工作技巧和所推销的产品性质而论，四步骤的先后次序也不是固定的，可根据情况适当调整，既可重复某一步骤，也可省略某一步骤。无论如何，达成交易的可能性总是存在的，这就是奉行这一模式的终极目标。每一个推销员都应当根据爱达模式检查自己的销售谈话内容，并向自己提出以下四个问题：①我的销售谈话是否能立即引起顾客的注意；②我的销售谈话能否使顾客感兴趣；③我的销售谈话能否使顾客意识到他需要我所推销的产品从而产生购买的欲望；④我的销售谈话是否使顾客最终采取了购买行动。

（二）爱达模式的具体内容与运用

1. 引起顾客的注意

运用爱达模式开展推销，无论是在店堂销售、展销会销售，还是上门推销生活用品、办公用品，推销人员的第一个步骤就是要引起目标顾客对推销的注意。当推销人员和目标顾客互相陌生时更是如此。能否引起顾客注意，是决定推销能否成功的重要前提。若顾客注意到推销人员提供的商品信息，其推销活动就可以进行下去，否则这种推销活动即已宣告失败。

所谓注意是人们心理活动对一定客体的指向和集中，以保证对客观事物获得清晰的反映。顾客的注意有无意识注意和有意识注意两种。当推销人员进入目标顾客所在的现场时，目标顾客有可能会像对待其他介入者一样对推销人员产生无意识注意。而推销的原则要求推销人员一定要尽力强化刺激，引起顾客的有意识注意。因而，这里所说的引起顾客注意主要是指引起顾客的有意识注意，使顾客把注意力、时间和精力都从其他事物上转移到推销上来。所以引起顾客注意就是推销人员以诚恳的态度、引人入胜的语言，或者具有特色的商品，使顾客对推销人员及其产品有一个良好的感觉和一个有利于推销的态度，使顾客腾出时间和精力关注推销人员及其所推销的商品，为下一步的推销活动奠定基础。

上门推销由于受到场所、时间和地点的限制，推销人员必须在极短时间内，有时甚至是一瞬间，用最有效的手段引起顾客的注意。以下是引起顾客注意的几种主要方法。

(1) 形象吸引法

推销人员高大魁梧、矮小精干或漂亮匀称的身材以及衣着服饰都是引起人们注意的重要因素。推销人员或统一着装，穿西装、企业工装，或迎合顾客的偏好，或突出个性，都要以整洁、合身、精神为原则。面部表情应当坦诚温和，眼神充满信心与神采，切忌眼光转动太快和漫无目标地扫视在场人员。和顾客谈话时应当注视谈话对象的眼睛，既表示对对方的尊重也避免谈话对象走神。对特殊环境与特殊顾客，可刻意设计一种特殊的形象以吸引顾客的注意。如日本著名推销大师原一平认为他能获得15年保险推销冠军称号的一个秘诀，就是采用各种各样的方法吸引顾客的注意。一次，为了和一位目标顾客见面，他专门到那位顾客以往定做西服的裁缝那里定做一套与该顾客一模一样的西装，并佩戴了同样的领带与饰物，结果大获成功。他认为，推销人员的外表决定了顾客对推销人员的第一印象，因此，他对服装的款式极为重视，也很注意走路、站立及座谈的姿态，并把这些都视为打造推销人员魅力的秘密。

(2) 语言口才吸引法

这是推销人员所使用的最基本方法。通常顾客在听第一句话的时候注意力往往是最集中的，听完第一句话，很多顾客就会立刻决定是继续谈下去还是尽快把推销员打发走。在面对面的推销工作中，说好第一句话最为重要。为此推销人员应在事先做好充分准备，可采用以下几种方法吸引顾客的注意力。

①出奇言　用不同于别人也不同于自己以往的语言给顾客以具有新奇感的刺激，使其集中注意力。

②谈奇事　以目标顾客不可能了解的新奇事情作为开场白引起顾客的好奇心，如“各位都知道有托儿所，但各位是否知道现在有‘托老所’?”这一开头，可让顾客怀着好奇心接收老年公寓这一新颖的养老方式的介绍。

③提需求　推销开始后的第一句话就指出顾客的主要需求，使其对推销产生关注，例如教育保险的推销员可以这样开始推销：“您的孩子在读初中，即将进入高中、大学非义务教育阶段深造，您一定想为他的教育经费做一些准备……”

(3) 动作吸引法

推销人员的动作潇洒利落、言语彬彬有礼、举手投足得体、气质风度俱佳，都可以给顾客在礼仪上形成良好的第一印象，从而引起顾客的注意。

(4) 产品吸引法

这是利用新产品本身的新颖、美观、艺术化的包装装潢所具有的魅力吸引顾客的注意力，使产品包装起到“无声推销员”的作用，或利用产品一目了然的特殊功能吸引顾客。

除了以上几种吸引顾客注意的方法以外，还有很多方法可以集中顾客的注意力，推销人员应根据时间、地点、销售对象的不同采用灵活多样的方法。

推销人员在运用上述各种方法时，还应当注意以下几个问题。

①做好推销前的准备。有了充分的准备，推销工作才能从容有序、针对性高效率地进行，也才能使推销员在顺利接触推销对象的基础上展示临场发挥的能力。例如，推销员可以在平时就准备好若干个针对不同推销对象的别开生面的开场白，到时语惊四座。

②任何吸引顾客注意的方法都应当与推销的内容有联系，与推销活动有关。推销人员应当注意营造顾客与推销息息相关的推销环境，无论采取什么新奇别致的方式开展工作，都必须围绕推销产品的根本目的进行，防止推销方式过于奇异或举止轻浮，分散顾客的注意力，损害了推销人员具有的敬业精神及良好个人修养的形象。

③设身处地为顾客着想。推销人员应当站在顾客的角度追寻产品介绍被接收的原因是什么，设法解决顾客可能面临的问题，从顾客感兴趣的话题开始推销谈话，而不是把销售产品放在洽谈业务的开头。

④用肯定的语气说话。任何否定的、无把握的、试探性口吻的语言都不足以引起顾客的注意。

⑤巧妙处理推销中的干扰，注意保持顾客的注意力。

2. 唤起顾客的兴趣

在引起顾客注意的基础上，推销员可以开始第二个步骤，即设法使顾客对推销的新产品发生好感和兴趣。

唤起顾客兴趣的关键在于使顾客清楚地意识到他们在接受推销产品后可以得到的利益。为尽快引起顾客的兴趣，推销员可以在洽谈一开始就向顾客说明产品的品质、功能方面的优点，并且与市场上同类产品相比较，设法使顾客感觉到所推销的产品在价格、服务等方面对他都有利。不少成功的推销人员，都把示范看做是通往推销成功的必经之路。因为他们知道，陈述事实不同于证实事实，推销人员要通过展示和示范向顾客证实推销的产品确实具有某些优点。“耳听为虚，眼见为实”，通常人们都认为产品的实体和使用产品的演示比推销的言词更具有真实性，更令人信服，因此，熟练地示范推销产品往往能够引起顾客的注意力，使其对产品产生兴趣。而且示范可以加深和强化认识与记忆，比任何演讲和说明都更能给顾客留下深刻的印象。爱达模式中唤起顾客兴趣的阶段就是示范的阶段，推销员要尽可能地向顾客示范所推销的产品。在所推销的新产品不便随身携带时，推销员可以借助产品的宣传资料、数据和一些其他器具向顾客宣传、介绍所推销的产品。如有可能，推销员应尽量少谈产品，让顾客亲自检验产品的质量，亲眼看一看，亲手摸一摸，这比其他任何一种方法都更具有说服力。

在这个阶段推销员要做的具体工作主要有以下两项。

(1) 向顾客示范所推销的产品

为了使顾客消除疑虑，产生购买欲望，推销员可采用的一个效果良好的方法就是实际演示所推销的产品，让顾客亲眼看到产品所具有的功能、性质、特点和使用效果。如用抹上乌发宝的梳子在顾客头上梳一梳，花白的头发立刻染黑了；用布沾一点皮革保护剂在皮包上擦一擦，既可使皮包光亮如新，又不污染衣物等。有的产品推销可把顾客请到产品生产及经营的场所，让顾客亲自观察了解来唤起顾客兴趣。如让顾客参观无污染的纯净水水源和先进的生产流程，增进顾客对纯净水品质的了解以提高购买兴趣。

(2) 了解顾客的基本情况

了解顾客的情况是作示范的一个重要先决条件，推销员在唤起顾客兴趣的这一阶段首先要对顾客的情况进行了解。为了使产品满足顾客的愿望和需要，推销员应当分析需要了解顾客哪些方面的情况、如何设问、如何运用自己手头掌握的资料，这些问题处理得越好，就越有可能直接与顾客交换意见和看法，成交的可能性也越大。

3. 激起顾客的购买欲望

激起顾客的购买欲望是爱达模式的第三阶段，也是推销过程的一个关键性阶段。如果顾客已经明确表示信服推销人员的示范，但仍未采取购买行动，其原因就是顾客的购买欲望尚未被激起，兴趣和欲望毕竟不是一回事。此时重要的是要使顾客相信，他想购买的产品正是他需要的产品。

在这一阶段，推销员要向顾客充分说理，即摆事实讲道理，为顾客提供充分的购买理由。推销员应当将准备好的证据提供给顾客，这些证据包括：有关权威部门的鉴定、验证文件；有关技术与职能部门提供的资料、数据、认可证书，有关权威人士的批示、意见等；有关部门颁发的证书、奖状、奖章等；知名人士的言论及签字；各种统计资料、图表、订货单据等；各种大众媒介的宣传、报道与评论等；若干真实的顾客购买事例，有关顾客的验证或鉴定、心得体会、来信来函等。同时，推销员应当详细地加以解释，说明证据的重要性和权威性。推销员还应向顾客充分说明购买产品的利益，通过与顾客的仔细盘算，把顾客可能得到的利益一一摆出来、仔细算出来并且记录下来，使顾客购买产品后可能得到的利益具体化、现实化。推销员还可提出一些颇有吸引力的建议，使顾客确认这种购买是必须的、合理的，从而产生购买的念头。

在对顾客进行诱导时，推销员要注意尽量不要提及顾客以往没有购买推销品的原因，避免使顾客情绪不佳，而要大说特说拥有此产品后可以获得种种好处的将来，使顾客认为拥有这样的产品是最明智的选择。

4. 促成顾客的购买行为

这是爱达模式的最后一个阶段，是全部推销过程与推销努力的目的所在，它要求推销员运用一定的成交技巧来敦促顾客采取购买行动。在一般情况下，顾客即使对推销品发生了兴趣并有意购买也会处于犹豫不决的状态。这时推销人员不应悉听客便，而应不失时机地促使顾客进行关于购买的实质性思考，进一步说服顾客，帮助顾客强化购买意识，促使顾客实际进行购买。促成购买行为是完成前三个推销阶段的最后冲刺，或者让顾客实际购买，或者虽然没有成交但洽谈暂时圆满结束。这时推销员应注意分析顾客不能作出购买决定的原因，并针对这些原因做好说服工作，如将样品留给顾客试用、给顾客写确认信概括洽谈过程中达成的协议、重申顾客购买产品得到的利益等。

二、埃德帕模式

（一）埃德帕模式的含义

埃德帕是英文 IDEPA 的中文译音，IDEPA 分别是英文单词 Identification、Demonstration、Elimination、Proof 和 Acceptance 的第一个字母。它主要包括五个推销步骤。

第一步骤：确认顾客需要，把推销的产品与顾客的愿望联系起来。

第二步骤：向顾客示范合适的产品。

第三步骤：淘汰不宜推销的产品。

第四步骤：证实顾客已做出正确的选择。

第五步骤：促使顾客接受推销产品，做出购买决定。

埃德帕模式适用于有着明显购买目标的顾客。无论是中间商的小批量进货、批发商的大批量进货，还是厂矿企业的进货；也无论是采购人员亲自上门求购，还是通过电话、电报等通讯工具询问报价，只要是顾客主动与推销人员接洽，都带有明确的需求目的，在这种情况下，可使用埃德帕模式。

（二）埃德帕模式的内容

1. 确认顾客需要　把所推销的产品与顾客的愿望联系起来。推销员应当准确发现顾客的需要，针对有明确购买目标的顾客，直接提示哪些产品符合顾客的购买目标，即把所推销的产品与顾客的愿望联系起来。在将所推销的产品与顾客的愿望相结合时应注意以下两点。

（1）对上门主动求购的顾客应热情接待　商品生产的客观规律与市场经济供求矛盾运动的结合，使顾客与推销人员，或者说买卖双方在市场上的优势与劣势、主动或被动呈规律性的周期变化。一些不认识这种规律的推销人员会因错觉而产生错误的做法：当其推销产品供不应求时，他觉得自己的产品是“皇帝的女儿不愁嫁”，对纷纷上门的顾客不屑一顾，大摆架子；而一旦所推销产品滞销时，又求爷爷告奶奶地向顾客讨好。作为商家应当密切产销关系，搞好工贸协作，特别要注意从产品供不应求时开始做好这项工作。对上门求购的顾客应热情接待，合情合理的分配产品，使顾客满意而归，这是对推销人员的一项最基本的要求。

（2）尽量满足顾客需求　对于上门求购的顾客，推销人员应按照顾客提供的需求标准，尽量提供更多的货源供顾客选择，不能怕麻烦。同时，对顾客原来没有购买打算的产品，推销人员应在揣摩顾客愿望与要求的基础上，恰当地将产品向顾客推销。

2. 向顾客示范产品　在这个阶段，推销人员要向顾客示范其推荐的产品，在示范时应注意两个问题。

（1）按照顾客的需要示范产品　如果顾客携带进货清单，则对清单上所列产品都应加以示范，除非顾客表示不需要。如果推销人员能按照顾客的需要向顾客推销进货清单上没有的产品，如刚出厂的新产品、即将成为畅销货的产品、进销差价大的产品等，一定会备受顾客的欢迎。推销人员越是能准确地发现顾客需要并示范产品，推销的成功机率就越大。

（2）推销人员通过示范的方法了解顾客的需求　由于中间商的进货需求弹性大，他们关心产品的进销差价率胜过关心产品的品种和质量，因此，他们购买商品时的可替代性与可更换性就更大。推销人员应多示范几种产品，并在多种产品的示范中了解顾客的具体购买要求。

3. 淘汰不适合的产品　所谓不适合的产品就是不符合顾客要求的产品。由于在第一和第二步中，推销人员向顾客提供了较多的产品，此时需要把不合适的，即与顾客需求标准差距较大的产品筛选掉，使顾客尽量购买到合适的产品，但在淘汰不适合产品时，应该十分谨慎。推销人员应准确掌握顾客每次的进货额，对于新顾客，推销人员应尽量了解顾客进货的档次、数量，如能通过与顾客的谈话了解目标市场的顾客特点，就能使提供产品和淘汰产品都有把握。只要不存在货款问题，就应鼓励顾客多进货。

4. 向顾客证实他的选择是正确的　在向中间商证实产品的质量及产品符合顾客要求时，一般畅销产品或者顾客争购的产品不用过多证实；对中间商证实产品远没有一般顾客那样复杂，因为中间商关心的主要是销售量与差价率，因此证实的主要方法是用实例证明，某种产品在某个市场或由某个商人销售得很好，年利润率很高等。但当顾客选择产品后，证实与赞扬顾客的挑选正确仍然是必不可少的一环，因为这将直接关系到推销的最后成功和交易的完成。

5. 促使顾客购买产品　这一步工作主要是促使顾客达成交易，而促进成交的障碍往往并不是产品质量。如促成中间商交易，推销人员应针对顾客的具体特点开展工作，或者帮助他们尽快办好进货手续；或者为其解决运输问题，以便他们尽快把货物摆到货架上；或者在货款的结算上给予方便；或者对要求退货赔偿及降价赔偿等方面的问题尽力给予圆满解决等，都会促成交易。

三、费比模式

（一）费比模式的含义

费比模式是英文 FABE 的中文译音，而 FABE 则是英文单词 Feature、Advantage、Benefit 和 Evidence 的第一个字母。这四个英文字母表达了费比模式的推销四步骤。

第一步骤：把产品的特征详细地介绍给顾客。

第二步骤：充分分析产品的优点。

第三步骤：尽述产品给顾客带来的利益。

第四步骤：以“证据”说服顾客购买。

（二）费比模式的内容

1. 将产品特征详细地介绍给顾客　该模式要求推销人员在见到顾客后，要以准确的语言向顾客介绍产品的特征。介绍的内容应当包括产品的性能、构造、作用，使用的简易性及方便程度，耐久性、经济性，外观优点及价格等，如果是新产品，特别是产品在用料和加工工艺方面有所改进的话，更应介绍清楚。如果上述内容多而难记，推销人员应事先印成广告宣传材料和卡片，以便在向顾客介绍时将材料和卡片交给顾客，因此制作广告材料和卡片成为费比模式的主要特色。

2. 充分分析产品的优点 费比模式要求推销人员应针对在第一步骤中介绍的特征寻找出产品的特殊作用或者是某项优点。如果是新产品，则务必说明产品的开发背景、目的、设计时的主导思想、开发的必要性以及相对于老产品的差别优势等。当面对的是具有较高专业知识的顾客时，则应以专业术语进行介绍，并力求用词准确，言简意赅。

3. 尽述产品给顾客带来的利益 这是费比模式中最重要的一个步骤。推销人员应在了解顾客需求的基础上，把产品能给顾客带来的利益尽量地列举给顾客，不仅要讲产品外表的、实质上的利益，更要讲产品给顾客带来的内在的、附加的利益，从经济利益到工作利益以至社会利益，都应一一列举出来。在对顾客需求了解不多的情况下，应边讲解边观察顾客的专注程度和表情变化，在顾客表现出关注的主要需求方面要特别注意多讲解多举例。

4. 以“证据”说服顾客购买 本模式要求推销人员在推销中要避免用“最便宜”、“最合算”、“最耐用”等字眼，因为这些话已经令顾客反感而没有说服力了。因此，推销人员应以真实的数据、案例、实物等证据解决顾客的各种疑虑，促使顾客购买。

费比模式与其他几个模式相比有一个明显的特色，就是事先把产品特征、优点及带给顾客的利益等列出来印在纸上或写在卡片上，这样就能使顾客更好地了解产品的有关内容，减少产生疑问与异议的空间。正是由于费比模式具有这一特色，它受到了不少推销人员的大力推崇。为了尽可能地发挥这一特色，推销人员应事先准备好各种推销用语，即拟好介绍产品、指出优点的销售用语，对产品使用价值特别介绍的销售用语，刺激顾客购买欲望的销售用语，说明企业文化、企业经营理念的说辞等，并将各种行之有效的推销用语印在纸上，牢记心里，达到随时能脱口而出的熟练程度。

复习思考题

1. 名词解释：推销、推销品、需求。
2. 推销与营销的区别与联系是什么？
3. 推销三要素是什么？推销的常见方式有那些？
4. 顾客购买行为类型的分类有哪些？
5. 推销原则有哪些？
6. 推销过程分哪几个阶段？各阶段的关系是什么？
7. 爱达、埃德帕、费比三种推销模式相比有何异同点？

附：

案例分析

推销业绩在人绩

西方国家十分重视推销员，美国工业界每年要花几百万美元选拔有才能的推销人员，并花 10 亿美元来培养推销人员，平均每个推销员的培养费约为 1 万美元。在日本，一位在保险业工作的推销员，如果工作成绩卓著，可荣获国家勋章。

为了推销产品，推销员走乡串户、甚至跋山涉水到全国各地，在饮水、吃饭、住宿、医疗等各方面会遇到难以想象的困难，有时，还可能受到顾客的冷遇。因此，推销员必须培养自己吃苦耐劳和任劳任怨的精神。有一个曾在日本当推销员的先生回国向他的朋友说："我每天要跑上百家店铺，上百次地向人家宣传产品，人家往往不理睬，话也不顺耳。一天下来，口干舌燥，回到家里什么也不想说，什么也不想做，累得简直不知如何是好。如果不能吃苦，那是做不出推销成绩来的。"

推销产品越快越多，推销的费用越省，企业产品就生产得越多，获利也越多，为社会积累的财富也就越多。

某医药公司推销员赵某，有一次在向客户推销公司新生产的治疗感冒的药物时，客户问："你们这种药主要成分是什么？与目前市场上流通的类似药相比有何优势？质量如何控制？保质期多久？贮存时有哪些要求？"赵某傻眼了，他说不上来，客户说："这些你都说不上来，怎么推销？又怎么订合同？"

问题讨论：读了这一则案例，谈谈你对推销人员应具有的素质的认识。

第十章　药品推销接近与洽谈技术

第一节　药品推销接近技术

推销接近是指推销人员为进行推销洽谈，对客户的最初接触或再次访问。推销接近是整个推销过程的前奏，是推销成功的前提和基础。在实际推销过程中，成功地接近客户未必能达到良好的推销结果，但成功的推销则一定离不开成功地接近客户。

推销接近是否成功，一方面取决于推销人员自身的素质、经验和技巧，另一方面则取决于推销人员能否遵照科学的步骤与客户接近。在实际推销过程中，接近客户的时间并不长，往往只是几分钟或十几分钟，有时与推销洽谈又很难区分，但接近客户之前的准备工作是十分有益且非常必要的。

一、确定目标客户

推销接近之前的准备工作主要是指寻找、选择客户，并根据一定的标准进行审查、评议，最终确定适当的目标客户。

目标客户，也称准客户，是指推销人员认为有接近价值和接近可能、可以做为接近目标的客户。

首先，目标客户必须有接近价值。在日益庞大的药品销售市场中，并不是任何客户都需要某种药品。如治疗缺碘的部分药品，沿海的地区可能就不太需要，对于推销人员来讲，这个地区的客户接近价值就比较小。即使部分客户需要某种药品，但并不具备购买能力，如某些高价位的药品相对于经济条件欠发达的地区来说，接近价值也很小。由此可见，客户是否有接近价值，既要看他是否需要这种药品，又要看他是否具备购买能力。

其次，目标客户要有接近可能。某些客户，理论上有很大的接近价值，但由于经济、社会、时间、空间等因素的影响，难以接近，推销人员应慎重选择。

哪些客户有接近价值、价值有多高，哪些客户有接近可能、可能性有多大，这要靠推销人员的调查、研究、分析、比较、评价、筛选，最后确定，这个过程就是对客户的寻找、选择过程。

（一）确定目标客户的作用

在药品推销的具体工作中，成功的推销总是以确定适当的目标客户为前提。确定好目标客户，为推销活动指明正确的方向，是推销成功的基础，事实证明，业绩不理想的药品推销人员，大多不知道该如何寻找、确定目标客户，或者根本不去确定目标客户。一般而言，确定目标客户有以下作用。

1. 扩大市场　通过寻找、选择客户，推销人员会发现许多可能客户或潜在客户，他们都有可能进一步发展成为目标客户，从而为扩大销售市场、提高市场占有率奠定基础。

2. 节省时间和精力　通过对客户的分析和比较，可以发现有些客户显然没有接近价值，或没有接近可能。如果推销人员不注意选择，盲目拜访，则会浪费许多时间和精力。因此，推销人员要对客户认真进行分析、选择，寻找并确定既有接近价值、又有接近可能的客户，这样就会大大节省推销的时间和精力。

3. 提高工作效率　同样具有接近价值和接近可能的客户，有的购买动机强烈、购买能力大，推销的潜力也大，有的则相反。推销人员在具体工作中，应分清轻重缓急，把重点放在前者身上。一般而言，客户购买潜力大，推销阻力也相应加大，推销员就应选择在自己精力充沛、情绪饱满的最佳状态时去拜访，以保证推销强度，提高推销成功的可能性。通过对客户的分析、选择，推销员可对目标客户进行分类排队，哪些先去，哪些后去，哪些一般拜访，哪些重点公关，应心中有数。只有如此，推销工作才能保证重点，提高工作效率。

4. 提高销售额　药品推销人员扩大市场、节省时间和精力、提高工作效率的最终结果是提高销售额。推销员根据对全部客户资料的分析、比较，作出接近、面谈、成交、障碍处理等各环节的具体计划，就会大大提高销售数量。

某药厂销售部，一位推销员周某工作已三十年，客户较多，经验也比较丰富，态度认真，积极肯干，在前十几年中，药品销售量在厂内一直保持第一。另一位推销员孙某工作仅三年，自前年参加经营培训后，不到两年时间，销售量直线上升，至今年已超过周某。其基本情况见表 10－1。

表 10－1　推销人员一年工作情况一览表

推销人员		工作情况					
	原有客户数	推销拜访次数		推销成功概率		平均销售额	总销售额
		老客户	新客户	老客户	新客户		
周某	202	178	0	61%	0	8100	879000
孙某	123	64	66	92%	85%	8400	965000

从上表可以发现，周某比孙某原有客户数多，总拜访次数也多，但总销售额却低于孙某，对此周某非常不理解，一边埋怨自己运气不好，一边质问小孙："你关系不如我多，出差比我少，为什么业绩比我大呢?"孙某拿出客户的资料分析说："我在拜访前，都要对这些资料进行分析、研究，做到有的放矢。比如，我仅有 123 名老客户，经过分析，只有 86 户有购买可能，根据经验推测，其中有 22 户订购量不大。于是我只拜访了其中的 66 户，尽管订购率不足老客户的 48%，远比不上你（超过 53%），但推销成功率比较高。另外，我把节省的大量时间用于拜访新客户，尽管成功率比不上老客户，但建立新关系，对今后的工作还是非常有益的。"从推销员孙某的分析，我们发现其成功之处就在于他重视了对客户的选择、比较。

（二）选择目标客户的方法

现代推销人员应灵活地通过各种途径寻找、选择目标客户，常用的方法如下。

1. 查阅资料法　查阅资料法即通过查阅各种信息资料来获取目标客户的方法。此法在发达国家比较常用，因为系统的情报资料网为推销人员提供了极大的方便。目前，我国医药情报资料的搜集、整理、汇编、上网等工作迅速发展，推销人员利用它们可以减少推销工作的盲目性，还可节省时间和费用。但由于医药市场行情变化较快，因此推销人员在查阅资料时一定要注意有效期限。

2. 咨询法　咨询法即推销人员到咨询公司或国家有关部门，通过咨询收集目标客户的有关信息。随着市场经济的发展，各式各类的信息咨询公司应运而生，只需花一定的费用，即可得到许多有价值的资料，这比较适于大项目推销中目标客户的寻找。但要注意，通过咨询得到的信息有一部分不一定是真实资料，需要进一步考察论证，以免给工作带来失误。

3. 会议寻找法　会议寻找法即利用参加各种会议的机会寻找目标客户的方法。如各种药品订货会、供货会、技术交流会，也包括医药行业的行政工作会议、联谊会、亲朋好友的生日舞会、婚宴等。推销人员通过参加这些会议，开阔眼界，广交朋友，建立广泛的社交网，常常可以从中寻找更多的目标客户。

4. 目标客户介绍法　目标客户介绍法又称为连锁介绍法或无限连锁介绍法，即推销人员利用现有目标客户介绍（或推荐）新目标客户的方法。目标客户介绍法又分直接介绍和间接介绍两种方法。直接介绍，是指由现有客户介绍新客户；间接介绍，是指推销人员从现有客户的交际圈中寻找新客户。直接介绍和间接介绍的基本线索，都是利用当前客户连锁介绍未来客户，如图 10-1 所示，推销员 A 通过客户 B 的介绍，认识 C 和 D，之后，又通过 C、D 认识 E、F、G……以此类推，推销人员就可以找到更多的潜在客户。目标客户介绍法的成功率比较高，其关键是推销人员一定要赢得现有目标客户的充分信任。

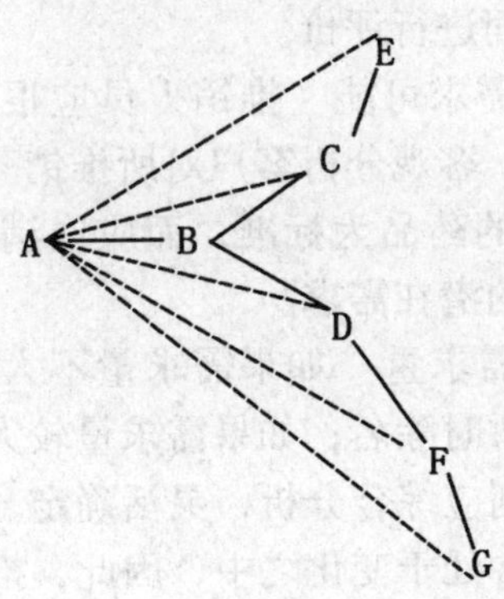

图 10-1　目标客户介绍法示意图

5. 委托助手法　委托助手法即推销人员通过委托有关人士寻找目标客户的方法。部分推销人员为提高工作效率，集中精力从事具体的推销访问工作，雇用一些人员来为自己寻找目标客户。这些受雇人员一旦发现目标客户，便立即与推销人员联系，他们被称为“推销助手”或“猎犬”，因此委托助手法又被称为“猎犬法”。我国社会比较注重个人感情，加之地域广阔、市场分散，因此委托推销助手来挖掘目标客户、扩展市场，是行之有效的方法。推销人员应借助推销助手的有效影响力，事半功倍地开展工作。

在实际工作中，对目标客户的寻找、选择还有许多方法，如不同行业联销法、权威人士影响法、登门访问法等，推销人员应根据实际情况灵活运用，注意整体配合，以提高效率。

推销人员寻找到目标客户后，应对其进行资格审查，对入选的客户要进行分类并为其建立相应的客户档案。

二、客户资格审查

客户资格审查，又称客户评价，即推销人员对已经选定的目标客户，按一定的标准进行评审，再选出更适当的目标客户的过程。通过客户资格审查，可以提高成交比例或增加订单，可以为尽快收回订单提供依据，最终提高推销的工作效率。客户资格审查一般包括客户需求评价、购买能力评价和信用调查三方面内容。

（一）客户需求评价

客户需求评价是指推销人员通过对有关资料的分析，确定某一目标客户是否确实需要所推销的药品。这是客户资格审查的首要内容。经审查，在客户确实不需要所推销药品的情况下，一般不要再做多余的工作，绝对不能通过欺诈、乞求或恐吓等方法使推销成功，这样会使推销人员的人格和所属企业的形象受到不同程度的损害，甚至受到法律的制裁。

需要说明的是，客户的需求常常处于不断变化之中，因此，推销人员对客户的需求评价也应用变化的标准，不能一成不变。某一客户今天不需要，明天可能需要；相反，现在需要，将来可能会不需要。所以，推销员要随时把需要药品的客户列入拜访名录，及时停止向不需要药品的客户花费时间和精力。

对客户的需求可从下列两方面进行评价。

1. 估计客户对所推销药品的需求可能　推销人员应根据自己以往的推销经验和所推销药品的特点及对客户需求的认识，客观分析客户对所推销药品需求的可能性。但应注意，推销人员不能以客户用不用所推销的药品为标准，而应以满足客户需求、解决客户问题为标准，长期地、深层次地挖掘客户的潜在需求。

2. 估计客户对所推销药品的需求量　如果需求量不大，又是一次性的，前去推销得不偿失，可考虑从目标客户名单中暂时除名；如果需求量较大，且长期需要，应考虑作为重点目标客户；如果介于两者之间，则应综合分析，灵活确定。

在实际工作中，客户的需求常处于变化之中，因此，推销人员不能以一次一时的需求对客户一锤定音，也不要轻易将目标客户永远除名，而应该用发展的眼光来对待，进行动态的分析和综合的评价。

（二）客户购买能力评价

客户购买能力评价是指对需要推销药品的客户进行调查、分析，估计其是否具备按期付款的能力。药品推销应以按期收回货款为基本条件，因此，客户购买能力评价是客户资格审查的重要项目之一。也就是说，在现有经济条件下，只有购买愿望而不具备实际支付能力的客户，不能被推销人员列为合格目标客户的范围之内。

现有目标客户是否具备支付货款能力，可对客户的收入水平、经营状况及近期财力变化状况等因素综合分析、评价，得出结论。

1. 判断客户收入水平　一般而言，大多数企业不愿公开财务状况，许多客户也不愿透露自己的真实收入水平，因此推销人员只能从所能收集到的有关资料中间接推论，进行判断。

2. 评价经营状况　企业的经营状况应该与其收入水平呈正相关，并且也往往容易调查清楚。推销人员可从企业的生产规模、技术水平、管理层次、销售量等外部特征客观评价其经营状况。

3. 分析近期内财力变化状况　对客户购买能力的评价具有偶然性。如某企业刚刚大规模、高档次地装修完营业场所，支付能力就可能由此受到影响等等，推销人员应具体分析，而不能一叶障目，耽误了良好的合作机会。

在实际工作中，对部分客户在发展中，因货款未能及时收回或由于特殊原因一次付款能力受限等导致的暂时缺乏支付能力的现象，则应给予客观、正确的评价，也可考虑通过赊销、分期付款、延期付款等方式进行解决，至少应保留其目标客户资格。

（三）客户信用调查

客户信用调查的目的是随时掌握客户的支付能力和商业信用，以便采取相应的对策，保证及时、如数收回货款。客户信用调查的方式可以当面询问，也可以侧面了解，还可以对企业规模、库存情况、生产经营状况进行实地考察。客户信用调查要注意从多方面了解客户情况，对资料进行综合分析，并根据客户变化情况得出客观调查结果。

1. 当面询问　在推销药品的过程中，常会遇到许多人员，他们都可成为询问的对象。但一般而言，客户出于自尊或戒心，不会坦露实情。比如，若问一个企业经理的经营状况如何，得到的回答肯定是“不错”，但若以关心的语态问问他生活怎样、奖金如何，则可能会得到一些真实情况。所以当面询问以间接方式、随意方式为好，并要善于倾听，善于分析。由此，往往能得到一些比较客观的结果。

2. 侧面了解　对客户进行信用调查，可以当面询问，也可以侧面了解。比如了解客户的朋友、熟人等，由于他们和客户之间无直接的利害关系，所以了解到的信息往往比较真实可信。但侧面了解往往有一定的局限性，因为所了解的人员并不一定知道所有的信息。

3. 实地考察　许多时候通过实地考察，会对客户的情况一目了然。如客户企业的规模大小、库存情况、生产经营、管理状况等。经过观察、了解并加以分析、比较，往往能得出比较准确的判断。

对客户的商业信用进行调查，是推销人员一项重要、长期的工作，特别是对新客户、传闻不好的客户和接受大批量订货的客户，显得更为重要。

三、约见客户

确定了目标客户后，推销人员便可以对其进行约定拜访。现代推销理论认为，约见是推销人员事先征得访问对象接见同意的行为过程。

（一）约见客户的意义

约见客户既是接近准备工作的延续，又是推销接近过程的开始。只有通过约见，推销人员才能成功地接近客户。在实际推销过程中，特别是接近那些工作比较繁忙或平时难以接近的客户时，推销人员如果忽视了约见这个环节，将会使整个推销工作陷入被动，甚至直接导致推销失败。因此，为了顺利地接近客户，推销人员应认真进行约见。

1. 约见有助于推销人员成功地接近客户　在多数情况下，接近客户是水到渠成的事情。但由于种种原因，许多客户并不喜欢推销员的突然来访，更不愿意外人来干扰自己的正常生活。因此，推销人员事先约见客户，征得客户的同意，既可以表示对客户的尊重，又可以赢得客户的信赖和支持，有利于形成双方合作的融洽气氛。

2. 约见有助于推销人员顺利地开展面谈　通过约见，客户可适当安排具体的约见时间和地点，便于引起客户足够的重视和注意；同时，通过约见，推销人员还可简要说明约见意图，使客户有所准备，有助于双方的相互了解，提高客户对下一步面谈的认可程度。

3. 约见有助于推销人员对推销过程进行预测　比较有经验的推销人员通过约见，可以根据客户的初步反应，进一步预测下一步推销活动可能发生的各种情况。预测的准确程度主要取决于推销人员的经验和水平。

4. 约见有利于推销员提高工作效率　为减少盲目访问，推销人员应根据对客户的约见情况，科学安排访问计划。这样，既保证了对主要客户的重点访问，又不至于遗漏一般客户，有效地提高了工作效率。

（二）约见内容

约见内容因访问活动的特点及客户的具体情况而异，另外，受推销员与客户的关系影响也比较大。一般而言，约见内容包括以下几项。

1. 约见对象　又称“关键人”，是指购买的决策人或对购买决策有决定作用的人。在不同的企业组织中，“关键人”的位置不一，可能是最高领导，可能是某某中层或分管领导，也可能是某些具体工作人员。推销人员一定要根据具体情况，分析、确定关键的约见人选，并设法约见。一般情况下，推销人员在开始约见之前对约见对象就已非常明确，但在实际工作中，有时很难确定或无法直接接触到约见对象，需借助其同事或下属作中介。此时，推销人员必须设法争取到他们的支持与合作。

2. 约见原因　推销人员提出要约见客户，理由应充分，要让双方都能接受。不然，对方会感觉理由不充分，认为无会见的必要，以后的所有工作也就无从谈起了。

随着市场经济的发展和社会变化的多元化，推销人员约见客户的理由也由单一的推销药品向传播科技文明、进行市场调查、提供服务、交流感情、增进友谊等多元化转化。推销人员约见客户的原因主要有以下几种。

(1) 推销药品　这是大多数推销人员约见客户的主要理由。一般而言，推销员不应以其他各种借口要求约见，一定要向客户客观说明访问的真实意图。不然，客户即使因其他理由接受了约见，结果往往也是不理想的，既浪费了双方的时间，又有强人所难之嫌，还会因失去诚信而影响以后的约见。但是，在实际工作中，推销人员如果坚信客户不愿因推销药品的理由约见时，自然要换另一种理由提出约见。

(2) 市场调研　在现代企业中，药品推销人员往往身兼推销、宣传、公关、调研等多项任务。在药品推销工作中，推销员以市场调研为理由提出约见，客户往往乐于接受。优秀的药品推销员常常一边搜集有关资料，一边做好推销的准备工作，有时根据情况可以从市场调研直接变为推销药品，只要时机得当、分寸合适，甚至可以当场成交。

(3) 回收货款　随着医药企业体制的多样化，单位回收货款的方式也更为复杂。推销人员以收款作为约见理由，大多数客户不好推辞，有时，借收这批药款的机会，签订下批药的销售合同，也是常有的事。

(4) 走访客户，提供服务　在日益激烈的药品竞争中，推销人员甚至企业领导应经常走访客户、征求意见、提供服务、加强交流、增进友谊，逐步实现客户的固定化模式。从药品推销的实质讲，推销员以走访客户、提供服务的理由约见客户，往往会受到普遍欢迎。乘此机会，既可扩大企业的商业信誉，又可加深推销人员与客户的私人关系，为下一步的药品推销奠定良好的基础，可谓一举多得。

在实际推销工作中，推销人员还可利用其他理由提出约见客户，如"请教问题"、"交流私人感情"等等。但无论何种理由，一定要能自圆其说，言之有理。原则是有利于争取到客户的诚心合作，千万不能以各种借口骗取客户的信任，为约见而约见。因为约见不是目的，仅仅是推销的开始，假如从约见开始，客户就对推销人员失去信任，推销结果可想而知。

3. 约见时间　约见时间是否恰当，对推销成败影响甚大。约见客户应遵循的一个基本原则就是尽量节省双方的时间，尊重客户意见，最好由客户主动安排约见时间。一般而言，与客户约定时间应注意以下几点。

(1) 尊重客户意愿，并给对方留有充分空间　如没有绝对把握或特别重要而紧急的事情，约见时间应由客户决定，并考虑到可能出现的意外情况，一定给对方留下充分的时间余地。比如："今天上午 10 点以后可以吗?"、"明天下午 5 点以后行吗?"等等。但一定要注意，时间余地是留给客户的，推销人员应尽早赴约，尤其不能让客户等你。

(2) 根据客户特点商定约见时间　一般而言，推销人员在约见前即应对客户的作息时间、生活、工作规律等特点作详细了解，尽可能避免在工作紧张的时候或休息时间打扰对方；另外，还要考虑到对方的家庭及情绪状况。如客户家庭出现矛盾、工作不顺利、身体不适时，不宜提及工作、提出约见。但如果推销人员与客户除工作之外尚有私交，则另当别论。

(3) 根据约见目的、约见地点、约见路线选择时间　约见目的不同，时间选择也应有所区别。如是为了收回货款，就应在了解到对方银行账户上有钱时进行约见；如是为了市场调查，则应在市场行情变化较大或推销药品在市场上运作一定时间后提出约见；如果是一般性约见，无特定目的，则应灵活选择，随机行事。在商议约见时间时，还要充分考虑约见地点、行走路线及交通工具等因素的影响，以保证双方满意。

4. 约见地点　约见地点的确定要与约见对象、目的、时间相适应，应综合分析、灵活选择，不可千篇一律。一般说来，下述场所可供选择。

(1) 工作地点　工作地点对于大部分客户来说是最佳的、也是最常用的约见地点。对于比较熟悉的客户，在办公室约见既简单又轻松；如是初次见面，在工作地点约见，则既显得严肃又不失规范。

(2) 社交场合　社交场合是现代推销方式中大家乐于接受的约见地点，许多大宗交易都是在社交场合谈成的。如订货会、招待会、舞会、宴会等方式的社交活动，大多选择在社交场合，大家彼此相互见面、交流信息、联络感情或借机促销，气氛融洽，确实不失为较理想的约见地点。

(3) 公共场所　对于部分客户而言，由于种种原因，不愿让他人了解到他与别人的约见，也不愿在社交场合公开露面，此时选择公共场所作为约见地点比较合适。

(4) 居住地点　尽管在客户居住地点约见给人一种亲切感，但现代推销越来越不倾向于将此作为约见地点，除非推销人员与客户有深交或客户主动提出邀请。一般来说推销人员不宜首先提出，更不可强求。

3. 约见客户的方法

(1) 电话约见　电话约见是现代推销人员的重要约见方式，其特点是能与客户交谈且可以立即得到约见答复。电话约见对推销人员要求比较高。原则上，推销员与客户电话约见时，谈话时间应尽量短，语言简炼，语调平稳，口齿清晰，讲话从容，用词准确，理由充分，切忌心高气浮、语气逼人。

(2) 信函约见　推销人员利用信函可以排除各种因素的影响，与任何一位客户约见。由于写信时间充足，又可反复推敲，因此推销人员可以扬长避短，充分显示出自己的水平。但客户若不予合作，则往往如泥牛入海。

(3) 电函约见　即通过电报、电传等手段约见客户的方法。

(4) 委托约见　委托约见是指推销人员委托第三者约见客户的方法，简称托约。第三者被称为委托人（或转约人、被托人）。委托人地位、水平越高，与客户的关系越密切，约见的效果越好。

(5) 广告约见　在约见客户不明确或数量太多时，可通过传播媒介进行广告约见。广告约见的特点是覆盖面广、效率高，但针对性较差，效果也不易把握。

以上种种约见方法，推销人员可根据自己的实际情况灵活选用，也可多种方法配合使用。

四、推销接近的方法及注意事项

推销接近是推销工作的开始，在明确了推销接近的目标后，推销人员应选用恰当的方法进入推销接近。

（一）推销接近的方法

1. 介绍接近法　介绍接近法是推销人员通过自我介绍或他人介绍来接近客户的方法。这种方法的作用是通过对自己身份的介绍，求得客户的了解、信任，消除戒心。但一般来说，除非经过事先约见或介绍人有较高威望，介绍接近法较难引起客户的注意和兴趣，也不易转入正式面谈。在实际推销中，此法虽常用，但效果并不理想，宜与其他方法配合使用。

2. 药品接近法　药品接近法即推销人员直接利用推销的药品引起客户的注意和兴趣，进而转入面谈的一种接近方法。药品接近法符合客户认知和购买药品的心理特点。客户在决定购买之前希望了解所购药品的各种特征，如包装、规格、价位等等。这种方法较适用于新药、特药的推销，而且该药品最好具备一定的特色。

3. 利益接近法　利益接近法是指推销人员利用所推销药品能给客户（主要指中间商）带来的利益引起其兴趣而转入面谈的接近方法。利益接近法的语言不一定优美华丽，可直接陈述或提问，但一定要中肯、客观。

4. 调查接近法　调查接近法是指推销人员通过调查的形式接近客户的方法。在调查时，内容要明确，有针对性，并保持与推销药品的密切关联，保证在调查中达到推销药品的目的。

5. 求教接近法　求教接近法是利用向对方请教问题的机会来接近客户的方法。采用这种方法，既尊重客户，满足了他们的自尊心、成就感，又能很自然地提出自己推销的药品，利于推销。例如："张经理，听您的部下说，您是制药方面的专家，这是我们企业研制的一种新药，请您指教……"

6. 搭讪接近法　搭讪接近法是指推销人员利用各种机会和关系，主动跟客户搭讪而接近客户的方法。这种方法显得很自然，也充分体现了推销人员的主动性和灵活性，对于外向型的客户，有时效果很好。例如：

"王厂长，听口音，您是山东人吧？我们是老乡。"

"张经理，您好，我们在××会展中心见过面……"

"徐科长吧，听说您是××大学毕业的，我们是校友，所以总想拜访您。"

在实际推销活动中，方法是否恰当，直接影响到推销结果。另外，尚有许多有效的方法可供借鉴。推销人员应根据自己推销药品的特点和客户的个体差异，创造出适合自己的接近方法，以灵活多样的方式，顺利自然地接近客户，为整体推销打下一个良好的开端。

（二）推销接近的注意事项

推销人员第一次接近客户，对下一步工作影响甚大，也是双方建立关系的前提和基础，推销人员一定要给予高度重视。

1. 建立良好的第一印象　推销人员与客户接触时，只有留下良好的第一印象，才有可能使推销过程一步一步地顺利进行。推销人员优雅的谈吐、真诚的态度和整洁的仪表是给客户留下良好印象的基本要素。有人曾这样说：推销人员的衣着和外表同样能够讲话，并且像嘴里讲的话一样重要。可见衣着和外表对推销人员是何等重要，推销人员必须予以高度重视。

2. 吸引客户的注意力　客户集中注意力接受推销人员的信息，有利于加深印象，促进思考，提高推销效果。一般而言，当同时发生两件或两件以上的事情时，人的注意力不容易集中。因此，当客户尚未对推销人员的信息表示注意时，推销人员可以用新奇的话题、公众关注的焦点等作为引子，待客户的注意力转移过来，再开始推销活动。

3. 尽量使推销的药品与客户的需求发生联系　推销人员在争取到客户的注意后，应想方设法维持其注意力，让客户感觉到药品推销工作与自身的利益是联系在一起的，以进一步激起客户的购买欲望，促进正式洽谈的如期进行。从而使推销工作顺利进入洽谈阶段。

第二节　药品推销洽谈技术

推销洽谈是推销人员与客户为取得推销协议而进行的沟通活动，也称面谈。洽谈效果如何，最后能否成交，与推销人员的表现关系甚大。

一、洽谈涉及的主要内容

（一）推销药品本身的属性

如品种、型号、规格、数量、包装等等。

（二）药品价格

这是洽谈双方最为关注的中心内容，价格条件主要指数量折扣、价格折扣、退货损失、市场价格波动风险、药品保险费用、售后服务费用、运输费用等等。

另外，洽谈还要考虑一些其他内容，如交货时间、付款方式、违约界定、违约处罚、违约担保和仲裁等等。

二、洽谈的原则

（一）保持融洽的气氛

也许有相当一部分人认为只有伶牙俐齿、口若悬河的推销人员在推销洽谈中才会占据主动位置，达到推销的目的。但在实际推销工作中，我们却发现，更多的成功洽谈是在双方融洽、友好、轻松的气氛中诞生的。莎士比亚曾经说过：“只要愿意，无论多高的代价也能付出。”推销人员是推销洽谈的主体，对洽谈气氛的形成发挥着重要作用。因此，推销人员应充分发挥主观能动性，尽量让客户感到舒心、轻松，而不能用所谓的“合理理由”将对方“击垮”，那样，往往会导致推销的失败。

（二）诚实守信

现代市场营销的中心是把满足消费者的需求放在首要位置，药品推销也不例外。尽管洽谈双方在利益分配上存在分歧，但作为推销人员决不能只为追求自己的利益而欺骗客户，必须以实事求是的态度，争取对方的理解和信任。依靠欺骗手段也许能完成一次交易，但却损害了客户的利益，影响了推销人员的声誉，败坏了企业的形象，从长远来看是一种自杀行为。

（三）求同存异

从一定意义上讲，推销人员与客户之间的共同点和分歧点孰多孰少，决定了洽谈成功的概率。共同点表明了双方利益共同的一面，分歧点则表明双方利益冲突的一面，推销人员的职责就是尽量扩大双方的共同点，减少分歧点，在双方认可的基础上达到统一。有一定水平的推销人员在洽谈前就能将双方可能出现的共同点与分歧点分别列出，并根据其重要性赋予相应的权值或分数，最后算出共同点和分歧点的各自分值，来预测洽谈成功的可能性。

（四）辨证施治

尽管推销人员事先对影响洽谈的因素进行了深入的分析、研究，但在具体的洽谈过程中，仍然会出现一些意想不到的问题。此时，推销人员应具体问题具体分析，机动灵活，随机应变。可根据客户的不同性格、特点采用不同的洽谈方式；根据客户不同的兴趣、爱好选用不同的面谈内容；根据不同的购买动机，谈及不同的重点。“一把钥匙开一把锁”，实践证明，推销人员只有根据具体情况，有针对性地进行洽谈，才能收到好的效果。如果不看对象、不分场合，盲目洽谈，或者不根据具体问题，死搬硬套，不仅浪费了双方的精力，延长了洽谈的时间，而且也不容易成功。

三、洽谈的方法

（一）提示法

提示法即推销人员通过言语对推销药品的某些特性的提示，使客户强化购买欲望，并进一步产生购买行为的方法。

1. 通过提建议的方式，用商量的语气与客户进行洽谈。例如：“我们厂最近通过技术更新，改进了生产工艺，降低了药品成本，扩大了我们合作的利润空间，请您考虑。”又如：“据××资料报道，××原材料将要涨价，药品价格可能也要上调，您看今天的合同是否多订一些?”运用建议式的提示法要注意，语言尽量简单明了，具有较高的可行性，并且一定要针对客户的主要动机提出建议。

2. 通过名人广告的方式，用启发的语气强化客户的购买行动。例如：“这种药确实是我厂研制的新产品，×××（名人）在××台电视上做过宣传，疗效确实很好，您也试试吧。”用名人做广告的方式进行提示要注意，所谓名人一定是病人或中间商比较熟悉且信赖的，并且是真人真事，有据可查。

3. 通过联想的方式，让客户强化对推销药品的购买欲望。例如："这种药尽管价格高一些，但疗效确实好，副作用也小，根据您的经济条件，选用其他的药，恐怕不合适了，您说呢?"通过联想进行提示一定要可信、客观，不能故弄玄虚。

通过提建议、名人广告和联想三种方式进行提示应注意，建议性提示法的主体是推销员，名人广告提示法的主体是名人，联想提示法的主体是客户，在实际工作中，可根据主体的不同，有选择地灵活应用。

（二）演示法

演示法又称直观示范法，是指通过非语言交流进行洽谈的方法。在推销中，有些信息直接用药品、文字、资料等方式形象地传递给客户，既可节省洽谈时间，又可增强推销的可信性，效果非常好。

1. 演示法可直接用药品本身进行演示。如对中药材的推销通过此法洽谈效果就比较好，客户可通过样品直接观察到药材的形状、颜色、断面、气味等特征，产生强烈的印象。

2. 演示法也可通过与药品有关的文字资料来刺激客户的购买欲望。一般而言，所演示的文字资料要有一定的相关性、准确性和权威性。如药品生产许可证、营业执照、药品经营许可证、药品批号、药品说明书、价目表、获奖证书等。

3. 演示法还可通过图片、多媒体的形式达到洽谈的目的。通过图片、多媒体的演示，可产生图文并茂、情景交融的效果，是现代推销的趋势之一。

运用演示法要注意三个问题：①要注意明确演示目的，每次演示都应明确"这次演示要干什么"、"通过演示对客户产生什么影响"、"演示后达到什么目的"等；②要注意突出重点，集中演示，时间不宜太长，否则可能会使客户厌倦，影响效果；③动作一定要熟练、简洁。

（三）介绍法

介绍法是推销员通过语言交流、样品资料展示等手段，向客户推销药品的方法。

1. 推销员直接介绍药品的功效、质量、价格、特点等，劝说客户购买。直接介绍法要注意针对不同的购买心理，善于抓住容易被客户接受的明显特征，还要注意了解客户的生活禁忌特点，以免冒犯客户。

2. 通过其他媒介来间接说明药品的质量、利润以及推销人员自身的人品等，从而进行间接介绍。比如："我和×××经理是二十多年的老朋友，常年有业务联系，我们合作得一直很愉快……"

推销人员还可通过逻辑推理来劝说客户购买自己推销的药品。如："如果能花比较少的钱治好您的病，您肯定高兴。这种药疗效很好，对您的病情很合适，价格也不高，您不妨试一试。"这是比较典型的三段论推理介绍，是一种以理服人、顺理成章、说服力比较强的方法。运用逻辑介绍法要注意避免逻辑错误，不要自相矛盾、偷换话题；还要注意表达上的艺术性，尽量用生动形象的语言，揭示事物之间的内在联系及规律，不然，干巴巴的推理容易使人乏味，产生厌烦情绪。

四、洽谈的策略与技巧

推销洽谈是推销过程的重要环节，艺术性和技巧性较强。因此，成功地运用有效的策略和技巧，对洽谈的顺利进行至关重要。由于洽谈的内容、形式及性质有所差异，洽谈的策略和技巧也各不相同。实际工作中，常用的洽谈策略和技巧有以下几种。

（一）刚柔相济

具体洽谈中，有时在某一问题上，对方本应做适当让步，可偏偏又固执己见，这就可能使洽谈难以进行。在这种情况下，推销人员可利用刚柔相济的策略来应付。此时，推销人员可分成两派，其中一派“站稳立场”、“寸步不让”，而另一派则注意察言观色，把握恰当的时机和分寸，以“诚恳的态度，亲切的语言”提出“合情合理”的条件，在这种情况下，对方可能会做些让步，使洽谈成功。

（二）充分利用价格调整的时间差

有经验的推销人员往往把药品价格的调整作为一个有利时机，做成许多生意，且能缩短洽谈时间。例如，某药厂的推销人员对某一药品经营公司的客户说：“我们是多年的老朋友了，以前你给了我很大的支持和帮助，我理应加倍回报。据可靠消息，年底前我厂生产的部分药品要提价，你看是否现在多订些?”客户往往会看在与推销人员多年交往的基础上，接纳推销人员的建议。

利用价格调整的时间差，促成洽谈成功，实际是把客户的注意力集中吸引到了价格问题上来，而忽略了对其他重要洽谈条款的讨价还价，以争取整体洽谈的成功。

（三）巧妙利用谈判的最后期限

大多数推销洽谈，尤其是双方意见分歧较大时，往往是到了谈判的最后期限或临近这个期限才达成协议。推销人员可巧妙利用最后期限，对洽谈内容的先后顺序稍做调整，以达到洽谈目的。洽谈开始时，时间比较充分，推销人员可就双方意见比较一致或无关紧要的内容“认真”与客户交谈，并尽量形成愉快的谈判氛围，而对一时难以达成协议的棘手问题，则暂时不予强求解决，直至临近谈判的最后期限。此时，双方都会显得焦躁不安，特别是当客户负有尽可能签约的使命时，更会显得急不可耐，推销人员在悬而未决的问题上态度应灵活一些，还可以小的让步作为配合，作为对对方的“屈从”，这样，整个合同的签约问题可能就会大功告成。

（四）注意扬长避短

推销人员在洽谈中应尽量突出自己的优势和长处，或者用自己的强项遮掩自己的弱项。例如，本企业生产的药品在价格包装等方面与市场上的同类药品相比不占优势，但是，由于是老厂，药品在本地群众中享有较高信誉，大家已普遍认可，运货也很方便、及时。此时，推销人员应强化优势，说服客户签定合同。但扬长避短并不是故弄玄虚、蒙混过关，更不能弄虚作假、欺骗客户，只是在洽谈的内容上有所选择、有所侧重。

（五）折中调和

在洽谈处于僵持局面，互不相让时，推销人员提出折衷调和的方案，即双方都做一些让步以达成协议。例如我同意价格降低5%，但你必须增加20%的订货数量；或我同意用你的部分原材料，但运输费用由你承担等等。折衷调和看似公平合理，但实际并非完全如此，推销人员要仔细计算，权衡得失，用数字说明问题。折衷调和成功，本身就意味着双方都有让步的余地。因此，推销人员应心中有数，在关键问题上绝不让步，在原则立场上必须坚持，这样才会减少损失，争取最大的利益。

第三节　药品推销障碍处理技术

一、推销障碍的定义

推销障碍，是指在推销过程中客户的异议和看法对推销工作形成的各种阻力和障碍，又称客户异议。

在药品推销过程中，客户对推销人员、推销的药品以及对推销服务等提出异议或者不满是经常出现的事情，也是一种正常的反应。从利益分配的角度看，推销人员与客户永远是矛盾的两个方面，他们各自以自己的利益选择标准去衡量对方的利益趋向，异议产生当在情理之中。部分客户，特别是药品经销商，由于信息传播等原因，并不十分清楚自己应该经营什么药品；有些药品推销人员对市场定位、客户需求的研究也不够，其间难免会出现不同的看法。

异议反映了客户的疑虑。不同的客户，购买不同推销人员的不同药品，在不同的阶段会有不同的心理反应，可能先是疑虑，进而表现出否定的态度。

其实，客户异议对推销工作是有帮助的。客户产生异议，表明他对推销活动已产生了注意和兴趣。客户提出异议本身即是一种购买信号，随后是进一步的了解、探讨和协商，最后是购买决定。

因此，推销人员应正确、客观地对待客户异议，具体分析异议内容，策略处理各种类型的推销障碍。

二、推销障碍的分类

（一）根据异议内容不同分

1. 需求障碍　需求障碍是指客户对不需要的药品提出的异议。如：“我们已经有了这种药品。”“我们不用这种药品。”

2. 价格障碍　价格障碍是指客户因药品价格太高而提出异议。如：“药价这么高，我们卖不出去。”“用其他的药吧，这药太贵了！”。

3. 药品信誉障碍　药品信誉障碍是指客户对药品的质量、规格、品牌等方面提出的异议。常见的说法有：“这种药的质量能行吗？我以前可没有用过啊！”“你们厂的品牌不过硬，恐怕不好卖啊！”。

4. 服务障碍　客户常常以送货不及时,服务不周到、不理想等为理由而提出的异议。如：“上次发货太慢,影响了我们的效益。”“以前我们的许多要求都没有解决,咱们不能合作了。”

5. 对推销员及其所代表的企业形象的障碍　由于推销人员自身的素质不高或其所代表的企业社会形象不好，客户因此而提出异议。

6. 竞争障碍　客户因为已经使用或正在使用其他厂家的同类药品，因此拒绝购买。

（二）根据客户的具体表现分

1. 借口　客户以各种借口拒绝购买，常用的借口有资金不足、无权决定、需要考虑等。

2. 偏见或成见　由于客户的经历不同，观念不同，对推销人员、推销的药品或其代表的企业形成偏见或成见，往往带有较强的感情色彩，不理智地提出反对意见。

3. 出言不逊　在推销过程中，个别客户有时故意刁难，恶言相对，表现为语言粗鲁、态度恶劣，并且不再进一步谈及与购买有关的事宜。

4. 沉默　客户对异议不直接提出，而是表现为边看样品边摇头，或欲言又止，或仅说半截话。

5. 反问　有的客户想进一步了解有关情况，但又不便主动要求，于是以反问的形式表示出异议的态度。

对以上各种类型的推销障碍，推销人员应表现出相当的热情和耐心，仔细观察，认真准备，巧妙应对，促成交易。

三、推销障碍的处理原则和策略

（一）推销障碍的处理原则

一个优秀的推销人员，应该能够妥善处理各种推销障碍。一旦出现推销障碍，推销人员应多从自身找原因，除了继续坚持以客户为中心，坚持需求第一、互惠互利、诚信为本、说服诱导原则外，还应注意以下三点。

1. 正视客户的异议　在一般情况下，客户在异议未消除之前是不会做出购买决定的。因此，推销人员对客户的异议决不能回避，唯一正确的做法是尽早让客户把异议表述清楚，并予以圆满解决。

2. 不与客户争辩　与客户保持融洽的关系方能推销成功，这是一个永恒的原则。推销人员应时刻提醒自已：争论解决不了任何问题，争辩的结果只能是感情和自尊的伤害。工作中常常听到部分推销人员说：“今天我又把他（客户）训了一顿！”“这一次他（客户）可真是无言应对了！”对于这样的推销人员，仔细考察他的推销业绩就可以得出其与客户争辩的结果了。但应注意，不与客户争辩并不是一味地顺从客户或不敢否定客户的异议。有时，正面表述与客户不同的意见也会收到不错的效果。这里需要把握的是一个度的问题，既要使对方接受合理的意见，又不伤害感情、使对方难堪。

3. 重视双赢　在推销工作中，推销人员会面对种种障碍，有的无理取闹、百般刁难，有的贪得无厌、得寸进尺，但自己应该时刻想到通过交易达到双赢的目的。促成交易是推销人员的天职，有时，即使交易不成，与客户交个朋友、交流一下信息和感受，也不失为一个好的结果，也许还会对今后的推销有所帮助。

（二）推销障碍处理的策略

面对客户的异议，推销人员在坚持处理原则的前提下，处理的策略主要表现在对时机的把握上。

1. 在客户提出异议之前答复　一个优秀的推销人员应该清楚在推销过程中客户会提出什么问题，并及时把问题先提出来。这样可以避免与客户的正面冲突，节省洽谈时间，客户还会认为推销员非常了解他，把他想说而没说的意见都说了，为赢得信任奠定了基础。应该说，没有障碍的推销才是最顺利的推销。

2. 立即答复　对比较简单容易回答的问题，比如交货的时间、地点、付款的方式等，推销人员应立即回答。这样可表示对客户意见的重视，具有讨论气氛，效果会比较好，同时可中断客户的其他异议。这就要求推销人员具备灵活的应变能力、敏锐的思维能力、丰富的知识和一定的推销实践经验。

3. 推迟答复　如果推销人员对客户的异议不能立即给予满意的答复，可暂时放下不予答复；如答复后会造成推销工作的被动，或影响整个推销计划，也要推迟答复；如果推销人员对异议不十分清楚，或虽勉强回答但不能自圆其说，也要推迟答复。推销人员应切记，考虑不周的答复要比不及时的答复危害性更大。

4. 拒绝答复或保持沉默　客户可能会顺口提一些与交易关系不大的问题，或明显的刁难、戏言等，推销人员应分具体情况拒绝答复或保持沉默，如勉强回答，可能会节外生枝，惹来不必要的麻烦，从而影响整个推销工作。

四、常见推销障碍的处理

（一）价格障碍及处理

价格障碍是指由于推销药品价格与客户所估计的价格有较大出入而提出的异议。

1. 价格障碍产生的原因

（1）客户将其与同类药品的价格进行比较得出的结论。

（2）客户的收入水平与推销人员所推销药品之间的差距较大，客户难以接受。

（3）客户根据心理定势，认为无论什么药品的价格，都要“砍”一下再成交才不吃亏。

（4）对推销的药品总体评价不满意，不便说出它的不好之处，便以价格为借口来推诿。

（5）客户（主要是中间商）想以更低的买进价格战胜或超过自己的竞争对手；或为追求利润，不愿经营利润较低的药品。

(6) 客户把推销人员的让步看作是自己谈判水平的象征，以此来显示自己的身份和能力。

对以上原因的正确分析和客观把握，对推销人员妥善处理推销障碍有重要意义。

2. 价格障碍处理注意事项

(1) 强化价值观念，弱化价格意识　客户购买药品，自然要付钱，但他们往往考虑的是能够尽量少付钱。因此，推销人员应先让客户充分认识到所推销药品的价值，特别是所推销药品的独特的价值所在，激发其购买欲望，以此来分散对价格的注意力。注意掌握"不问价不报价，问价才报价"的策略，同时注意不要围绕价格问题与客户进行讨论。还要注意，即使报价，也不要就价格问题征询客户的意见和看法，更不要妄加评价。

(2) 强调自身优势　客户在购买或订货时，往往在价格上与其他商家的同类药品作比较，提出异议。此时，推销人员可引导客户正确看待价格差异，着重强调自己推销药品的优势所在，比如品牌效应、病人认可、交货方便及时、售后服务灵活到位等等。通过各方面的综合分析，让客户感觉到成交是理智的，是正确的选择。

(3) 解释相对价格　从推销学的意义上说，药品价格"便宜"与"昂贵"的含义界定并不确切，往往带有浓厚的主观色彩，在很大程度上是一种心理感觉。因此，推销人员应善于比较，找到自身的价格优势，说服客户购买。比如："这种药与××药相比，每盒是贵1.5倍，可是您看看说明，数量是××药的2倍啊！"

(4) 适当让步　交易过程中，双方在价格上保持一定的弹性，各自作出让步，这是解决客户价格异议的方法之一。因此，推销人员对价格让步要有心理上的准备，报价时可以比实际定价高一些，留有一定回旋余地，这样可使客户有买到较低价格的感觉，自己所代表的企业也可获得正常利润。也有不让价格而以其他方式补偿的处理方式。

在价格障碍处理过程中，当双方意见相差太远时，推销人员一般不宜越权直接做主，应按程序向有关上级部门或领导请示汇报，这样既可向客户表示推销人员的诚意与重视，也显示了推销人员比较高的素质修养。

（二）质量障碍及处理

质量障碍是指客户对药品质量方面提出的异议或怀疑，是一种深层次的推销障碍。在药品市场竞争激烈的今天，人们的质量意识、法制观念日益增强，因此当客户在药品质量方面提出异议时，推销人员应予以足够的重视，认真解释，并将具体情况归纳分析上报企业，以便及时处理，改进药品质量。

1. 质量障碍产生的原因

(1) 药品质量确实存在（或曾经出现过）问题。

(2) 客户对药品生产企业生产的新药缺乏了解，对其质量提出怀疑。

(3) 药品的副作用比较大，患者难以接受。

(4) 部分病人由于心理定势，认为低价药品质量上难以保证。

针对以上不同原因而提出的异议，推销人员应具体分析，妥善处理。

2. 质量障碍处理注意事项

(1) 深深热爱自己所推销的药品 这是优秀的推销人员冲破药品质量障碍的有力武器。推销人员如果对自己推销的药品没有感情，在推销过程中就会缺乏自信和热情，客户就不免产生“为什么连他自己也不喜欢?”的疑问，进而怀疑所推销药品的质量。因此，推销人员应尽最大努力，通过各种途径熟悉和掌握所推销药品的有关知识。

①参加实践 药品生产企业的推销人员应亲自参加药品的设计、生产、质检等环节的实践活动，掌握有关药品生产、技术等资料，如原材料、生产工艺、设备、质量标准等。这样，不仅可以加深与推销药品的感情，在推销时对各种质量问题也能给予有理有据的答复。

②注意培训 许多规模较大、层次较高的企业经常举办各类培训班，推销人员在此可以学到许多有关药品的知识以及销售理论和技巧，如药品的各种剂型、规格、价格、用途、副作用、贮存保管、注意事项等。

(2) 肯定客户的异议 当客户对自己推销的药品提出异议时，即使有时是道听途说的误解，推销人员一般也要予以充分肯定，决不可断然否定或急躁地予以反驳和辩论，应采用各种方法，让客户消除异议。客户因药品价位太低而怀疑药品的质量时，推销人员可通过展示有关资料来有效回答这些疑问，比如药品生产许可证、质检报告等。当客户对药品以前曾出现过的质量问题提出疑问时，推销人员应先肯定曾有此事，然后再告诉他现在的情况，比如改进的措施、方案以及现在其他客户的反映等。当客户因心理定势对药品质量表示出异议时，推销人员可适度予以否定，如：“许多客户也有这种观点，但事实上并不是这样的……”如此，先肯定再否定，既保住了客户的面子，又让他体面地下了台阶。

(3) 巧妙地运用道具 推销人员巧妙地运用有关道具，如药品本身、相关资料、图表或宣传用的精彩卡片，往往会取得出其不意的良好效果。但使用这种方法一定注意不能采用虚假的道具，以免给客户留下不好的印象，要用药品的真实品质获取客户的满意。在推销界有句流行的说法：即使你所出售的商品只是一粒毫不起眼的石子，但你仍须以天鹅绒包装。推销人员运用得体、恰当、美观的推销道具，会帮助客户认识到外表普通的药品内在的丰富价值，从而使客户对药品认识得更全面、更深刻。

（三）服务障碍及处理

服务障碍就是客户对服务态度、服务质量、服务内容等附加产品方面提出的不满。

现代市场营销对产品的理解是整体性的，产品由三部分组成：核心产品、形式产品和附加产品。其中附加产品即客户在购买药品时所获得的各种附加利益的总和。现代市场竞争日益激烈，越来越多的药品生产企业、经营企业意识到售后服务的重要性，并且向客户出售和提供越来越多的附加利益。

1. 服务障碍产生的原因

(1) 推销人员及自己所代表的企业宣传力度不够，客户不清楚可享受到哪些服务，不知道附加利益有多大。

(2) 在以前的交易过程中，客户没有享受到应该得到的附加利益，出现了因噎废食的现象。

(3) 客户道听途说，产生了一些无中生有的疑问。

(4) 推销人员或其所代表的企业在服务方面确实存在问题。

2. 服务障碍处理技巧

(1) 先行动后解释　如推销人员或其所代表的企业确实存在服务方面的问题，推销人员就应把客户异议详细归纳，如实报告给自己的上级或及时反馈给单位。这种以实际行动来提高服务质量、消除客户疑虑的方式，比以任何理由为借口的解释都要好。

(2) 诚恳地对客户说“对不起”　当发现以前的客户确实没有享受到应有的服务时，推销人员要诚恳地向客户道歉，如此方可化紧张为和谐。卡耐基曾告诉人们：“从不道歉的人交不到朋友。”对于一个企业来说，良好的售后服务是它在激烈的竞争中战胜同行的法宝。企业的所有员工，无论是一线的推销人员，还是生产人员、管理人员，甚至是最高层领导，都应时刻将“为客户服务”放在第一位。

(3) 加大宣传力度　一般来说，客户自身很难完整地意识到药品推销的附加服务，他们有的只是部分体验和感受。因此，推销人员应对附加服务的内容加大宣传力度，强化客户的体验和感受。

(4) 着眼全局，防患于未然　推销人员对待推销工作应从大局考虑，不能仅以局部利益作为处理问题的出发点。在具体工作中，可能不是个人的原因导致了服务推销障碍，或者亲自处理这些问题会丧失个人的局部利益，但推销人员应从大局出发，从长远出发，决不能只注重一次性推销结果，而失去了以后的合作机会。

当然，推销人员在处理服务障碍时更不可为拉拢生意而给客户许下许多事后不能履行的诺言或服务。这样，尽管推销人员可能会接到订单或售出药品，但是客户却因此蒙受了损失，推销人员会永远失去下一次合作的机会。所以，推销人员在进行承诺时要实事求是，用实际行动而不仅仅是承诺来满足客户的服务要求。

第四节　药品推销成交技术

推销成交是指客户接受推销人员所推销的药品或建议，表明成交意向并采取行动进行实际购买的过程。

推销成交是推销洽谈的继续，是一个完整的推销过程的最终目标。在成交时，推销人员不仅要继续接近和说服客户，还要善于识别各种成交信号，采取有效的措施，帮助客户做出最后的选择，完成一定的成交手续并促成交易。

一、推销成交信号

推销成交信号是指客户在推销洽谈中所表现出来的各种带有成交意向的言语、表情、动作等信息。

成交信号的表现形式比较复杂，一方面取决于推销洽谈的环境和气氛，一方面又受到客户的个性特征和购买观念的影响。在大部分洽谈中，客户往往不会首先提出成交，更不愿主动明确地表示成交，此时，推销人员必须善于观察，及时、客观、准确地理解并捕捉各种成交信号，促成交易。

在药品推销工作中，客户常用的比较典型的成交信号有以下七种。

（一）接受推销人员的重复约见

一般而言，客户是不愿意重复接见根本无成交可能的推销人员的，如果他乐意接受或主动提出约见要求，说明双方的关系可以继续发展，成交只是时间的问题。

（二）接待态度由冷变热

这表明客户开始关注推销人员和他推销的药品，并产生了一定的兴趣，暗示着客户的成交意向。

（三）要求拿出样品和有关证件

这表明客户有购买意向，推销人员应抓住有利时机，促成交易。

（四）对药品的质量、价格等问题提出异议

这说明客户对推销的药品有了更深的考虑、更具体的要求，比如："听说其他厂家的同类药品比你们的便宜。""如果我们（中间商）卖不出去，你们能退货吗?"等等。

（五）主动介绍单位相关人员

接见人主动向推销人员介绍该单位负责采购、财务、管理方面的其他有关人员，这是比较明显的成交信号，表示他正吩咐有关人员做好具体工作。

（六）询问相关事宜

如交货时间、付款折扣、交货方式等具体事宜，这是明显的成交信号。

（七）其他

如客户认真阅读、反复推敲有关推销资料，慎重考虑交易条件，将价格太高作为唯一影响因素而有意回避等等。

以上种种成交信号在实际推销过程中也常相互交叉、形式不一，推销人员应凭自己的职业感觉，准确判断，抢抓时机，随时都有可能促成交易。

二、推销成交的方法

在成交过程中，推销人员一方面应凭个人的综合判断能力，找准成交信号；另一方面，则应有效运用成交方法。常用的成交方法如下。

（一）直接请求成交法

直接请求成交法即推销人员直接要求客户购买推销药品的方法。

对待一些老客户，可直接请求成交。因为双方已很熟悉，无需多加寒暄，再者，已有感情基础，客户也不便断然回绝。如："老张啊，感谢您上次的盛情招待，这次定什么货啊?"

当客户提出的主要问题都已基本明确，推销人员可及时提出成交请求。比如："王经理，价格、运输等基本问题都已谈妥了，下星期二我派小张把货送来"。

客户对推销的药品有购买意向，但又拿不定主意时，可采用直接请求成交法。例如："江经理，这事就定了吧，肯定保您满意"。

请求成交法的主要优点是能有效强化客户的购买行为，节省时间，提高效率，充分体现了现代推销精神：灵活机动，主动进攻。

（二）假定成交法

假定成交法是指推销人员假定客户已经接受推销建议而要求其购买药品的方法。

假定成交法不主动谈及是否购买的话题，跳越了敏感的成交决定环节，减轻了客户做出购买决策的心理压力，以"暗渡陈仓"的方式自然过渡到购买的实质问题上，是基本的成交方法之一，具有广泛的使用价值。如："王经理，这是订货单，订多少你就看着填吧!""李院长，上批药你用得还挺快呢，这次定多少?"

在使用假定成交法时，把客户的暗示反应看作明示反应，把成交信号当作成交行为，如把握得当，确能收到事半功倍的效果。但一定要注意选择，一般而言，对于依赖型客户、性格随和的客户以及熟悉的客户，可以选择应用；但对于那些支配型或过于自信的客户，则要非常慎重，以免让客户错觉为成交高压，破坏了正常的气氛。另外，推销人员应尽量使用自然、温和的语言，创造轻松的氛围，千万不可咄咄逼人，不然，本该成交的生意也会因此而夭折。

（三）选择成交法

选择成交法是推销人员先确定有效的选择范围，再要求客户在规定范围内做出成交决策的方法。选择成交法是假定成交法的进一步应用和发展，即假定客户购买的基础上再划定选择范围。如："李经理，你看是这个星期送货呢，还是下个星期?"

选择成交法，看似客户有决定权，其实这仅仅是一种选择权，客户在范围内决定，无论哪种选择，结果都是成交，却又无强加于人的感觉。在实际推销过程中，推销人员为客户提供选择的内容主要有药品规格、数量、付款方式、交货时间、运输方式等。

（四）小点成交法

小点成交法是指推销人员先解决小点再间接促成交易的方法。小点即较小的成交问题或次要问题。因此，小点成交法又称次要问题成交法或避重就轻成交法。

一般而言，客户对于重大的成交问题，比如大批量的采购等，往往非常慎重，比较敏感，信心不足，也不易做出明确表态。而对于较小的问题，比如小量的采购，客户往往容易明确表态。小点成交法正是运用了这个特点和规律，避免直接提及重大的和客户很敏感的问题，而是先解决较小的和客户不太敏感的问题。这样，可降低客户的疑虑，积少成多，循序渐进，逐步接近目标。例如："赵经理，这是新药品，您的慎重我非常理解，您看这次我先留下点样品，卖出以后再付款，这样可以吧？"

小点成交法也是以假定成交法为理论基础，小点成交只是试探成交，通过再次使用间接促成大点成交。但需注意不要盲目尝试小点成交法，否则会分散客户的注意力，效率相对也比较低，只有在不得已的情况下方可使用。

（五）从众成交法

从众成交法是推销人员利用客户的从众心理，促使其购买所推销药品的一种方法。从众心理是一种普遍的社会心理现象。客户的购买观念既受自身动机的支配，又受到社会购买环境的制约。个人认知范围的局限和社会环境的压力是客户产生从众心理的根本原因。一般来说，客户之间的相互影响力远远大于推销人员的说服力。推销人员可以利用客户之间的影响力，促成交易。如："孙经理，这是我们与其他公司的合同，听说，许多公司的经理您还很熟悉，您看……"

（六）机会成交法

机会成交法即推销人员向客户提示有限的成交机会，从而促使其购买的一种方法。俗话说："机不可失，时不再来。"大部分客户对有限的机会都会产生浓厚的兴趣，并会产生立即购买的内心冲动。

以上六种成交方法各有优点和不足，在具体推销过程中，可相互配合，互为补充，只有根据具体内容、具体条件，灵活选择，变通使用，才会收到好的效果，创造辉煌的推销业绩。

三、成交后应注意的问题

推销是一个连续不断的过程，这次的成交是下次推销的开端，以后的推销还要接二连三地做下去，与客户保持长期的合作关系。因此，推销人员不要认为成交了就万事大吉，更不可"过河拆桥"，应善始善终地处理好成交后的各个问题。

（一）恰当地表示友好的感情

这种友好感情的表达应发自推销人员的内心。可以说，正是双方有了友好的感情做基础，才有了成功的推销结果。需要说明的是，这种友好的感情并不仅仅包括感谢，因为每一次平等的交易，都是买卖双方双赢的过程。但现在的市场是买方市场，所以，推销人员作为卖方的代表，首先表示友好当属情理之中。

（二）适时告辞

一次推销成交后，双方各得其所，自然而退，合情合理。但大宗的交易成功后，推销人员迅速离开则略显不妥。在这种情况下，推销人员可选择适当的时间与环境，与客户作进一步的交谈、了解，通过一定的方式加深感情。但应注意，推销人员切不可因一次生意成交而眉飞色舞，或东拉西扯，喋喋不休，过多流露自己的感情。给客户留下的最好印象应该是：你为双方的合作而高兴，并且期望再次的合作。

（三）经常联系，保持关系

成交之后，推销人员要经常与客户保持联系，关心客户的生活和工作，了解所推销药品的使用情况，征求对自己及自己工作的建议和要求，利用各种机会，通过各种方式联络与客户的感情，加深与客户的友谊。推销人员要永远告诫自己，保住一个老客户，等于增添两个新客户；要时刻提醒自己，客户正在接受你的竞争者的访问，如不注意保持与客户的密切关系，自己的客户随时都有可能成为自己的竞争者的朋友。因此，与客户保持密切的联系，这是推销人员最重要的工作内容之一。

复习思考题

1. 目标客户应具备什么条件？寻找的方法有哪些？确定目标客户有哪些主要作用？
2. 何谓客户资格审查？主要应该审查哪些内容？
3. 为什么要对客户进行购买能力评价？这种评价包括哪些内容？
4. 对客户信用进行调查的常用方法有哪些？
5. 与客户约定访问时间和地点时，应考虑哪些因素？
6. 常见的推销接近方法有哪些？请举例说明。
7. 推销人员在第一次推销接近时应注意什么问题？
8. 何谓推销洽谈？推销洽谈应遵循哪些原则？为什么？
9. 何谓提示法？它包括哪些具体方法？举例说明。
10. 何谓演示法？它包括哪些具体方法？举例说明。
11. 何谓介绍法？它包括哪些具体方法？举例说明。
12. 推销洽谈过程中，推销人员应注意掌握哪些策略和技巧？
13. 何谓推销障碍？作为推销人员应该如何客观理解推销障碍？
14. 常见的推销障碍可分为哪几种类型？
15. 处理推销障碍应遵守哪些原则和策略？
16. 价格障碍、质量障碍、服务障碍常常是由哪些原因引起的？推销人员在处理推销障碍时，应该注意什么问题？
17. 什么是推销成交？常见的成交信号有哪些？
18. 常用的成交方法有哪些？请逐一举例说明。
19. 推销成交后应该注意什么问题？

附：

案例分析

小王的初次拜访

小王，某医药公司销售代表，正在拜访某医院徐院长，目的是向该医院推销一种治疗高血压的新药。

小　王：（伸手）早上好，许院长，今天好吗？

徐院长：很好，顺便提一下，我姓徐，双人徐。

小　王：对不起。今天天气不错，真希望能与你出去打高尔夫球。你打高尔夫球吗？

徐院长：不，我不打。现在，我能为你做点什么吗？我很忙，你知道，医院有很多事等着我去处理。

小　王：你肯定很忙，每个人都知道你是我们市“外科一把刀”。

徐院长：（交叉手臂于胸口）听到这话我很高兴，还是说一说你的目的吧。

小　王：好，首先，让我做个自我介绍，我是××医药公司的医药代表王××，希望今天没有占用你宝贵的时间。我想向你介绍一下一种治疗高血压的新药。

徐院长：过去我们一直用××药等综合治疗高血压，效果一直很好。

小　王：听你这么说，我很遗憾，但你至少应尝试一下我们推荐的这种新药，说不定你会有意外的惊喜。

徐院长：也许我们将来会尝试用一下，但现在我们还不想改变我们医院治疗高血压一直以来的用药习惯。对不起，我要查房去。

问题讨论：

1. 小王的初次见面策略合适吗？他犯了哪些错误？

2. 你会怎样接近徐院长这样的客户？

处理异议、争取客户

小黄是××医药公司的销售代表，他的突出特点是细心、耐心。在一次药品交易会上，他不断地向顾客介绍公司治疗风湿性关节炎药品的用途、优点。一中年男子听了一会儿说，他的药店也卖这种药品，但很少有人来买，原因是药价太贵，而且厂家知名度不高，导致药品滞销。小黄听了后马上递给他和围观者每人一份资料，并说：“我们公司这种治疗风湿性关节炎的药由几十种名贵药材经科学配方组成，经过了严格的临床实验后由国家药监局批准生产，与同类药品相比价格是贵了点，但它具有起效快、作用时间长、控制风湿症状后不易复发等优点，这些资料是部分患者的感谢信和××等多家医院临床使用后的结果报告。但由于这种药上市时间不长，知名度不高，我们公司已准备在中央电视一台、××等省电视台和多家报刊发布广告，我们相信凭药品的疗效和强大的宣传，知名度会大大提高。而且，国家已批准该药品为非处方药，充分证明该药安全可靠、疗效确切，患者可不经医生处方自行购买，各药房、药店、保健品零售店等均可销售。而且公司规定，定货量在 10 万元以上的送货上门，并在定货单位所在地举行一次以上的宣传活动，价格也有优惠，交款时间也可等到药品卖出三分之一以上时才结算。”

问题讨论：

1. 你认为小黄处理顾客异议的方法是否适当？

2. 你估计小黄的推销业绩会怎样？

下篇　实训教程

实训一　药品知识

（2 学时）

一、目标

观察常用药品剂型和麻醉药品，了解失效药品的一般外观变化，学会注射剂的外观检查，熟悉药品的批准文号、生产批号、有效期、失效期、商标等包装标识。

二、准备

（一）常用制剂

1. 液体剂型

(1) 注射剂　青霉素粉针剂、阿托品、肾上腺素、庆大霉素、氯化钙、生脉、茵栀黄、复方丹参等注射剂。

(2) 溶液剂　10%氯化钾。

(3) 合剂　胃蛋白酶合剂、复方甘草合剂。

(4) 酊剂　橙皮酊。

(5) 糖浆剂　复方咳必清糖浆。

(6) 洗剂　炉甘石洗剂。

(7) 吸入剂　亚硝酸异戊酯、乙醚。

(8) 气雾剂　异丙肾上腺素、特布他林。

2. 固体剂型

(1) 片剂　阿司匹林片、安定片、当归浸膏片。

(2) 胶囊剂　维生素 E 胶囊、田七痛经胶囊。

(3) 丸剂　保济丸、六神丸。

(4) 散剂　板蓝根冲剂。

(5) 膜剂（薄片剂）　毛果芸香碱膜、避孕药膜。

(6) 微型胶囊（微囊）　维生素 C 微囊。

3. 半固体剂型

(1) 软膏　四环素软膏
(2) 眼膏　氯霉素眼膏
(3) 乳膏　肤轻松乳膏
(5) 硬膏　伤湿止痛膏
(6) 栓剂　退热栓、消炎痛栓
4. 控释制剂和缓释制剂
(1) 口服控释剂　氨茶碱控释片
(2) 控释贴膏　硝酸甘油贴膏
(3) 眼用控释剂　毛果芸香碱控释眼膜、氯霉素控释眼丸
(4) 口服缓释剂　茶碱缓释片

（二）失效药品示教

肾上腺素注射剂和毛果芸香碱注射剂（变色）、青霉素（有效期已过）注射剂、链霉素（沉淀）注射剂、氯化铵（潮解）、止咳糖浆（霉变）、糖衣片（变色）

（三）注射剂外观检查

陈列封口不严、有裂纹、有异物、霉变、浑浊、沉淀、变色、标签不明、超过保质期等的各种大型输液及安瓿制剂标本。

（四）常用麻醉药品

吗啡、哌替啶等。

三、指导

复习药品包装与标签、药物剂型等内容。

四、内容

（一）通过实物介绍常见药品剂型、麻醉药品、药品生产批号、有效期、失效期、变质药品及注射剂外观检查等。
（二）分组观察上述药品。
（三）变质药品及注射剂外观检查。

五、评分标准

通过提问，讨论药品常见剂型、包装标签内容和学生实际观察所展药品的表现评分。

实训二 参观医院药房

（2学时）

一、目标

（一）了解调剂室的设置、主要装备以及调剂药品的摆设。
（二）掌握调剂的作业方式和调剂程序及其要点。
（三）了解药库的分类、设置及装备。
（四）掌握药品的保管方法与养护措施。
（五）明确调剂工作制度及药品存储保管养护管理制度。

二、准备

（一）事先联系好医院有关部门。
（二）带工作衣、帽及口罩、笔记本。

三、指导

复习调剂室的工作要求、药库、药品保管等内容。

四、内容

（一）首先听取医院相关部门负责人的介绍：①有关审方、计价、调配、复核、发药等工作对药学技术人员的能力要求和操作注意事项；②有关药品保管养护工作的具体做法。
（二）分组参观药房和药库，并随时询问有关问题。
（三）填写调查情况表（附表1）。

五、评分标准

现场提问，观察学生参观时的反应，批改调查情况表。

附表1　　医院药房工作情况调查表

医院名称		
药房人员配备情况	1. 药师以上人员　　名	2. 药士　　名
	3. 初级药剂人员　　名	4. 技工　　名
	5. 其他人员（护士、会计等）　　名	共　计　　名

续表

<table>
<tr><td rowspan="8">门诊调剂室情况</td><td>处方量</td><td colspan="2">月平均　　　　　　　　张　日平均　　　　　　张</td></tr>
<tr><td>调剂室常备
药品的种数</td><td colspan="2">普通药品　　　　　　种　毒性药品　　　　种
麻醉药品　　　　　　种　精神药品　　　　种</td></tr>
<tr><td>发药窗口</td><td colspan="2">处（专科窗口需注明）</td></tr>
<tr><td rowspan="4">主要工作制度
和操作规程</td><td>1.</td><td>2.</td></tr>
<tr><td>3.</td><td>4.</td></tr>
<tr><td>5.</td><td>6.</td></tr>
<tr><td>7.</td><td>8.</td></tr>
<tr><td colspan="3"></td></tr>
<tr><td>药品保管养护
管理工作情况</td><td colspan="3"></td></tr>
<tr><td>全院药品月供应总额</td><td colspan="2">品种　共　　　　　　　　种</td><td>金额　约　　　　　元</td></tr>
<tr><td rowspan="3">药库工作职责范围</td><td colspan="2">1.</td><td>2.</td></tr>
<tr><td colspan="2">3.</td><td>4.</td></tr>
<tr><td colspan="2">5.</td><td>6.</td></tr>
<tr><td rowspan="2">药品逐日消耗统计办法</td><td colspan="3">1. 统计原则：</td></tr>
<tr><td colspan="3">2. 统计品种总数　　　　　　种</td></tr>
<tr><td>实行“金额管理、数量统计、实耗实销”的情况</td><td colspan="3"></td></tr>
</table>

调查后的体会或建议：

调查人：　　　　　　　　　　年　　月　　日

实训三　参观药店

（2学时）

一、目标

（一）熟悉药品店堂推销基本程序。

（二）结合药品销售营业程序，熟悉处理顾客异议的方法和技巧。

（三）了解药店店堂布置、药品陈列、广告设置等。

（四）观察营业员的应答技巧、服务态度。

二、准备

（一）事先联系好药店。

（二）带工作衣、帽及口罩、笔记本。

三、指导

复习药品柜台销售的有关知识。

四、内容

（一）仔细观察药店经营人员销售药品的详细过程。

（二）领会药店经营人员处理顾客异议的要领。

（三）观察货架布置、药品陈列、店内广告设置等。

（四）每位同学写一份参观体会（包括主要收获、存在不足，对药店药品销售活动的看法，对顾客异议的理解，对处理顾客异议应注意问题的认识等）。

五、评分标准

现场提问，观察学生参观时的反应，批改参观体会。

实训四 处方审查计价

（2学时）

一、目标

（一）通过查阅医院门诊处方和住院病历，初步学会对处方的前记、概貌、药品规格、剂量、药物配伍禁忌及其他不合理用药和医师签名的审查。

（二）初步掌握计价的方法和要点。

二、准备

中药处方、西药处方和中西药物合用处方各50或100张，统计附表，自备纸笔。

三、指导

（一）处方前记的审查要点

审查医院全称、门诊号或住院号、处方编号、科别、病人姓名、性别、年龄及日期等是否填写完整，有无日期、姓名、年龄的涂改变更等。

（二）处方概貌的审查要点

1. 是否清楚，有无涂改不清。

2. 正文的药品名称、剂型、规格、数量、剂量单位及用法等内容是否齐全，有无笔误、缺项或项目内容不完整等情况。

3. 处方药名有无错别字、自造简化字等不规范书写情况。

（三）药物剂量的审查要点

主要审查有无剂量过大或过小的情况。审查方法如下。

1. 根据药物的性质考察其剂量。

2. 根据药物的剂型、配伍考察其剂量。

3. 根据患者年龄、体质、病情衡量其剂量。

（四）配伍禁忌及其他不合理用药的审查要点

1. 汤剂配伍、中成药与中成药配伍、中成药与汤药或引药的配伍有无“十八反”与“十九畏”的配伍禁忌。

2. 西药与中药、西药与西药的配伍有无理化性配伍禁忌（形成难溶性物质、产生有毒化合物、酸碱中和）和药理性配伍禁忌（生物效应的拮抗、因酶促作用而降低药效或增加毒副反应等）。

3. 有无妊娠用药禁忌。

4. 有无哺乳用药禁忌。

5. 有无药性与病症禁忌等情况。

（五）不合理用药的处理原则

产生不合理用药的主要原因是对药物制剂的组成不甚了解；对药物的理化性质及药理作用机制不太清楚；对患者情况未作具体分析而单纯采用对症治疗；对治疗效果要求过高而采用多种药物配伍或大剂量和长期用药等。因此在审方中要特别注意患者年龄、性别、剂量、疗程和配伍用药的情况，不仅要以方审方、以药审方，必要时还要以症审方，避免不合理用药情况的发生。

处理的一般原则是了解医师的用药意图，发挥制剂应有的疗效，保证用药安全、有效与合理。

凡两种或两种以上药物配伍后将产生不利于调配、应用和治疗而又不能纠正的不合理配伍变化，如泼尼松与四环素合用易继发真菌性伪膜型肠炎等药源性疾病等，应请医师另行处方。对于能设法纠正的不合理配伍变化，应与医师联系协商解决，常采用的方法有：改变处方中某一成分的量；取消或更换处方中某一成分；处方中再增加某一成分或辅料；改变服药时间或改变服药间隔时间；改变药物剂型或给药途径等。

（六）计价方法（详见第二章）

四、内容

逐张审查150或300张医师处方（或病历），统计不规范或不合理用药处方（包括不合理配伍的处方）的类型和发生频率；分析与讨论上述情况的原因，并提出处理意见；对合格处方进行计价。将上述结果填入附表2（填写药价和处理意见时应标明病历号）。

五、评分标准

（一）评分办法

速度40分，质量60分。两项实得分各占应得分的60%为及格。

（二）速度评分

50张处方在60分钟内完成得40分，提前不加分，每超过1分钟扣3分，超过10分钟停止操作。

（三）质量评分

统计均符合要求得60分，漏审一处扣5分，错审一处扣4分，分类、统计每错一处扣1分，计价每错一处扣4分。

附表2　　处方审查统计表

项目 \ 分类		中药处方（50或100张）	西药处方（50或100张）	中西药结合处方（50或100张）
合格处方	统计	______张（______%）	______张（______%）	______张（______%）
	计价			
不合格处方	前记内容不完整	______张（______%）	______张（______%）	______张（______%）
	正文内容不齐全、书写不规范	______张（______%）	______张（______%）	______张（______%）
	剂量过大或过小	______张（______%）	______张（______%）	______张（______%）
	配伍禁忌、违反禁忌症等	______张（______%）	______张（______%）	______张（______%）
	不合理用药处方的处理方案			

实训五　药品包装捆扎

（2学时）

一、目标

（一）掌握数药片的基本方法。

（二）掌握常用的散剂、片剂包装方法：四角包、五角包。

（三）掌握常用的药酒捆扎方法：两瓶捆扎、三瓶捆扎。

二、准备

25cm×25cm包装纸、散剂、调剂天平、片剂、牛角勺、药酒瓶、塑料绳。

三、指导

（一）数药片

1. 药片为口服制剂，数药片时务必注意：①操作人员要注意个人卫生，切忌用手拨动点数；②要注意环境清洁，做到室内和操作器皿无灰尘；③操作台要垫好纸，保证清洁卫生。

2. 常用的操作方法有：①用专用的牛角匙直接从药瓶内撮取，边撮边数，一般每匙五片。根据药片的大小可适当增减每匙的定量，这种方法一般是在销售的过程中拆零分装药片时使用；②将药片倒在预先准备好的包装纸上，然后按顾客需要量，用牛角匙拨数，这种方法在月末盘点药品时也适用。

（二）四角包（附图 1）

1. 准备　将一张 25cm×25cm 的包装纸，呈对角线平放操作台上，朝向操作者的纸角称为里角，将称好的药品放置在中心处。

2. 叠漏斗形兜　左手拇指、食指捏里角，在对角线的 1/3 处向前折叠，右手食指、中指压折叠的里边线。然后，右手在右侧按于里边线 1/3 处，同时其余四指将右角折起与里角相叠在一起，里角边线与右角折叠的边线重合。左手拇指与食指捏住两角重叠边缘，把重叠的尖端朝下，此时呈漏斗状包形。

3. 折叠兜盖　腾出的右手拇指和小指在里侧，其他三指在外侧，将兜托起，左手拇指配合右手拇指按压里角与右角重叠的边，使之呈水平状，然后，左手折叠左角，右手用同样的方法向左折叠外角，使其折叠边线与左角折线重合，伸出包外的余角用双手拇指与食指配合掖进掖口处。四个面均呈三角形、四个角棱角分明。

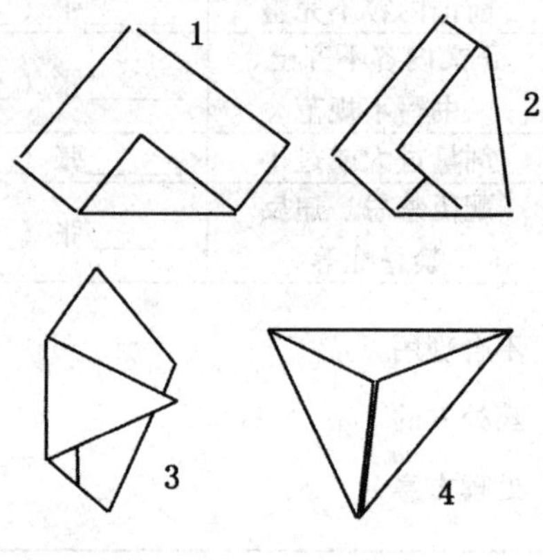

附图 1　四角包

（三）五角包

准备工作与叠兜的方法同四角包相同。不同的是，折叠兜盖时，左上角折叠边线不与外角折线重合，也就是说，两角向内折叠幅度减小，使其呈梯形状。然后，双手食指与拇指配合将梯形状前纸角掖进掖口处。完成的包有五个角，端正、均匀、各面平整（附图 2）。

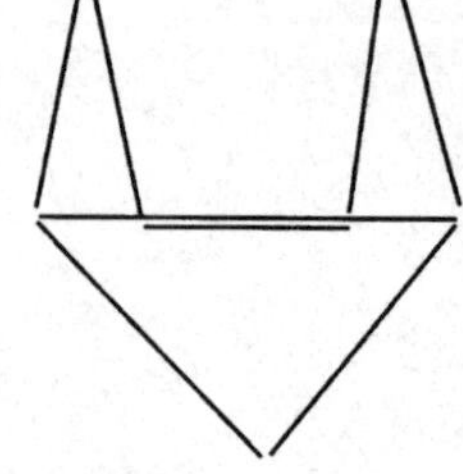
附图 2　五角包

五角包还有另外一种包法（附图 3）：准备工作与叠兜的方法与前述五角包相同。不同的是，折叠兜时，在对角线的 1/2 或 1/3 处斜向前折叠，左上角折叠边线与右上角线折线重合，然后，左手将左上角水平向右折叠，右手将外角向下折叠，再将伸出包外的余角用双手拇指与食指配合掖进掖口处。完成的包有五个角（下缘是两个直角，而前述五角包下缘则是三个角且无直角）端正、均匀、各面平整。

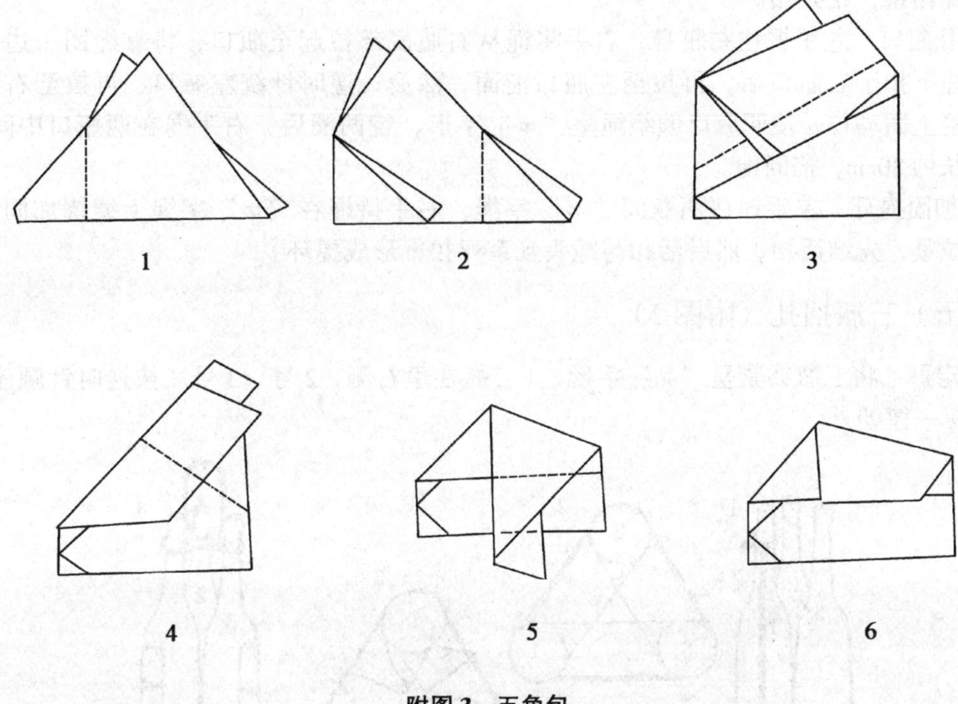

附图3　五角包

（四）两瓶捆扎（附图4）

1. 定形　将两瓶平行靠紧，立放于台面，商标一致朝外。

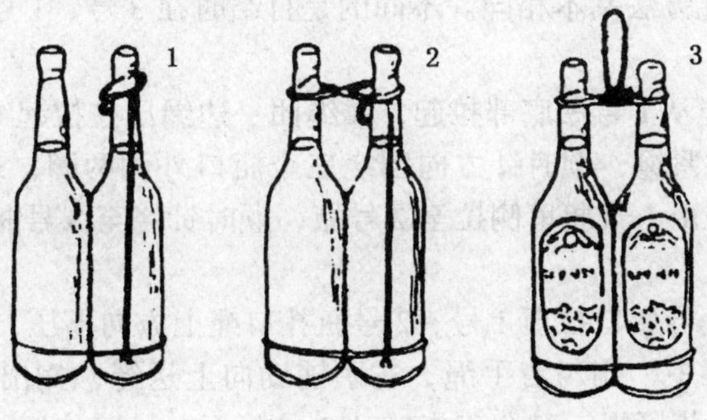

附图4　两瓶捆扎

2. 捆底　将绳团放在柜台右侧或右侧地面上（左手操作者相反），左手握绳头，右手握住靠绳团一端，左手拇指按放在右瓶后侧做准备。右手持绳顺时针方向围瓶底（距瓶底约3cm）绕圈，当绕至左手拇指处，拇指迅速将绳按住，使绳紧贴于瓶身，以避免缓扣。第二圈绕绳时，右手肘部高抬，小臂和大臂呈水平状（以免绳尾缠绕瓶口，影响速度，或碰倒瓶子）。右手绳绕至左手绳头时，右手绳在上，左手绳在下，两绳相错，然后，右手拇指、食指捏绳头，在两瓶后面中间捆底绳处，从上向下，由里往外掏绳头，掏出后，拉至右瓶后侧与左手绳相系，结死扣。

3. 扎瓶口　左手握住右瓶身，右手将绳从右瓶底部拉起至瓶口，将靠绳团一边的绳压在拉起绳下扣于右瓶口后，再拉至左瓶口前面，然后，逆时针绕左瓶口，再拉至右瓶口前面，重复上面动作，使两瓶口缠绕绳呈"∞"字形，绕两圈后，右手绳在两瓶口中间停住，留出绳长约 30cm，掐断绳。

4. 加固提环　左手捏住两瓶间"∞"字绳，右手持绳在"∞"字绳上缠绕加固，缠绕三道后拉紧，先结活扣，然后活扣与绳头互系死扣，形成提环。

（五）三瓶捆扎（附图 5）

1. 定形　将三瓶靠紧呈"品"字形，1 号瓶在里右侧，2 号、3 号瓶按逆时针顺序排列。三瓶商标一律朝外。

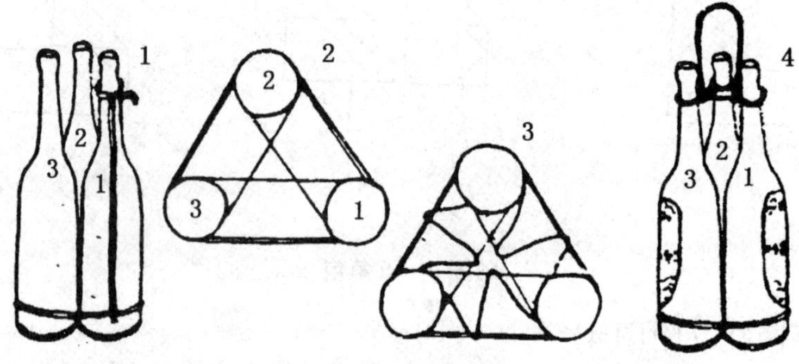

附图 5　三瓶捆扎

2. 捆底　与两瓶捆扎方法基本相同。不同的是打结时在 3 号、1 号瓶中间掏绳，在 1 号瓶后侧系死扣。

3. 扎瓶口　右手将绳从 1 号瓶底部拉起，靠绳团一边绳压在拉起绳下扣于 1 号瓶口，左手按住 3 号瓶身，右手拉紧绳，顺时针方向围绕三个瓶口外侧两圈，绕两圈回到 1 号瓶时，再进行里圈绕绳。顺序是由 1 号瓶里侧拉至 2 号瓶，顺时针绕至 3 号瓶，再由 3 号瓶口顺时针拉至 1 号瓶。

4. 加固　右手绳绕 1 号瓶口拉至 1 号、2 号瓶扎口绳上方向下压，左手食指从瓶口上方伸到里圈缠绕的小三角形中，掏勾右手绳，右手辅助向上送绳，掏出的环扣套在 2 号瓶口上。之后，右手拇指与食指紧绳，其余三指转动 2 号瓶至 1 号瓶位置，右手绳由 1 号、2 号瓶中间从上方拉绳至 2 号、3 号瓶中间下压，用上面方法掏勾环扣套 3 号瓶。重复上两次动作套 1 号瓶。

5. 打提环　用左手食指在 1 号瓶口内侧两绳相交叉处掏绳长约 25cm，右手绳交至左手，两手合掌上劲，在 2 号、3 号瓶口内中间打死结成提环。

四、内容

（一）包装散剂，四角包、五角包各3包，规格：3g/包、9g/包、12g/包。

（二）包装片剂，四角包、五角包各3包，规格：6片/包、12片/包、24片/包。

（三）捆扎药酒，两瓶捆扎、三瓶捆扎各一捆。

五、评分标准

（一）评分办法

速度40分，质量60分。两项实得分各占应得分的60%为及格。

（二）速度评分

1. 四角包和五角包（片、散各3包）共12包，在10分钟内完成包装（含称重或数片操作）得40分，提前不加分，超过1分钟扣10分，超过5分钟停止操作。

2. 两瓶捆扎在2分钟内完成、三瓶捆扎在3分钟内完成得40分。提前不加分，超过1分钟扣10分，延时超过3分钟停止操作。

（三）质量评分

1. 四角包和五角包　四角包的四个面均呈三角形，四个角棱角分明、匀称、端正；五角包的四个面平整，五个角端正、均匀、明显；包装松紧适度，掖口不露；药片计数正确；散剂分装符合要求（装量差异限度：3g/包的为±7%，9g/包、12g/包的均为±5%）；台面整洁，无药品洒落。完全符合得60分，不符要求者一项扣10分。

2. 两瓶或三瓶捆扎　两瓶捆扎商标朝一方、三瓶捆扎商标朝外，整体美观；每道捆绳间要紧凑不松散；提起后无碰撞声；打结绳头不超过3cm；手提环长短适中；捆底绳距瓶底的距离3cm左右。完全符合得60分，不符要求者一项扣5分。

实训六　中药处方调配操作

（10学时）

一、目标

（一）掌握对戥的基本要求和各类戥子正确的使用方法及校正方法。

（二）掌握中药有关的调配技术（减重称量法和看懂脚注）。

（三）了解临时加工配制药品在调配技术中的重要作用。

二、准备

处方、调剂台、药橱、中草药、戥称、包药纸（袋）或装药盘、捣筒、压方板、研钵、铁研船、拌缸、药筛、钢锉、镊子等。

三、指导

（一）仔细复习调配操作要领和调配操作的注意事项。

（二）用戥子称量中草药前要对戥，称量误差要符合规定要求，称量贵重药品和剧毒药品要用规定的量器。

（三）中草药分剂量调配要按减重称量法逐一称量，不可估计分剂量。

（四）临时拌制的中药要注意均一性。

四、内容

（一）对戥

戥称是调剂工作中常用的称量工具。一般称量中药饮片常用的戥称有 1～125g、1～250g、1～500g 三种规格；贵重和毒麻中药饮片的常用戥称规格有 100mg～50g。每次使用前要对戥，正确的对戥方法是把秤杆放在左手中指端和虎口上，砣绳挂小指端。空盘、用右手提起秤系置于秤标的零的位置上进行校正，检查无误后方可开始调配。

（二）一方单剂量调配

任选 10 张处方进行单剂量调配，严格按照正确的调剂规程进行正确的调配。如临床常用的桑菊饮、银翘散、麻杏石甘汤。

Rp

冬桑叶 9g　菊花 6g　杏仁 6g　桔梗 6g

甘草 3g　薄荷（后下）3g　连翘 6g

一剂　水煎服　每日一剂

Rp

薄荷 18g　淡豆豉 15g　荆芥穗 12g　银花 30g

连翘 30g　竹叶 12g　桔梗 18g　牛蒡子 18g

一剂　水煎服　每日一剂

Rp

麻黄 6g　杏仁 9g　炙甘草 4.5g　石膏（先煎）30g

一剂　水煎服　每日一剂

（三）一方多剂量调配

任选 10 张有代表性的处方严格按照减重称量法和有关正确调配规程进行调配。如临床常用的龙肝泻肝汤、大柴胡汤和防风通圣散。

Rp

龙胆草（酒炒）9g　黄芩（炒）6g　栀子（酒炒）6g　泽泻 6g

木通 6g　车前子 3g　当归（酒洗）1.5g　柴胡 6g

甘草 1.5g　生地黄（酒炒）6g

五剂　水煎服　每日一剂

Rp

柴胡 15g　黄芩 9g　大黄 6g　枳实（炙）9g
芍药 9g　半夏（洗）9g　生姜 9g　大枣 5 枚

三剂　水煎服　每日一剂

Rp

防风 15g　荆芥 15g　麻黄 15g　薄荷 15g
大黄（酒蒸）15g　芒硝 15g　栀子（炒黑）15g　滑石 90g
连翘 15g　黄芩 30g　石膏 30g　桔梗 30g
川芎 15g　当归 15g　白芍（炒）15g　白术 15g
甘草 60g

十剂　水煎服　每日一剂

（四）体积大疏松类中药处方的调配

任选 5 张此类的合格处方，要按照先中心、再包围的调剂方法。如临床常见的半夏厚朴汤、橘核丸、五味消毒饮。

Rp

制半夏 12g　厚朴 9g　茯苓 12g　苏叶 6g
生姜 9g

三剂　水煎温服　每日一剂

Rp

橘核（炒）30g　川楝子（炒）30g　桃仁（麸炒）30g
木香 15g　延胡索（炒）15g　桂心 15g
木通 15g　厚朴（姜汁炒）15g　枳实（炒）15g
海藻 30g　昆布 30g　海带 30g

三剂　水煎温服　每日一剂

Rp

银花 20g　紫花地丁 15g　紫背天葵子 15g　蒲公英 15g
野菊花 15g

三剂　水煎温服　每日一剂

（五）贵重药和毒麻药处方的调配

任选 5 张合格处方要严格按照有关管理规定进行调配，不得疏忽大意。如小金丹。

Rp

白胶香 150g　草乌（制）150g　五灵脂 150g　地龙 150g
木鳖 150g　乳香 75g　没药 75g　归身 75g

麝香 30g	墨炭 12g		

水煎服　每日一剂

（六）临时制剂的调配

任选5张含拌制药品的合格处方，严格按照拌制要求进行调配。如二陈汤加减处方、天麻钩藤饮。

Rp

朱茯苓 30g	半夏 12g	陈皮 12g	竹茹 12g
生枣仁 30g	柏子仁 12g	生龙牡（另）各 30g	茵陈 10g
珍珠母（另）30g	赤白芍各 30g	黑山楂 30g	炒苡米 30g
炒扁豆 30g	小米 10g	大枣 3 枚	

三剂　水煎温服　每日一剂

Rp

天麻 9g	钩藤 12g	石决明 18g	山栀 9g
黄芩 9g	川牛膝 12g	杜仲 9g	益母草 9g
桑寄生 9g	夜交藤 9g	朱茯苓 9g	

三剂　水煎温服　每日一剂

五、评分标准

（一）评分办法

1. 对戥　速度40分，质量60分。
2. 一方单剂量调配　速度50分，质量50分。
3. 一方多剂量调配　速度30分，质量70分。
4. 体积大疏松类中药处方的调配　速度50分，质量50分。
5. 贵重剧毒麻药的调配　速度30分，质量70分。
6. 临时制剂的调配　速度60分，质量40分。

各项均以质量与速度实得分数之和60以上者为及格。

（二）速度评分

1. 调配前的对戥在5分钟内正确完成者40分，提前不加分，超过1分钟扣5分，超过3分钟停止操作。

2. 10张单剂量处方在20分钟内完成调配全过程得50分，提前不加分，超过1分钟扣5分，超过5分钟停止操作。

3. 10张多剂量处方在60分钟内完成调配全过程得30分。提前不加分，超过2分钟扣5分，超过10分钟停止操作。

4. 5张体积大疏松类中药处方在40分钟内完成调配全过程得50分，提前不加分，超过

2分钟扣5分，超过10分钟停止操作。

5.5张含贵重剧毒麻药的中药处方在30分钟内正确调配完毕得30分。提前不加分，超过2分钟扣5分，超过10分钟停止操作。

6.5张含临时拌制中药的处方在60分钟内正确调配完毕得60分，提前不加分，超过2分钟扣5分，超过10分钟停止操作。

（三）质量评分

1. 对戥　校对戥称熟练准确，完全符合要求者60分。不熟练扣5分，不符合要求的每一步扣5分。

2. 单剂量调配　急症中药处方先行调配；按中药处方的先后顺序调配取药，取药操作规范，计数准确，脚注领会正确，戥称使用符合要求；包药纸包装牢固，整齐美观；不调配发霉变质中药；包装上病人姓名、用法用量、另包及注意事项填写简单明了，完全符合中药处方调配技术者得50分，不符合要求每项扣3分。

3. 多剂量调配　急症中药处方先行调配；能正确利用减重法调配多剂量处方；技术熟练。其他完全符合中药处方调配技术者得70分，不符合要求者一项扣5分。

4. 体积大疏松类中药处方的调配　急症中药处方先行调配；此类处方可用先中心后包围的方式调配，也可以先称取质重的中药核对无误后，再称取体积大的药物，将其放于其他药物的上面。完全符合要求者得50分，不符合要求者一项扣5分。

5. 贵重药和毒麻药处方的调配　正确按照此类重要药调剂方法调配者得70分。

6. 临时制剂的调配　临时拌制的药品须分清主次、拌制均匀、程序正确、分寸掌握合适。如药拌要均匀、酒拌要掌握酒量和时间等，达到要求的得40分，不符合要求者一项扣5分。

实训七　中药处方复核技术

（2学时）

一、目标

（一）掌握中药处方复核内容。

（二）明确中药处方复核的重要性。

二、准备

调配完毕的处方和中药。

三、指导

（一）复核时按审方要求再次审方，确认无误后再按处方内容逐项复核。

（二）复核时应注意调配的饮片是否符合医师处方的要求和剂数、有无多配、漏配、错配或混杂异物。

（三）复核时应注意调配的饮片有无生虫、发霉和变质现象。有无以生代制、生制不分的处方应付错误。

（四）详细阅读调配复核应注意的事项。

（五）按中药处方中药物的顺序逐一仔细检查。

四、内容

实训六中调配的方剂都可作为中药复核技术的练习。复核完毕将处方中药物分类拣出，经教师检查无误后放回斗谱。这样既可重复利用，又锻炼了学生识别中药的能力。

五、评分标准

（一）评分办法　复核速度50分，质量50分。

（二）速度评分　任选5个调配好的处方在15分种内复核完毕得50分，提前不加分，超过1分钟扣5分，超过5分钟停止操作。

（三）质量评分　复核程序正确、复核内容无误得50分，不符合者一项扣5分。

实训八　问病给药

（6学时）

第一部分　问病给药程序

一、问病给药的基本程序

主诉→提示可能的疾病→进一步详细追问病史或适当结合其他诊法，通过分析、综合，辨清疾病的原因、性质，将一些疾病排除，将某些疾病保留→对症选药（售药）、指导合理用药。

二、问病给药示例

患者男，33岁，腹胀、钝痛、消化不良。寻求指导用药，如何问病给药？

1. 主诉　食欲不振，进食后腹胀、钝痛或不适，伴有恶心及嗳气。

2. 提示可能患有的疾病　主诉均为非特异性症状和体征，既可能是神经性消化不良，也可能是某些器质性病变的表现，如：①劳力或精神激动后出现上腹部痛或不适，提示疾病可能为心绞痛；②进油腻食物右上腹部疼痛加剧，提示疾病可能为胆囊炎、胆结石；③上腹部在进食半小时后不适或疼痛加剧，提示疾病可能为胃溃疡；④饥饿时上腹部痛或进食2～3小时后疼痛加剧，提示疾病可能为十二指肠溃疡；⑤饭后上腹部不适，嗝气、恶心或呕吐后好转，提示疾病可能为慢性胃炎；⑥食欲减退、厌油、右上腹部钝痛，提示疾病可能为慢性肝炎；⑦消化不良、伴脂肪泻，提示疾病可能为慢性胰腺炎；⑧上腹部胃区钝痛，粪便潜血经常阳性，提示疾病可能为胃癌；⑨吞咽食物时，感到胸骨后疼痛或有阻塞感，提示疾病可能为食管炎、食管癌；⑩进食或服用碱性药后上腹部不适好转，提示疾病可能为消化性溃疡。要正确诊断还需进一步询问病史。

3. 进一步详细追问病史 该患者除上述消化不良症状外，上腹疼痛与进食间的关系具有明显的相关性和节律性，进食或服用碱性药后上腹部痛或不适好转，因此，可初步诊断为消化性溃疡（确定诊断时则需要通过X线钡餐检查及纤维内窥镜检查）。再通过询问患者的既往史、家族史及个人史，基本排除了患慢性胆囊炎、慢性胰腺炎、慢性肝炎、食管炎、食管癌、胃癌的可能。

4. 选择适宜药物

(1) 备选方案及药物

对症治疗：①增加食欲药 口服维生素 B_2、维生素 B_6、干酵母、香砂养胃丸、香砂枳术丸、人参健脾丸及保和丸等；②助消化药 胰酶片、胃蛋白酶合剂、多酶片；③康胃素。

西药治疗：①抑制胃酸分泌药 H_2 受体拮抗剂有西咪替丁、法莫替丁、雷尼替丁；胆碱受体拮抗剂有哌仑西平；胃泌素拮抗剂有丙谷胺；H^+-K^+-ATP 酶抑制剂有奥美拉唑；②中和胃酸药 抗酸药有氢氧化铝、碳酸氢钠、三硅酸镁、铝碳酸镁、氧化镁；③保护胃粘膜药 前列腺素E、生胃酮、硫糖铝、胶性铋制剂、海藻酸；④作用于中枢神经药物 舒必利；⑤抗幽门螺旋杆菌药 甲硝唑、四环素、阿莫西林、铋剂，一般选奥美拉唑、雷尼替丁等2~3种药的联用。

中成药治疗：①肝胃气滞（舌苔薄白）可用气滞胃痛冲剂；②肝胃郁热（舌红苔黄）可用加味左金丸；③瘀血阻络（舌质紫暗或有瘀斑）可用云南白药；④脾胃虚寒（舌质淡嫩边有齿痕、苔薄白）可用理中丸。

(2) 确定用药方案

①复方制酸剂与胃酸分泌抑制剂、H_2 受体拮抗剂、质子泵抑制剂合用治疗效果好，愈合率75%~85%，与保护胃粘膜药合用亦有较高愈合率。②根除幽门螺旋杆菌的方案：雷尼替丁或法莫替丁加用阿莫西林和甲硝唑，根除率60%~90%；奥美拉唑或兰索拉唑、阿莫西林或克拉霉素或四环素、甲硝唑或替硝唑的合用；胶体次枸橼酸铋、阿莫西林或克拉霉素或四环素、甲硝唑或替硝唑的合用，这两种联合用药方案的根治率均在90%以上。③用 H_2 受体拮抗剂或硫糖铝维持治疗，防止复发成功率为65%~90%。

从患者的既病史、用药史，还得知患者已有1年的消化不良病史，未做胃镜，服用过中药乌贝散和碳酸氢钠片等抗酸剂，能缓解腹痛，至目前多次复发。为此，建议患者去医院做胃镜检查和粘膜活检进行确诊，同时检测幽门螺旋杆菌（Hp）是否阳性。由于患者的病情不重，也可先尝试复方制酸剂与 H_2 受体拮抗剂的治疗方案（法莫替丁，一次40mg，睡前服；胃得乐，一次4片，一日3次，饭前或饭后服；用药8周），该方案由两种非处方药组成，文献报道愈合率75%~85%，相对来说比较安全、有效、经济，故选之。患者也乐意先尝试本方案。

5. 指导合理用药 务必按时按量服药；用药期间若出现皮疹应停药；慎用非甾体类消

炎药。此外，应当避免食用可能诱发或加剧症状的食物，注意劳逸结合，节制烟酒，保持乐观情绪。

第二部分 实训练习

患者女性，53岁。感冒，寻求导购中成药，如何问病给药？

一、目标

掌握问病给药的基本程序和注意事项。

二、准备

同学模拟药师、患者，相关药品数种。

三、指导

本实训采取“患者”、“药师”扮演角色的方式进行。由于患者要求服用中成药，中医学依据病因将感冒分为实证和虚证。实证又分为风寒感冒（治宜解表散寒、辛温宣肺）和风热感冒（治宜辛凉解表、祛风清热），虚证又分为气虚感冒（治宜益气解表）、阳虚感冒（治宜温阳解表）、血虚感冒（治宜养血解表）和阴虚感冒（治宜滋阴解表）等。证型不同用药上也有所区别。因此，可以安排7个或7个以上角色进行模拟演练，分别扮演药师及各种类型感冒病人。要求“患者”能在“药师”问病时，准确说出“自己”的症状和体征；“药师”则应能根据问病的结果作出正确诊断，并对症选药和指导合理用药。

问病方法及注意事项、对症选药及指导合理用药，详见第二章第四节“问病给药常识”。

四、内容

（一）角色安排 抽签临时决定。

（二）问病给药过程

1. 患者主诉。

2. “药师”与患者交谈，了解疾病的发生、发展和现状，诊治经过，既往健康状况以及有关生活经历等全部病史。

3. “药师”对症选药，并指导合理用药。

4. 病人就有关用药问题向“药师”询问。

五、评分标准

（一）评分办法

速度25分，质量75分。两项实得分各占应得分的60%为及格。

（二）速度评分

在12分钟内完成问病给药过程得25分，提前不加分，每超过1分钟扣5分。

（三）质量评分

“药师”问病的态度和蔼亲切，语言通俗；询问有目的、有层次、有重点；诊断正确；选药合理；注意事项交待清楚明了。完全符合要求得75分。其中诊断错误扣15分、诊断正确但用药错误扣除10分、其他不合要求的情况每项扣3分。

第三部分　选作实训

1. 有一位中专学生失眠伴有焦虑不安。如何问病给药？

2. 患者男性，30岁。恶寒、发热、发汗、头痛、胸痛、四肢酸痛、鼻塞、流清涕、咳嗽、痰清稀。如何问病给药？

3. 患者女性，35岁。外阴瘙痒，白带多，排尿痛或困难。如何问病给药？

4. 患者小儿，2岁。厌食，发育不良，肛门瘙痒，如何问病给药？

5. 患者女性，45岁。眩晕耳鸣、腰膝酸软、肢体麻木、气短乏力、胃寒倦怠。如何问病给药？

6. 患者女性，16岁。自觉双目奇痒、畏光、流泪、有异物感。如何问病给药？

7. 患者男性，55岁。粪便干结、排便困难、伴有下腹部膨胀感。如何问病给药？

8. 患者男性，28岁。脚趾间糜烂、流黄水、刺痒难忍。如何问病给药？

9. 患者小儿，2岁。连续2个月厌恶进食、恶心嗳气、大便不调。如何问病给药？

10. 患者小儿，5岁。鼻塞、流涕、发热、咳嗽。如何问病给药？

实训九　西药处方调配操作

（4学时）

一、目标

（一）掌握合格处方的调配操作（现成剂型的调配以及剂型的临时配制）。

（二）掌握老幼剂量折算方法并能判断处方中的药物用量是符否合要求。

（三）明确单剂量处方和总剂量处方的区别。

二、准备

处方、药品、烧杯、量筒、玻璃棒、包药纸、天平、乳钵。

三、指导

（一）调配操作的注意事项详见第四章“处方的调配”。

（二）称量药物必须选用可使相对误差符合规定的称器和量器，并注意各类性质药品称量的正确方法。

（三）散剂混合是否均匀是保证质量的重要指标，宜采用等量递增混合法。

四、内容

（一）现成剂型的调配

任选50张合格西药处方，严格按照调剂规程进行正确调配。

（二）剂型的临时配制

1. 单剂量处方

Rp

Aspirin 0.10g

Paracetamol 0.25g

Caffein 0.03g

M.f.pulv

d.t.d. No .10

Sig.: No.1 t.i.d.

2. 总剂量处方

Rp

Codeine Phosphate 2.5g

Ammonium Chloride 5.00g

Syrupi Aurantii 15.00ml

Distilled water ad 100.00ml

M.f.Mist

Sig.: 10ml t.i.d a.c.

要求将上述处方译成中文，再分别制成制剂。还要求用四种不同的老幼剂量折算方法（详见第四章“剂量的审查”）核算该处方中药物是否超量使用。

五、评分标准

（一）评分办法

1. 现成剂型的调配 速度50分，质量50分。

2. 剂型的临时配制 速度40分，质量60分。

质量与速度实得分各占应得分的60%为及格。

（二）速度评分

1.10张处方在20分钟完成调配全过程得50分，提前不加分，超过1分钟扣5分，超过5分钟停止操作。

2. 散剂配制在6分钟内完成得40分；合剂配制在8分钟内完成得40分。提前不加分，超过1分钟扣3分，超过5分钟停止操作。

（三）质量评分

1. 现成剂型的调配 急症处方先配，其余按处方先后顺序调配取药；取药操作规范，计数准确，并能将药瓶（盒）正确归位；包装完好，不撒漏药品；不调配发霉变质药品；包装上病人姓名、用法用量及用药注意事项填写正确明了。完全符合得50分，不符合要求者一项扣5分。

2. 散剂配制　称器选择正确，称重准确；先饱和乳钵表面自由能；按等量递增法进行混合；混合均匀，色泽一致；包装合乎要求；分剂量准确，误差在±10%以内。完全符合得60分，不符合要求者一项扣5分。

3. 合剂配制　称量器具选择、称量、灌装、外包装标注等均符合要求得60分，不符合要求者一项扣8分。

实训十　接待顾客

（2学时）

一、目标

（一）熟悉不同顾客的柜台接待方法。

（二）掌握不同情况下的顾客接待方法。

二、准备

模拟柜台、药品数种、营业员（同学模拟）、顾客（同学模拟）。

三、指导

复习柜台促销技术等内容。

四、内容

（一）角色分配

实现既定购买目标的顾客，巡视行情的顾客，参观浏览和看热闹的顾客，新顾客，老顾客，“急”顾客，“精”顾客，年长顾客，年幼顾客，有病在身的顾客，身体有残疾的顾客，孕妇，操外语、方言的顾客，退药顾客，收找钱票差错顾客等。

（二）情景设计

根据角色分配，两个学生为一组，抽签完成一次接待实训，其中一个是营业员，另一个为顾客。

（三）操作

两个学生表演时大家注意观察，表演完后讨论，指出其成功和不足之处，教师当场归纳，然后再进入下一组的表演。

五、评分标准

学生课后写出实训体会，教师根据其在实训中的表现和所写实训体会综合给分。

实训十一　制定进货计划

（2学时）

一、目标

学会根据处方统计结果、季节、市场变化等因素编制进货计划。

二、准备

某药店或医院某月销售记录、处方，了解处方中各药的价格。

三、指导

复习药品进货业务技术等内容。

四、内容

（一）将处方或销售记录以周为单位分为四份。
（二）将全班学生分为四组，一组负责统计一周的销售记录或处方。
（三）四组写出各自的下月进货计划。
（四）教师综合讲评。

五、评分标准

根据计划有无考虑到处方统计的结果、进药品种和数量有无考虑到季节、竞争、金额分配等因素综合评分。

实训十二　约见客户

（2学时）

一、目标

（一）学会利用不同方法寻找并确定目标客户。
（二）能运用电话、信函等不同方式约见客户。

二、准备

供查询的客户资料，模拟电话机、公用笺，供推销药品数种。

三、指导

复习约见客户的方法。

四、内容

（一）每一位同学利用查阅资料法、咨询法、目标客户介绍法等不同方法，寻找、确定一位目标客户，并进一步具体分析此客户的接近价值和接近可能。

（二）一位同学扮演药品推销人员，一位同学扮演目标客户，以电话方式约见客户。电话约见要求语言表达清楚、简洁，有一定的感染力，能达到约见目的。

（三）每一位同学写信函一封，约见模拟目标客户 A。先在小组交流，选出优秀信函，然后参加全班交流。根据交流情况，每位同学再改写自己的约见信函。

模拟目标客户 A，一般资料如下。

李×，男，43 岁，药学专家，现任某医药连锁店总经理。

个人情况：身高 1.73 米，性格外向，气质类型为胆汁质、多血质混合型，爱好唱歌、打篮球；妻子系某中学教师；儿子系高三学生，学习成绩优秀；李×为人正直，懂管理、会经营，在业界颇受好评。

（四）根据实际情况，另选模拟目标客户，或请目标客户与同学直接见面、交流，再进行电话约见或信函约见。

（五）每位同学写出一份约见信函。

五、评分标准

根据同学在实训中的表现和所写约见信函质量评分

实训十三　推销洽谈

（2 学时）

一、目标

能熟练运用提示法、演示法、介绍法与模拟客户顺利洽谈。

二、准备

药品数种、药品推销人员（同学模拟）、客户（同学模拟）。

三、指导

复习推销洽谈等内容。

四、内容

根据模拟客户特点和推销药品的特点，分别运用提示法、演示法、介绍法与模拟客户洽谈、推销药品。

（一）提示法的运用，要求客观、可信，可选择联想、提建议、设计广告等不同方式，加强提示效果。

（二）演示法的运用，要求用药品本身、与药品有关的文字资料和图片、多媒体等不同方式进行演示，演示动作要求规范、熟练。

（三）对药品的介绍要清楚、全面、客观、简洁，善于抓住重点，可直接介绍，也可间接介绍。

五、评分标准

每位同学根据模拟洽谈过程，写出一份训练总结（包括主要体会、改进方案），教师综合评分。